AF229566

# L'HYGIÈNE MODERNE

## TRAITÉ

### DE

## PARFUMERIE RAISONNÉE
## & D'HYGIÈNE PRATIQUE

### CONTENANT

la description, la préparation et les usages des Parfums, Eaux et Poudres de toilette, Cosmétiques, Savons, Pommades, Dentifrices, Teintures, Fards, etc., avec la manière de les préparer soi-même; la description et le mode d'emploi des objets de Toilette, des Articles d'hygiène et des Produits hygiéniques actuellement en usage.

PAR LE

DOCTEUR

# SYLVIUS

EX-PROFESSEUR D'HYGIÈNE

6, Avenue Trudaine, 6

## PARIS

# INTRODUCTION

## BUT ET UTILITÉ DE CET OUVRAGE

On entend par Hygiène, *l'art de conserver la santé et d'éviter les maladies. Elle se divise en* Hygiène publique *et* Hygiène privée, *selon qu'elle concerne les agglomérations humaines ou les individus en particulier. C'est aux pouvoirs publics et aux administrations qu'il appartient de faire connaître et observer les règles de l'hygiène publique; mais la pratique de l'hygiène privée concerne chacun de nous, et elle exige certaines connaissances qu'il importe de répandre et de vulgariser le plus possible.*

*L'Hygiène privée peut se diviser en deux parties principales :* l'Hygiène du dedans *et* l'Hygiène du dehors, *selon qu'elle s'adresse à l'intérieur du corps ou à sa surface. La première comprend toutes les choses que nous introduisons en nous, telles que l'air, les aliments, les boissons, les médicaments. Elle a été traitée avec la plus grande compétence dans le manuel* La Médecine nouvelle, *du D$^r$ Dubois, et nous ne pourrions, dans ce livre, que répéter ce que cet auteur a dit. Mais il n'en est pas de même de l'Hygiène du dehors, qui comprend les soins de la toilette, l'usage des cosmétiques et des parfums, l'emploi des appareils et des produits hygiéniques, tant nouveaux qu'anciens. Cette partie importante de l'Hygiène privée n'a jusqu'ici été traitée que d'une manière superficielle, nulle pour ainsi dire. C'est à peine si, dans les ouvrages d'hygiène, on trouve quelques courts articles sur l'hygiène de la toilette, les cosmétiques*

et des parfums, et on ne trouve dans les ouvrages de médecine qui sont entre les mains du public, que fort peu de
chose sur les appareils et les produits hygiéniques pourtant
si employés aujourd'hui. C'est cette double lacune que le
présent ouvrage a pour mission de combler.

La parfumerie, qui prend de jour en jour un développement plus considérable, viole à chaque instant les règles
de l'hygiène la plus élémentaire et répand dans la masse
du public des produits extrêmement dangereux ; tous les
hygiénistes sont d'accord sur ce point ; leurs critiques et
leurs plaintes contre cet état de choses ne se comptent plus ;
il suffit, pour s'en convaincre, de parcourir les comptes-
rendus des Sociétés savantes et les Traités d'hygiène.

Cependant la parfumerie est du ressort de l'hygiène ; elle
existe depuis les temps les plus reculés et prend sa source
dans le besoin de détruire les impuretés et de purifier le
corps et l'air ambiant ; elle a donc pour mission de contri-
buer à l'entretien de la santé et de la beauté physique. Mais
pour obtenir ce résultat, il faut qu'elle soit fondée sur des
connaissances médicales approfondies, car il est nécessaire de bien connaître la constitution et les fonctions du
corps humain sur lequel on veut agir, les causes et la nature
des maux que l'on veut combattre ou éviter, les moyens d'y
remédier et les effets des diverses substances sur le corps
humain, surtout de celles qui sont des poisons. Mais cette
garantie n'existe pas. Les personnes les plus ignorantes
peuvent fabriquer et fabriquent de la parfumerie, répandant, sous des noms supposés, les poisons les plus violents,
conseillant les pratiques les plus nuisibles à la santé, en
sorte que, croyant conserver celle-ci, on arrive généralement à un résultat tout opposé. Parmi les substances qui
font partie des produits courants de la parfumerie, on
trouve : le plomb, le nitrate d'argent, le mercure, l'arsenic,
les sels de zinc, les cantharides, l'acide sulfurique, l'acide
oxalique, etc., qui sont des poisons violents. Beaucoup
d'essences et surtout les produits artificiels, que la chimie
sait aujourd'hui fabriquer pour imiter les parfums naturels, sont des substances dangereuses. La présence de ces
poisons est généralement ignorée de ceux qui s'en servent,
en sorte qu'ils ne peuvent presque jamais découvrir la
cause des accidents ou des maladies qui en sont la suite.

*D'autres fois, ce sont des dentifrices contenant des acides ou des poudres dures qui usent et détériorent l'émail des dents; des pommades irritantes qui font blanchir et tomber les cheveux; des savons ou des eaux de toilette qui causent des dartres, des boutons ou des démangeaisons, et rendent la peau jaune et rugueuse. Enfin, parmi les odeurs les plus agréables, il en est beaucoup qui sont fort dangereuses à respirer. On voit, d'après cela, combien de précautions et de connaissances sont nécessaires pour la fabrication de ces sortes de produits, et combien il peut être préjudiciable de donner sa confiance à ceux que l'on ne connaît pas. Ce ne sont pas toujours, d'ailleurs, ceux qui ont le plus bel aspect, le parfum le plus flatteur, qui sont les moins pernicieux.*

*Autrefois, on pouvait être excusable de fabriquer la parfumerie par routine et sans principes, parce que l'on ne savait pas ce que l'on sait maintenant. Aujourd'hui, avec les progrès qu'ont fait la chimie et la médecine, il n'est plus permis d'agir ainsi, et l'on ne doit mettre entre les mains du public que des produits toujours efficaces et bienfaisants, ne contenant aucun principe dangereux. Ce sont là des conditions qui ne peuvent être réalisées, cependant, que quant on possède les connaissances nécessaires, c'est-à-dire par des hommes de science, et non par des industriels qui n'ont, pour se guider, que les traditions de leurs devanciers et l'intérêt commercial. Il était donc urgent d'éclairer le public sur cet état de choses et de lui mettre entre les mains les moyens d'y remédier.*

*La découverte de l'antisepsie a fait faire à l'hygiène des progrès considérables; elle a fait surgir une foule de produits et d'appareils nouveaux. Beaucoup de personnes sont cependant privées de leurs bienfaits, faute de les connaître ou de savoir où se les procurer et comment les demander. On n'apprend leur existence que par hasard, en lisant un prix-courant ou un prospectus; or, la sèche énumération de quelques catalogues ne peut rien apprendre sur leur usage. On trouvera dans ce livre tout ce qui a trait à cette branche importante de l'hygiène moderne.*

# MANIÈRE DE CONSULTER CET OUVRAGE

Les articles du présent livre sont rangés par ordre alphabétique. On n'a donc qu'à chercher celui que l'on désire,
comme on le ferait dans un dictionnaire. Si on ne le trouve
pas à la place qu'il devrait occuper, il faut consulter la
table des matières qui se trouve à la fin du livre, et en re-
gard du mot cherché se trouve le numéro de la page où il
faut aller.

Chaque article porte un numéro d'ordre. Les nombres
qui se trouvent entre parenthèses, dans le cours du livre,
indiquent les numéros des articles auxquels il faut se reporter pour compléter l'article qu'on lit, et c'est une précaution qu'il ne faut pas omettre.

# HYGIÈNE MODERNE

---

**1. — ABAISSE-LANGUE.** — Les *Abaisse-langues* sont des instruments destinés à maintenir la langue abaissée vers le plancher de la bouche, celle-ci étant ouverte, afin de pouvoir examiner la gorge ou y pratiquer des badigeonnages et des cautérisations. Ils se composent généralement de deux parties coudées l'une sur l'autre, fixes ou mobiles, dont la première sert de manche pour la main de l'explorateur, et la seconde à fixer la langue.

Les *Abaisse-langues de l'Hygiène Moderne* (194) sont :

1º en *Caoutchouc durci fixes*, du prix de 2 fr. la pièce; par la poste 2 fr. 20;

2º en *Caoutchouc durci pliants*, du prix de 3 fr.; par la poste 3 fr. 20;

3º en *Métal nickelé à charnière*, du prix de 3 fr. 50; par la poste, 3 fr. 80;

4º en *Métal nickelé avec réflecteur*, permettant à la même personne d'abaisser la langue, d'éclairer et de badigeonner en même temps la gorge du malade, du prix de 7 fr.; par la poste, 7 fr. 50. Ce dernier se recommande surtout pour les enfants dont on est obligé de badigeonner ou de cautériser la gorge, en cas de croup principalement.

**2. — ACACIA.** — Les *Acacias* sont des plantes de la famille des Légumineuses, qui possèdent généralement des fleurs d'une odeur agréable. On n'emploie guère en parfumerie que celle de l'Acacia Farnesiana, plus connu sous le nom de *Cassie* (71). Cependant les parfumeurs fabriquent des produits à l'Acacia, mais qui n'en renferment aucune trace. Exemple :

*Extrait d'Acacia ordinaire*. — **On mêle** ensemble : *Extrait d'Oranges*, 4 lit.; — *de Tubéreuse*, 2 lit.; *Infusion de Styrax*, 60 gram.; — *de Tolu*, 60 gram. ; *Essence de Bergamote*, 15 gram.; — *de Néroli*, 15 gram.; — *de Géranium*, 5 gram.

*Extrait d'Acacia de l'Hygiène Moderne*. — Ce produit, de qualité supérieure, s'emploie pour le mouchoir, la toilette, et peut servir à parfumer d'autres produits, tels qu'huiles, pommades, glycérine, vaseline, etc. Il se vend en flacons du prix de 1 fr. 50 ; par la poste, 0,50 c. en sus.

**3. — ACCOUCHEMENT.** — Pendant et après l'accouchement, les précautions hygiéniques les plus grandes doivent être prises si on veut éviter le développement de ces terribles maladies qui, avant la découverte de l'antisepsie, faisaient tant de victimes ; aujourd'hui, la fièvre puerpuérale, la péritonite, les métrites, etc., sont devenues fort rares, grâce à l'emploi des moyens que je vais indiquer.

1º La plus grande propreté est de rigueur. Le lit sur lequel se fera l'accouchement doit être garni convenablement. On placera, entre le drap et le matelas, une *Toile caoutchoutée* (367) de grandeur suffisante, attachée aux quatre angles avec des *Epingles de sûreté* (146) en métal nickelé, pour ne pas souiller le matelas.

2º Avant l'accouchement, on fait des injections antiseptiques au *Sublimé* ou à l'*Acide Borique* (5) à l'aide d'une *Douche d'Esmarck* (127), d'une *Seringue en verre* (335) ou d'un *Enéma* (144) ; les appareils en métal doivent être évités, surtout si on emploie le sublimé, qui peut les attaquer. D'une manière générale, les injections antiseptiques ne doivent pas être trop fortes, car elles deviendraient irritantes et pourraient déterminer des métrites.

3° La personne qui fera l'accouchement doit se laver les mains avec une solution antiseptique, avoir les ongles parfaitement propres et enduire les doigts de *Vaseline* (373) *boriquée* ou de *Vaseline au Sublimé*, avant de pratiquer le toucher. Elle mettra un tablier blanc parfaitement propre enveloppant le plus possible la taille et les vêtements, et des manches en toile, ou mieux un peignoir spécial.

4° Dès l'apparition des premières douleurs, faire prendre un lavement évacuant au moyen d'une *Seringue en Étain* (335), d'un *Irrigateur* (200), d'un *Clysopompe* (91), d'un *Enéma* (144) ou d'une *Douche d'Esmarck* (127), peu importe.

5° Immédiatement après l'accouchement, faire une injection antiseptique avec la *Douche d'Esmarck* (127), la patiente restant couchée ; cette injection devra être répétée deux ou trois fois par jour jusque vers le 12e ou 15e jour.

6° Laver les parties souillées, les cuisses, etc., avec du *Coton hydrophile* imbibé d'eau qui aura bouilli ou d'*Eau boriquée* (5). Placer à l'orifice vaginal un tampon de *Coton hydrophile* (103) sec, qui sera changé au moins à chaque injection.

7° En cas de constipation, donner des lavements avec la *Douche d'Esmarck* (127), la malade restant couchée.

8° Le liquide des injections, l'urine, les matières fécales seront reçues dans un *Bassin* (38) en tôle émaillée de préférence et de forme ovale, sabot, violon, etc., placé sous le siège. Ces bassins seront vidés aussitôt et lavés avec soin.

9° Tous les linges, vêtements et objets de literie seront enlevés et remplacés dès qu'ils seront souillés, et emportés aussitôt loin de la chambre de l'accouchée.

10° Pour entretenir la chaleur aux pieds ou autour de la malade, mettre de l'eau chaude dans un *Cylindre*

(119) que l'on placera entre les draps. On peut aussi se servir d'une brique chaude.

11º Lorsque la malade commencera á se lever, lui faire porter une *Ceinture ventrière* (75) pour soutenir et raffermir les parois du ventre, et s'il existe des varices aux jambes, un *Bas à varices* (36).

12º Pendant et après l'accouchement, les *Flacons de sels* (160), les fumigations de *Clous fumants* (90), de *Papiers odorants* (256), les *Vaporisateurs* (371), peuvent trouver leur application en cas de défaillances ou pour combattre la mauvaise odeur. Il en est de même des désinfectants tels que le *Coaltar saponifié* (93), le *Phénol de l'Hygiène Moderne* (274), etc., et des eaux odorantes telles que l'*Eau de Cologne* (131), les *Extraits d'odeur de l'Hygiène Moderne* (154), etc.

13º Faire disparaître les taches de la peau ou masque du visage qui pourraient exister, au moyen du *Lait de Toilette l'Hygiène Moderne* (206).

14º En cas de rougeurs, cuissons, écorchures à la peau ou aux parties, étendre plusieurs fois par jour de la *Crème Hygiénique Alcalinoamylacée* (110) ou saupoudrer avec la *Poudre Hygiénique Alcalinoamylacée* (299).

16º Si la mère n'allaite pas et que le lait coule de lui-même, il faut garnir les seins d'une épaisse couche de *Coton* (103) cardé, recouverte de *Taffetas gommé* (354) et maintenue à l'aide d'un bandage de corps, ou se servir d'un *Garde-lait* (167).

**4. — ACIDE ACÉTIQUE.** — C'est l'acide du vinaigre. On emploie en parfumerie l'*Acide Acétique* cristallisable, liquide incolore d'une odeur vive et pénétrante, qui se solidifie à 8º; on s'en sert à cause de son bas prix pour faire des *Vinaigres de toilette* (380), mais à tort. En effet, ceux-ci ne devraient être préparés qu'avec du *Vinaigre de vin* qui, outre l'acide acétique, renferme des substances organiques, des sels et des éthers, qui lui donnent un parfum particulier et atténuent l'odeur âcre et pénétrante de l'acide acétique. Celui-ci ne peut donc guère servir que pour la préparation des *Flacons de sels* (160), auxquels on demande précisément de frapper vivement l'odorat, et encore, y ajoute-t-on souvent de l'ammoniaque qui, se combinant avec l'acide acétique, forme de l'acétate d'ammoniaque, dont l'odeur est beaucoup moins vive que celle de ses deux composants.

L'Acide Acétique du commerce est souvent impur ou additionné d'eau.

Par la distillation du bois, on obtient le *Vinaigre de Bois* ou *Acide pyroligneux*; c'est un liquide d'odeur piquante et empyreumatique à la fois, qui jouit de propriétés antiseptiques très prononcées. Il entre dans la composition de quelques vinaigres de toilette.

*Acide Acétique de l'Hygiène Moderne* (194). — L'Acide Acétique ordinaire contient 40 °/o d'eau. Celui de l'Hygiène Moderne est *pur* et *cristallisable;* il se vend à raison de 0,30 c. les 30 gram.; 1 fr. les 125 gram.; 1 fr. 80 les 250 gram.

**5.** — **ACIDE BORIQUE,** *Acide Boracique.* — Il se présente sous forme d'écailles blanches, nacrées, onctueuses au toucher, inodores. Il est très employé depuis quelques années comme antiseptique, principalement en solution pour douches, injections, pansements.

Il ne faut se servir que d'acide borique à l'état de pureté; or celui du commerce est le plus souvent impur. Pour éviter cet écueil, on emploie de l'*Acide Borique en poudre de l'Hygiène Moderne* (194), produit pur, qui se vend à raison de 0,10 c. les 30 gram.; 0,25 c. les 125 gram.; 0,75 c. les 500 gram.; 1 fr. 25 le kilo.

*Eau boriquée.* — L'Acide Borique est peu soluble dans l'eau, qui n'en dissout guère que 4 gram. par 100 gram. de son poids. La dissolution se fait plus vite à chaud qu'à froid.

En ajoutant de la *Magnésie Calcinée* et faisant bouillir, on peut faire dissoudre davantage d'Acide Borique; 1 gram. 25 de magnésie font dissoudre 10 gram. d'acide de plus ; on peut ainsi avoir des solutions concentrées à 12 d'acide pour 100 d'eau.

**6.** — **ALCOOL,** *Esprit de vin.* — Ce liquide joue un grand rôle dans la parfumerie, parce qu'il dissout facilement les huiles essentielles et autres principes odorants, et que, de plus, il est volatil, et répand lui-même, quand il est de bonne qualité, une odeur agréable. Pour certaines préparations, comme l'eau de Cologne, par exemple, c'est l'*Alcool de vin* qui donne le meilleur résultat. Mais d'autres préparations exigent l'*Alcool de grains* ou l'*Alcool de betteraves* bien purifiés. Dans la parfumerie à bas prix on emploie d'autres alcools d'industrie mal purifiés, tels que l'*Alcool de mélasse*, l'*Alcool de pommes de terre*, par exemple, qui sont peu agréables, et même malsains.

*Alcools de l'Hygiène moderne* (194). — Ce sont des produits purs et préparés spécialement pour l'hygiène et la parfumerie. Ils comprennent :

1° L'*Alcool Nord fin* à 90°, qui se vend dans **Paris** à raison de 0,20 c. les 30 gram. ; 0,60 c. les 125 gram. ; 3 fr. 75 le litre, verre compris ; 2° L'*Alcool de vin* ou *Alcool de Montpellier*, à 85°, qui se vend dans **Paris** à raison de 0,25 c. les 30 gram. ; 0,75 les 125 gram. ; 4 fr. 50 le litre, verre compris.

**7.** — **ALCOOLS A BRULER.** — Ce sont des alcools que l'on a dénaturés pour pouvoir les rendre exempts des droits élevés qui pèsent sur les alcools ordinaires et les vendre à bas prix. Ils sont destinés, comme leur nom l'indique, à être brûlés dans des lampes ou des fourneaux spéciaux. Beaucoup d'entre eux répandent des odeurs désagréables et des vapeurs malsaines.

*Alcool à brûler de l'Hygiène moderne* (194). — Ce produit n'est nullement dangereux et ne répand aucune odeur désagréable. On peut donc l'employer sans crainte pour alimenter les réchauds à esprit de vin qui servent à préparer et réchauffer les boissons ou les aliments, et ceux qui servent à faire chauffer les fers à friser. Il

se vend à raison de 1 fr. 10 c. le litre, verre compris ;
1 fr. sans le verre.

**8. — ALCOOMÈTRES,** *Pèse-Alcools.* — Ce sont de petits instruments destinés à s'assurer du degré de concentration des alcools. Ils se composent d'une tige de
verre creuse fermée à son extrémité supérieure et portant dans son intérieur une échelle pour les degrés cen-
tésimaux et une échelle pour les degrés Cartier, et d'une
boule contenant du mercure, qui termine l'extrémité inférieure et sert à lester l'appareil, quand il est plongé
dans l'alcool à essayer. Pour faire l'essai, on verse l'alcool dans une éprouvette à pied en fer-blanc ou en verre,
on plonge l'Alcoomètre dans le liquide et on note le
chiffre de l'échelle auquel correspond la surface de celui-ci. Ce chiffre indique le degré de l'alcool, c'est-à-dire
la proportion d'eau qu'il renferme. Ainsi, un alcool à 90°
contient en poids dix pour cent d'eau ; un alcool à 85°,
quinze pour cent, etc. Plus l'alcool est pur, plus il est
léger et plus l'alcoomètre s'enfonce.

*Alcoomètres de l'Hygiène Moderne* (194). — Ces appareils, gradués avec le plus grand soin, se font en 2
modèles, grand et petit ; ils sont renfermés chacun dans
une éprouvette en fer-blanc, à pied, et se vendent respectivement 1 fr. 25 et 1 fr. 50 la pièce.

On peut y joindre des *Eprouvettes en verre*, à pied,
avec bec, d'un emploi plus commode que celles en métal. Elles se vendent, selon la grandeur, au prix de 1
fr. 10 et 1 fr. 25, non graduées ; 2 fr. 10 et 2 fr. 25,
graduées. Port en sus.

**9. — ALLAITEMENT.** — Dans l'allaitement au sein,
l'usage des *Bouts de sein* (57) est indispensable, lorsque le téter est trop douloureux, ou lorsque le bout du
sein est trop peu développé, ou encore lorsqu'il existe
des crevasses : enduire celles-ci, deux ou trois fois par
jour, de *Teinture de Benjoin* (41) à l'aide d'un *Pinceau
de blaireau* (281). Par ce moyen on les guérit prompt-
tement. Pour faire monter le lait ou pour le recueillir,

s'il est trop abondant, se servir d'un *Tire-lait* (364); s'il coule de lui-même entre les tétées, d'un *Garde-lait*(167).

L'allaitement artificiel se pratique le plus généralement au moyen d'un *Biberon* (46). Ces appareils doivent être tenus très proprement; leurs tubes, bouchons et tétines lavés avec le plus grand soin après chaque tétée. Ce sont les plus simples qui sont les meilleurs.

**10.** — **ALLOXANE.** — C'est un produit chimique obtenu en faisant chauffer ensemble de l'acide urique et de l'acide azotique. Il se présente sous forme de cristaux incolores qui ont la propriété de devenir rouges sous l'influence des vapeurs d'ammoniaque. On l'emploie pour faire du rouge pour les lèvres, parce que la transpiration de celles-ci ou l'haleine étant toujours un peu ammoniacales, l'alloxane qu'on y applique ne tarde pas à passer au rose.

*Rouge d'Alloxane.* — *Cold-cream*, 500 gram.; *Alloxane*, 5 gram.

**11.** — **ALUN,** *Sulfate acide d'alumine et de potasse.* — Cette substance jouit de propriétés astringentes qui la rendent fort utile en médecine. Mais c'est à tort qu'on l'introduit dans la composition des eaux et poudres dentifrices, car son acidité attaque et détruit l'émail des dents, et elle irrite fortement les gencives. Cependant elle fait partie d'un grand nombre de dentifrices très usités, associée le plus souvent à la *Crème de tartre* (111) et au *Sucre* (348) qui ne sont pas moins malfaisants. Cela tient à ce que les dentifrices ont été composés par des personnes qui ne connaissaient ni la structure des dents, ni l'action des substances qu'elles employaient. Pour être certain d'avoir des dentifrices réellement hygiéniques et inoffensifs, il faut faire usage de l'*Eau Dentifrice Hygiénique du Dr Sylvius* (136) ou de la *Poudre Dentifrice Hygiénique du Dr Sylvius* (297), ou encore de la *Pâte Dentifrice Hygiénique du Dr Sylvius* (264), et si même les gencives sont malades, enflammées, douloureuses, les dents cariées, employer d'abord, pendant un certain temps, la *Poudre Dentifrice savonneuse Alcalinoboratée* (298) qui ne contient ni parfum, ni substance aussi peu irritante que ce soit. Enfin, l'*Eau Dentifrice de l'Hygiène Moderne* (135), et la *Poudre Dentifrice de l'Hygiène Moderne* (296) sont aussi des produits qui, pour l'usage ordinaire, méritent toute confiance, car il n'entre aucune substance malfaisante dans leur composition.

**12.** — **AMANDES.** — Ce sont les fruits de l'Amandier, arbre de la famille des Rosacées, que l'on cultive surtout en Provence. Il en existe deux variétés donnant, l'une, l'*Amande douce*, l'autre, l'*Amande amère*; celle-ci, lorsqu'on la pile avec de l'eau, dégage une odeur particulière.

*Huile d'Amandes douces.* — Les amandes renferment une grande quantité d'*Huile.* On extrait celle-ci par pression des amandes pilées ou mises en poudre. On peut se servir des amandes amères, en ayant soin de ne pas les monder de leurs pellicules; elles donnent alors une huile identique à celle des amandes douces; aussi les emploie-t-on de préférence, parce que le marc est utilisé pour faire des pâtes pour les mains, à cause de l'odeur qu'il développe au contact de l'eau. L'huile d'amandes s'emploie en parfumerie pour faire des huiles parfumées, des Cold-creams, etc., ou même en nature pour lisser les cheveux. Pour décrasser la tête des nourrissons, on la frotte avec un peu d'huile d'amandes douces; puis on la lave à l'eau de savon.

*Huile d'Amandes douces de l'Hygiène Moderne* (194). — L'huile d'Amandes douces est assez souvent falsifiée avec des huiles communes à cause de son prix assez élevé. Pour avoir un produit pur, on fait usage de l'*Huile d'Amandes douces de l'Hygiène Moderne* (194) qui se vend à raison de 0,20 c. les 30 gram ; 0,75 c. les 125 gram.; 4 fr. 75 le litre, verre compris.

*Huile d'Amandes amères.* — Si l'on monde les amandes amères de leur pellicule, l'huile qu'on en obtient possède l'odeur caractéristique d'amandes amères ; elle s'emploie pour faire des huiles parfumées.

*Essence d'Amandes amères, Hydrure de Benzoïle.* — L'amande amère renferme deux substances dites *Amygdaline* et *Emulsine ;* si on pile les amandes amères avec de l'eau, l'émulsine, sous l'influence de celle-ci, décompose l'amygdaline en *Essence d'Amandes amères* ou *Hydrure de Benzoïle*, et *Acide Cyanhydrique.* L'essence d'amandes amères a une odeur particulière que tout le monde connaît, et qui se retrouve dans les amandes du pêcher, dans l'eau de laurier-cerise, etc., etc.

L'*Essence naturelle* d'amandes amères se retire du tourteau d'amandes amères par distillation ; mais on fabrique aujourd'hui en grande quantité l'*Essence artificielle* d'amandes amères en faisant agir l'acide azotique et l'acide sulfurique sur la benzine ; on la vend sous le nom d'*Essence de Mirbane*, et comme elle est d'un prix beaucoup moins élevé que l'essence naturelle, on l'emploie de préférence pour la parfumerie à bas prix, et pour falsifier l'essence naturelle.

*Essence d'Amandes amères de l'Hygiène Moderne* (194). — Cette essence est le produit naturel, et non l'essence artificielle ; elle est de beaucoup supérieure à celle-ci et se vend à raison de 0.10 c. le gram. ; 0.90 c. les 10 gram. ; 2 fr. 50, les 30 gram. ; tandis que l'*Essence d'Amandes amères artificielle* ou *Essence de Mirbane*, ne vaut que 0.05 c. le gram. ; 0.25 c. les 10 gram. ; 0.50 c. les 30 gram.

*Eau distillée d'Amandes amères.* — On délaie 1 kilogram. de *Tourteau d'Amandes amères* dans 2 litres d'*Eau* ; on laisse macérer 24 heures ; on distille à la vapeur pour retirer 2 litres d'eau, et on filtre.

*Extrait d'Amandes amères.* — On l'obtient en distillant, puis rectifiant, 25 litres d'*Alcool à 85°* avec 6 kilogr. 250 gram. d'*Amandes amères.*

*Laits d'Amandes.* — Ce sont des *Emulsions*, c'est-à-dire de l'eau contenant en suspension des gouttelettes huileuses extrêmement divisées, qui lui donnent l'aspect du lait. Les émulsions d'amandes se font avec des *Amandes mondées de leur pellicule ;* à cet effet, on plonge celles-ci dans l'eau bouillante pendant quelques instants, et après quelles sont un peu refroidies, on les presse entre le pouce et l'index ; elles sortent alors facilement de l'enveloppe jaune qui les recouvre.

*Lait d'Amandes pour la toilette.* — On pile dans un mortier des amandes mondées et on y ajoute peu à peu 1 litre d'*Eau de Roses.* D'autre part, on fait fondre 7 gram. de *Cire*, 7 gram. de *Blanc de baleine*, 7 gram. de *Savon blanc*, dans 300 gram. d'*Alcool à 60°* ; on réunit ce liquide au précédent, et on ajoute 30 gram. d'*Essence d'Amandes amères* et 50 gram. d'*Essence de Bergamote.*

*Lait d'Amandes de Sévigné.* — On pile 500 gram. d'*Amandes douces* dans une *Décoction d'Orge perlé*, et à 1500 gram. de ce lait, on ajoute : *Baume blanc de Judée*, 4 gouttes ; *Essence de Vanille*, 4 gouttes.

*Pâtes d'Amandes.* — On désigne sous ce nom des poudres ayant pour base le marc des amandes dont on a exprimé l'huile et qui servent au lavage des mains ; les unes sont en poudre, les autres molles ou liquides.

*Pâte d'Amande bise.* — C'est une poudre formée avec le marc de moitié *Amandes amères* et moitié *Amandes d'Abricot* dont on a exprimé l'huile. On l'additionne parfois de fécule de pommes de terre ou de semoule, et on la parfume alors avec de l'*Essence de Bergamote*, pour masquer la fraude.

*Pâte d'Amandes douces blanche.* — C'est du marc d'*Amandes douces* aromatisé avec une essence quelconque ; on le mélange parfois avec celui d'*Amandes amères* et on a la *Pâte demi-amère.*

*Fleurs d'Amandes douces à la Violette.* — Iris en poudre, 500 gram. ; *Essence de Portugal*, 8 gram. ; — de *Violettes*, 60 gram. ; *Pâte d'Amandes amères*,

250 gram.; *Pâte d'Amandes douces*, 5 kilogr. On conserve dans des boîtes en fer-blanc.

*Fleurs d'Amandes amères.* — *Pâte d'Amandes amères*, 2 kilogr.; *Pâte d'Amandes douces*, 500 gram.; *Poudre d'Iris*, 250 gram.; *Pâte d'Avelines*, 250 gram.; *Pignons en poudre*, 190 gram. On tamise et on parfume à volonté.

*Pâte d'Amandes d'Italie.* — C'est un mélange à parties égales de *Pâte d'Amandes douces*, de *Noisettes de Bén* et de *Farine de riz*, aromatisées avec 45 gram. d'*Essence de Portugal*, par 3 kilogr. de ce mélange.

*Amandine.* — Elle se prépare en mélangeant, dans un mortier, 60 gram. de *Gomme arabique en poudre* avec 180 gram. de *Miel blanc*; après épaississement, on ajoute 90 gram., de *Savon blanc* neutre, et ensuite, peu à peu, 1 kilogr. d'*Huile d'amandes douces*; ensuite cinq *Jaunes d'œufs* exactement privés du blanc. A la pâte un peu épaisse ainsi formée, on ajoute une émulsion épaisse de pistaches fraîchement mondées, et 125 gram. d'*Eau distillée de Roses*; on aromatise ensuite avec une essence quelconque, celle d'*Amandes amères*, par exemple, à la dose de 2 gr. par 500 gram. de produit.

*Pâte d'Amandes aux jaunes d'œufs.* — On mêle trois jaunes d'œufs à 125 gram. d'*Amandes douces pilées*, on ajoute 20 centilit. de *Lait*, et on fait cuire en consistance de pâte, en remuant continuellement; on aromatise avec 4 gram. d'*Essence de Vanille* et on conserve en vase clos.

*Pâte d'Amandes à la Lavande.* — *Pâte d'Amandes douces*, 1 kilogr.; — d'*Amandes amères*, 250 gram.; *Pignons pilés*, 310 gram.; *Alcoolat de Lavande*, 125 gram. On peut remplacer ce dernier par l'*Eau de Mélisse* ou l'*Eau de Cologne*, etc.

*Pâte d'Amandes au Miel.* — On pétrit 3 kilogr. de *Pâte d'Amandes douces* avec 3 kilogr. de *Miel* cuit et passé; on ajoute peu à peu 6 kilogr. d'une *Huile parfumée* quelconque, et 26 kilogr. de *Jaunes d'œufs*.

Il existe encore d'autres formules qui ne sont que des variantes de celles-ci.

On recherche généralement, dans les pâtes pour les mains, des qualités adoucissantes, afin de rendre la peau plus blanche et plus fine. Mais aucune ne possède à cet égard de propriétés réelles, bien au contraire, car elles renferment des substances irritantes, et il est facile de voir quelles ont été composées sans aucun discernement, et sans aucun souci des règles de l'hygiène. Lorsque l'on veut rendre les mains blanches et douces, d'une façon absolument certaine, il faut ajouter au savon quelques pincées de *Poudre Hygiénique Alcalinoamylacée* (299), ou bien employer la préparation suivante :

*Pâte d'Amandes de l'Hygiène Moderne* (194). — Cette préparation a été composée en vue d'offrir un produit à la fois agréable et efficace ; toute substance nuisible a été exclue, et on n'y a laissé que celles qui ont la propriété d'adoucir la peau et d'être antiseptiques en même temps. On peut se dispenser de savon ; il suffit d'en frotter les mains avec un peu d'eau. Elle se vend en boîtes au prix de 0.50 et 0.60 c.

**13.** — **AMBRE GRIS.** — Cette substance est un calcul intestinal qui se forme dans les intestins du Cachalot, animal de la famille des Cétacées, voisin des Baleines. Il se présente sous forme de morceaux gris ou noirs, (ces derniers moins estimés) d'aspect graisseux, à cassure écailleuse, se ramollissant comme la cire par la chaleur, et pouvant brûler avec flamme. On les trouve flottant sur la mer, principalement vers la Chine, Madagascar, Sumatra, le Brésil, l'Irlande, etc. Ils renferment une substance grasse nommée *Cambréïne*, et leur parfum se développe par suite de l'oxydation au contact de l'air ; le parfum n'est pas agréable à l'état de concentration, mais il le devient à l'état de dilution ; il est extrêmement tenace, au point qu'il persiste sur le linge après lavage, et il rend aussi les autres parfums plus persistants. C'est à cause de cette propriété surtout qu'on l'utilise en parfumerie ; aussi est-il toujours associé à d'autres parfums. Ses émanations ne semblent pas dangereuses.

*Infusion d'Ambre, Esprit d'Ambre, Teinture d'Ambre.* — On laisse macérer pendant 15 jours, en agitant souvent : 30 gram. d'*Ambre gris en poudre* dans 1 litre d'*Alcool à 85°*. Ensuite on filtre au papier, et l'on conserve dans des flacons bouchés à l'émeri. Cette teinture sert à mélanger l'ambre aux autres parfums liquides.

*Essence d'Ambre gris.* — *Ambre gris*, 125 gram. ; *Musc*, 60 gram. ; *Esprit d'Ambrette*, 4 litres.

*Extrait Ambré, Eau Ambrée.* — On ajoute à 1 litre d'*Alcool à 90°* : *Esprit d'Ambrette*, 1 litre ; *Teinture d'Ambre* 30 gram. ; — *de Musc*, 15 gram. ; *Eau de Fleurs d'Orangers*, 250 gram.

*Extrait d'Ambre de l'Hygiène Moderne.* — Il s'emploie pour la toilette et le mouchoir et peut servir aussi à parfumer des huiles, de la glycérine, des poudres, etc. Il se vend en flacons du prix de 1 fr. 50 ; par la poste 0.50 c. en sus.

*Pommade à l'Ambre.* — On pile dans un mortier de fonte, dont on chauffe le pilon de temps en temps, 50 gram. d'*Ambre gris*, puis 15 gram. de *Musc Tonkin*, et on mêle 3 kilogr. du *Corps de pommade* (285) que l'on veut. Si on ajoute 1 kilogr. ou 500 gram. d'*Huile d'Ambrette*, on a la *Pommade Romaine à l'Ambre*, de consistance fluide.

*Huile à l'Ambre.* — On broie dans un mortier : *Ambre gris*, 8 gram. ; *Ambre noir*, 4 gram. On ajoute peu à peu, et par petites portions, 500 gram. d'*Huile d'Amandes douces*. On filtre au papier au bout de 12 jours, après avoir agité de temps à autre.

On peut ajouter 2 gram. de *Musc* pour avoir l'*Huile à l'Ambre et au Musc.*

*Vinaigre à l'Ambre.* — S'obtient en faisant macérer pendant deux mois 30 gram. d'*Ambre gris* et 2 gram.

de *Musc*, en un lieu chaud, dans 8 litres de *Vinaigre*; puis on distille.

On fait aussi des *Clous fumants à l'Ambre*, des *Parfums de Cassolette à l'Ambre*, des *Sachets à l'Ambre*, etc.

On peut se procurer à l' *Hygiène Moderne* (194) tous les produits à l'Ambre, avec entière certitude de pureté et de qualité.

**14. — AMBRETTE.** — C'est un arbrisseau de la famille des Malvacées, originaire de l'Inde et cultivé en Egypte et aux Antilles. Les graines, mises en poudre, donnent une odeur qui tient du musc et de la vanille ; elles servaient autrefois à aromatiser la poudre d'amidon, pour poudrer les cheveux. On peut s'en servir pour faire des sachets pour le linge.

Les *Graines d'Ambrette de l'Hygiène Moderne* (194) se vendent à raison de 0.75 c. les 125 gram. ; 2 fr. 50 les 500 gram.

*Infusion d'Ambrette, Esprit d'Ambrette.* — On laisse tremper pendant six semaines, 1 kilogr. 500 gram. de *Graines d'Ambrette* concassées, dans 6 litres d'*Alcool* à 85° ; puis on filtre.

**15. — AMIDON.** — Lorsqu'on malaxe de la farine sous un filet d'eau, celui-ci entraîne une poudre blanche qui n'est autre que l'*Amidon*, et il reste une substance élastique, le *Gluten*. Les farines de blé, de pommes de terre, de riz, et de toutes les céréales en général, peuvent servir à préparer l'amidon. L'amidon s'emploie en parfumerie pour préparer les poudres de toilette, et notamment les *Poudres de riz* (317) qui ne sont jamais faites avec l'amidon du riz, mais avec celui de pommes de terre. Toutes les poudres à base d'amidon ont l'inconvénient de former pâte et d'encrasser la peau sous l'influence de l'humidité et de la transpiration, donnant ainsi naissance à des produits irritants. Pour éviter cet inconvénient grave, il faut employer la *Poudre de Toilette Hygiénique du Dr Sylvius* (303) ou la *Poudre* *de Riz de l'Hygiène Moderne* (317) et si même la peau est très délicate, ou atteinte de rougeurs, boutons, irritation quelconque, dartres, etc., faire usage d'abord de la *Poudre Hygiénique Alcalinoamylacée* (299).

*Fleur d'Amidon de l'Hygiène Moderne* (194). — Il ne faut employer pour l'usage hygiénique et pour la toilette que la fleur d'amidon de premier choix, c'est-à-dire de l'Amidon pur et en poudre impalpable ; l'amidon ordinaire est fort sujet à falsification ou de qualité inférieure ; il peut nuire. La *Fleur d'Amidon de l'Hygiène Moderne* (194) est un produit de qualité supérieure et d'une pureté absolue ; il peut s'employer en nature ou parfumé avec telle essence que l'on veut. Pour s'en servir, il est assez commode de le mettre dans une *Boîte à saupoudrer* (51). Il se vend à raison de 0.10 c. les 60 gram. ; 0.15 les 125 gram. ; 0. 40 c. les 500 gram. ; 0.75 c. le kilo ; et en *boîtes très élégantes* du prix de 0.50 c. ; 0.15 c. en sus par la poste.

*Glycérolé d'Amidon.* — Il se prépare en faisant chauffer 10 gram. d'*Amidon pulvérisé* dans une capsule de porcelaine avec 150 gram. de *Glycérine* à 30°, et remuant constamment avec une spatule d'os ou de bois, jusqu'à ce que la masse se prenne en gelée. On réussit mieux en ajoutant un peu d'eau. La glycérine étant toujours plus ou moins acide, ce produit est susceptible d'irriter la peau ; de plus il ne se conserve pas très longtemps. Comme adoucissant, il est bien préférable de se servir de la *Crème Hygiénique Alcalinoamylacée* (110), qui est un produit parfaitement neutre et d'une conservation indéfinie.

**16. — AMMONIAQUE LIQUIDE**, *Alcali volatil.* — Ce liquide, incolore, d'odeur forte et pénétrante, est une dissolution de gaz ammoniac dans l'eau, laquelle en dissout environ 400 fois son volume à la température ordinaire. Il faut le conserver en flacons bien bouchés, car il est très volatil et perd promptemement sa force à l'air libre. Il entre dans la composition de quelques préparations pour *Flacons de sels* (160); voyez *Acide Acétique* (4). Il s'emploie aussi pour faire des frictions et des liniments, contre les douleurs, les rhumatismes, les névralgies, mais pas à l'état pur; voir le manuel la *Médecine Nouvelle* (227) du D$^r$ O. Dubois. Pour ce même usage, et comme fortifiant, il est préférable encore de faire usage de l'*Eau de Cologne ammoniacale Hygiénique du D$^r$ Sylvius* (133) qui jouit de propriétés toniques et révulsives de premier ordre. Enfin l'ammoniaque liquide s'emploie pour enlever les taches de graisse. Voyez *Taches* (352).

**17.** — **ANANAS.** — Plante de la famille des Broméliacées, qui croît dans l'Amérique du Sud et dont les fruits exhalent un arome très fin et très délicat. On emploie en parfumerie sous le nom d'*Essence d'ananas*, un produit chimique composé d'*Ether amylbutyrique*, 100 gram.; *Ether butyrique*, 50 gram.; *Glycérine*, 30 gram.; *Aldéhyde*, 10 gram.; *Chloroforme*, 10 gram. La plupart de ces substances sont dangereuses.

**18.** — **ANETH,** *Fenouil bâtard.* — Plante de la famille des Ombellifères, cultivée sur les bords de la Méditerranée, en Russie et aux Indes, dont les graines, comme celles de l'*Anis* (21) et autres plantes de la même famille, contiennent une essence, qui, pour son odeur, est employée en parfumerie, mais davantage encore pour fabriquer des liqueurs.

**19.** — **ANGÉLIQUE.** — Plante de la famille des Ombellifères, cultivée en France, dont les racines et les semences contiennent chacune une essence, qui sert principalement à la préparation des liqueurs. On fait aussi, avec du sucre, des tiges d'Angélique confites.

**20.** — **ANIS ÉTOILÉ,** *Badiane.* — Ce sont les fruits de l'Illicium anisatum, arbre de la famille des Magnoliacées, qui croît en Chine et dans l'Annam; ils ont la forme d'une étoile à 5, 8 ou 9 branches, dont chacune renferme une semence. Bien que l'arbre tout entier répande une forte odeur, ce sont les fruits simplement qui servent à préparer l'*Essence d'Anis étoilé* ou *Essence de Badiane* ; cette essence a à peu près la même composition que celle d'*Anis vert* (21), mais elle a une odeur beaucoup plus fine. On s'en sert pour la fabrication des liqueurs fines et pour parfumer les savons, mais on la remplace souvent par l'*Anéthol*, substance d'un prix beaucoup moindre, et qui provient de l'essence d'anis vert. Elle entre aussi dans la composition de plusieurs dentifrices. Elle est sujette à falsifications; on peut se la procurer à l'*Hygiène Moderne* à l'état de pureté, à raison de 0.10 c. le gram.; 0.90c. les 10 gram.; 2 fr. 50 les 30 gram.

*Infusion de Badiane, Esprit de Badiane.* — On laisse tremper pendant un mois, 125 gram. de *Badiane* concassée dans un litre d'*Alcool* à 85°, puis on filtre.

**21.— ANIS VERT.** — Plante de la famille des Ombellifères, cultivée en France, en Russie, en Allemagne, en Espagne, dont les semences renferment une huile essentielle qu'on utilise pour parfumer les savons et les pommades, mais qui s'emploie surtout pour fabriquer les liqueurs, telles que l'*Anisette*, l'*Absinthe*, et pour aromatiser certains articles de confiserie et de pâtisserie. Elle est excitante, et c'est pour cela qu'elle favorise l'expulsion des vents intestinaux et des gaz de l'estomac ; mais il n'est pas bon d'en abuser, car elle peut occasionner des accidents graves et des intoxications, comme d'ailleurs la plupart des huiles essentielles ; c'est à elle principalement qu'il faut attribuer les funestes effets de la liqueur dite *Absinthe*. Elle possède la propriété de blanchir au contact de l'eau.

L'anis vert entre dans la composition de plusieurs *Eaux dentifrices* (134).

*Eau distillée d'Anis.* — On l'obtient en distillant 2 kilogr. 500 gram. d'*Anis vert* dans 10 litres d'*Eau*. On retire 5 litres de produit.

*Essence d'Anis.* — On la retire des semences par distillation. Elle est sujette à s'altérer, et il faut la conserver dans l'obscurité, et en flacons pleins et bien bouchés. On la falsifie avec l'*Essence de Badiane* ou l'*Anéthol*, produit qu'on retire de l'essence de Fenouil. L'*Essence d'Anis vert de l'Hygiène Moderne* (194) est un produit qui se vend à raison de 0,10 c. le gram.; 0,90 c. les 10 gram.; 2 fr. 50 les 30 gram. On peut s'en servir pour fabriquer des liqueurs.

*Esprit d'Anis de l'Hygiène Moderne* (194). — Cette préparation est à l'anis ce que l'Alcool de Menthe est à la menthe, ce que l'Alcool de Mélisse est à la mélisse. On s'en sert pour aromatiser des liqueurs, des patisseries, ou comme digestif, étendu d'eau sucrée. Il se vend à raison de 0.25 c. les 30 gram.; 0.90 c. les 30 gram.

**22. — ANNEAUX DE DENTITION.** — Au moment de la percée des dents, les enfants ont besoin, pour calmer le prurit ou la démangeaison dont les gencives sont le siège à ce moment, ainsi que pour faciliter leur rupture, de mâcher quelque chose de consistant. On peut se servir, pour l'économie, d'un morceau de racine de guimauve blanche, mais ce moyen n'est ni propre ni hygiénique, car au contact de la salive et à la chaleur de la bouche, la guimauve fermente et s'acidifie. L'anneau de dentition, formé de substances inattaquables par la salive, est plus sain, et il a en outre l'avantage d'amuser et de distraire le petit malade.

Les *Anneaux de dentition* de l'*Hygiène moderne* (194) sont :

1° en *Caoutchouc*, de quatre grandeurs, du prix de 0,15 c., 0,20 c., 0,30 c. et 0,40 c. pièce ; 0,05 c. en sus par la poste ;

2° en *Caoutchouc avec sifflet*, avec *sifflet et balle grise*, avec *sifflet et balle rouge*, avec *balle grise et hochets*, du prix de 0,50 c., 0,90 c., 1 fr. et 1 fr. 50 pièce ; 0,10 c. en sus par la poste ;

3° en *Feuille anglaise*, blanche ou noire, de 4 grandeurs, à 0,30 c., 0,40 c., 0,50 c. et 0,60 c. pièce ; 0,10 c. en sus par la poste ;

4º en *Feuille anglaise rouge avec sucettes*, du prix de 0,75 c. pièce ; 0,10 c. en sus par la poste ;

5º en *Feuille anglaise avec sucettes et musique*, du prix de 1 fr. ; 0,15 c. en sus par la poste ;

6º en *Os* petit modèle, grand modèle, et les mêmes avec *sifflet*, du prix de 0,20 c., 0,30 c., 0,75 c. et 1 fr. la pièce ; 0,10 c. en sus par la poste ; `

7º en *Os avec sucettes*, deux grandeurs, à 0,50 c. et 0,75 c. pièce ; 0,10 c. en sus par la poste ;

8º en *Ivoire*, deux grandeurs, et les mêmes avec *sifflet*, du prix de 1 fr. 50, 2 fr., 2 fr. 50 et 3 fr. pièce ; 0,30 c. en sus par la poste. Voyez *Hochets* (189).

**23**. — ANTISEPSIE, *Asepsie*. — Les maladies infectieuses sont occasionnées par la présence d'organismes infiniment petits, appelés *Microbes*, qui fabriquent des poisons. Ceux-ci infestent l'organisme tout entier et peuvent généralement se transmettre d'une personne à une autre. L'*Antisepsie* consiste à détruire ces microbes au moyen de substances chimiques, telles que le sublimé corrosif, l'acide phénique, l'acide borique, etc.; etc.

Appliquée à la pratique chirurgicale et aux accouchements, elle a donné des résultats merveilleux et fait diminuer la mortalité des opérés et des accouchées dans une proportion énorme ; elle a permis, aussi, de tenter et de réussir des opérations qui semblaient impossibles jadis. Son application au traitement des maladies internes n'a pas donné d'aussi bons résultats ; cela tient à ce qu'extérieurement on peut, sans danger, appliquer des substances toxiques, mais non pas intérieurement ; la plupart des substances antiseptiques sont, en effet, des poisons, et c'est pour cela précisément qu'elles détruisent les microbes.

L'*Asepsie* diffère de l'Antisepsie en ce qu'au lieu de détruire les microbes avec des agents chimiques, on les détruit par des agents physiques et notamment par la chaleur. Ce procédé n'est pas applicable en toutes circonstances, mais c'est cependant le plus sûr, car aucun microbe ne résiste à une température de 160° à 180° si l'on chauffe à sec, et de 120° si l'on fait bouillir.

Les substances privées de tout germe ou microbe au moyen de l'antisepsie ou de l'asepsie sont dites stérilisées, et l'opération qui conduit à ce résultat se nomme *Stérilisation*.

Les *Produits hygiéniques* (305) mentionnés dans ce livre renferment tous des substances antiseptiques.

**24.** — **ARSENIC.** — La plupart des *Dépilatoires* (122) renferment de l'*Orpiment* ou du *Réalgar*, qui sont des *Sulfures d'Arsenic*, poisons des plus violents ; aussi, ces préparations sont-elles fort dangereuses. En voici deux formules :

*Rusma du Sérail.* — On fait bouillir 60 gram. de *Chaux vive* avec 15 gram. de *Sulfure d'arsenic*, dans 500 gram. de *Lessive alcaline.* On en frotte ensuite les parties velues. Il attaque souvent la peau.

*Extrait Épilatoire.* — On ajoute à 500 gram. de *Lessive alcaline: Chaux vive*, 60 gram.; *Sulfure jaune d'arsenic*, 30 gram.; *Sel de nitre*, 8 gram.; *Soufre*, 8 gram.; *Iris de Florence*, 60 gram. Très dangereux.

Le *Dépilatoire Hygiénique du D*ʳ *Sylvius* (122) permet d'éviter l'emploi de ces diverses préparations, car il ne contient que des substances inoffensives.

**25.** — **AUBÉPINE.** — Plante de la famille des Rosacées, dont les fleurs ont une durée trop éphémère pour que l'on puisse en extraire le parfum. Cela n'empêche pas les parfumeurs de fabriquer des parfums à l'aubépine. En voici une formule :

*Extrait d'Aubépine.* — On mèle ensemble : *Extrait de Violettes*, 4 lit.; — *d'Oranges*, 4 lit.; — *de Cassie*, — *de Jasmin*, — *de Roses*, 2 gr. de chaque ; *Infusion de Tonka*, 1 gram.; — *de Vanille*, 425 gram.; — *de Tolu*, 125 gram.; — *de Musc*, 60 gram. Pour le mouchoir.

On imite l'odeur de l'Aubépine au moyen de l'*Aldéhyde Anisique*, que l'on obtient en oxydant l'*Anéthol* provenant de l'*Essence de Fenouil* (157). Produit malsain.

**26**. — **AZOTATE D'ARGENT**, *Nitrate d'argent*. — Ce sel a la propriété de teindre en noir les matières organiques ; il entre dans la composition d'un grand nombre de teintures brunes ou noires pour les cheveux et la barbe, vendues sous des noms de fantaisie. Mais il est vénéneux, et c'est parce qu'il altère et détruit les substances organiques, qu'il les rend noires. Il est donc malfaisant pour les cheveux, qui, en effet, deviennent durs et cassants par son usage, et peuvent même être détruits. Les teintures à base de nitrate d'argent sont tantôt de simples solutions qu'il suffit d'étendre sur les cheveux, tantôt des solutions doubles contenues chacune dans un flacon séparé, et qui, étendues en même temps sur les cheveux, réagissent chimiquement l'une sur l'autre, de façon à donner un produit nouveau ; cette réaction chimique ayant lieu sur le cheveu même, est encore plus nuisible pour celui-ci. Voici la composition de quelques-unes des teintures à base d'argent :

A. — *Nitrate d'argent*, 120 gram. ; *Eau distillée*, 1 litre.

B. — *Nitrate d'argent*, 40 gram. ; *Eau distillée*, 300 gram. ; *Vert de vessie*. 1 gram.

C. — *Azotate d'argent*, 40 gram. ; *Sulfate de cuivre*, 1 gram. 10 ; *Ammoniaque liquide*, 20 gram.

D. — Deux flacons séparés : 1º *Foie de soufre*, 200 gram. ; 2º *Nitrate d'argent*, 120 gram. ; *Eau distillée*, 1 litre.

Toutes les teintures à base de nitrate d'argent, et elles sont fort nombreuses, ne sont que des variantes des quatre formules précédentes.

*Azotate d'argent fondu, Crayon de nitrate d'argent, Pierre infernale*. — Ce sont de petits crayons cylindriques que l'on fabrique en faisant couler dans une lingotière, de l'*Azotate d'argent fondu* ; on s'en sert beaucoup pour cautériser les plaies, les morsures, et aussi quelquefois pour faire sur la peau des *Grains de beauté artificiels* ou imiter les *Mouches*. A cet effet, on applique sur la peau pendant quelques instants, l'extrémité du crayon légèrement humecté d'eau ou de salive, et on laisse sécher; il se produit au bout de quelques heures une tache noire qui résiste au lavage à l'eau. Avoir soin de faire la tache bien ronde, ce qui s'obtient en laissant le crayon exactement appliqué sur le même point. Avoir soin de bien l'essuyer ensuite. Il faut, pour faire usage de ces crayons et les conserver, avoir un *Porte-nitrate* (291).

**27. — BAGUES ÉLECTRIQUES.** — Ces bagues développent des courants électriques lorsqu'on les porte aux doigts; elles peuvent développer un, deux ou trois courants, selon les modèles. Ceux-ci se font en *Doublé argent* ou *Doublé or*, unis ou ciselés, avec ou sans pierres, de modèles variés; on peut se les procurer à l'*Hygiène Moderne* (194) à des prix variant entre 1 et 6 fr. selon les modèles. Port en sus.

**28. — BAINS GÉNÉRAUX,** *Grands Bains.* — Il faut tout au moins, par mesure de propreté, prendre un grand bain chaque semaine, et plus souvent même si la profession l'exige.

On ajoute à l'eau du bain, soit du savon, pour faciliter le nettoyage, soit des substances qui lui communiquent des propriétés hygiéniques ou médicamenteuses; pour ces derniers, voir le manuel *La Médecine Nouvelle* (227) par le Dr O. Dubois.

*Bain d'Amidon.* — On ajoute 1 kilo d'*Amidon* (15) à l'eau d'un bain. Adoucissant.

*Bain de Son.* — A l'eau d'un bain, on ajoute cinq litres d'eau dans laquelle on a fait bouillir, pendant un quart d'heure, 2 kilos de son renfermés dans un linge. Adoucissant.

*Bain alcalin.* — A l'eau d'un bain, on ajoute 250 gram. de *Cristaux de soude*. Pour nettoyer la peau.

*Bain gélatineux.* — On ajoute au bain deux litres

d'eau dans laquelle on a fait fondre à chaud 500 gram. de *Gélatine pour bains*. Adoucissant.

*Bain salé*. — On ajoute 5 kilos de *Sel gris* à l'eau d'un bain. Fortifiant.

*Bain virginal*. — On ajoute à l'eau du bain 125 ou 250 gram. de *Teinture de Benjoin* (41). Antiseptique et hygiénique.

*Bain de Sels Hygiéniques*. — On ajoute au bain un flacon de *Sels Hygiéniques pour bains du D<sup>r</sup> Sylvius* (333). Ce bain est tonique et réparateur. Il s'adresse à toutes les personnes affaiblies ou fatiguées pour quelque cause que ce soit : enfants pâles, étiolés, maladifs, lymphatiques ou scrofuleux ; femmes délicates, anémiques, nerveuses, fatiguées ; hommes affaiblis par le travail, les excès, la maladie ou par l'âge.

*Bain parfumé*. — On ajoute à l'eau du bain, 1 litre d'*Eau de Cologne pour bains de l'Hygiène Moderne* (132). Agréable et hygiénique.

*Bain hygiénique adoucissant*. — On ajoute au bain le contenu d'une boîte de *Poudre Hygiénique Alcalinoamylacée* (299). Très efficace en cas d'inflammations de la peau, boutons, éruptions, rougeurs, dartres, eczéma, et pour rendre la peau blanche et douce.

*Bain astringent*. — On ajoute au bain le contenu d'une boîte de *Poudre Hygiénique astringente au Krameria* (300). Pour raffermir la peau et lui donner du ton lorsqu'elle est molle, flasque, ridée.

Pour nettoyer ou savonner la peau convenablement pendant le bain, il est indispensable de se servir d'une *Eponge* ou mieux d'une *Brosse à bains* (59), à cause du manche qui permet de se frotter soi-même le dos et les épaules.

On devra toujours s'assurer de la température du bain au moyen du *Thermomètre à bains* (361) ; elle doit être de 25 à 30°, pour les *bains tièdes* ; de 33° pour les *bains chauds*.

**29. — BAINS DE PIEDS.** — Ces bains peuvent être

composés avec les mêmes substances que les bains généraux. Je ne signalerai que le suivant, à cause de ses indications spéciales :

*Pédiluve astringent.* — On fait fondre à chaud le contenu d'une boîte de *Poudre astringente au Krameria* (300) dans trois ou quatre litres d'eau. Ce bain s'emploie avec succès pour combattre la transpiration et la mauvaise odeur des pieds dont il raffermit et purifie la peau. Il est aussi efficace pour combattre les engelures, soit des pieds, soit des mains. Il peut servir plusieurs fois, en ayant soin de le réchauffer chaque fois.

**30.** — **BALLES DE RECHANGE.** — Ce sont des balles en caoutchouc pour injecteurs ou pulvérisateurs, qui se vendent séparément, lorsque celles qui garnissent les appareils ont besoin d'être remplacées. On trouve à l'*Hygiène Moderne* (194) :

1° Des *Balles de rechange pour injecteurs*, au prix de 0,50 c. à 1 fr. 25 la pièce, selon la grosseur ; 0,10 c. en sus par la poste.

2° Des *Balles doubles* pour pulvérisateurs, de 1 fr. 75 à 4 fr. la pièce ; 0,10 c. en sus par la poste.

**31.** — **BANDAGES HERNIAIRES**, *Brayers*. — Ce sont des appareils destinés à maintenir les hernies. Ils se composent d'une pelote qui s'applique sur l'ouverture par où la hernie sort, et d'une ceinture qui fait le tour de la taille. On les divise en *Bandages Inguinaux, Bandages Cruraux, Bandages Ombilicaux*, selon que la hernie siège à l'aîne, à la partie supérieure de la cuisse ou au nombril. On les distingue aussi en *Simples* et *Doubles*, c'est-à-dire avec une seule ou avec deux pelotes, selon qu'il y a hernie d'un seul ou des deux côtés. La forme et la longueur de la pelote varient selon la situation de la hernie et selon sa grosseur et la dimension de l'ouverture par où elle sort. La pelote des bandages ombilicaux a la forme d'un disque rond, présentant le plus souvent une petite pelote saillante à son centre. Celles des bandages inguinaux et cruraux sont généralement ovales ou à bec de corbin, plus ou moins bombées, parfois en forme de poire ou en forme de main, de grosseurs variables, selon les indications à remplir. La ceinture du bandage est généralement à ressort, sauf pour les jeunes enfants et pour certains bandages qui ne se mettent que la nuit.

Les bandages sont généralement garnis en peau de chamois ou en basane. Pour les bandages de luxe, on emploie le veau, l'agneau, le maroquin ; on en fait aussi en caoutchouc ou en gomme noire. Dans ces mêmes bandages, on cherche généralement à diminuer autant que possible la largeur de la ceinture afin de la rendre aussi peu apparente que possible, d'où les dénominations de bandage *Anatomique*, *Imperceptible*, *Invisible*; mais cela n'ajoute rien à leur efficacité.

Dans le *Bandage Anglais*, la ceinture, au lieu de suivre les contours des os du bassin, comme dans le *Bandage Français*, prend seulement ses points d'appui en avant sur la pelote de la hernie, et en arrière, sur une autre pelote qui s'appuie sur la colonne vertébrale, en sorte que la partie de la ceinture intermédiaire entre ces deux points reste libre et indépendante, ce qui rend les déplacements de la pelote moins faciles. Mais cet inconvénient est évité dans le bandage Français au moyen des *Sous-Cuisses*, petits cordons qui s'attachent en avant sur la pelote, en arrière sur la ceinture, en passant sous les cuisses, et qu'on ajoute lorsque cela paraît nécessaire. Le bandage Anglais est peu usité en France.

Les conditions à remplir pour le bandage sont : 1° de maintenir parfaitement la hernie, sans que celle-ci puisse sortir dans les divers mouvements et exercices ; 2° de ne pas gêner ni blesser le malade. On ne doit l'appliquer que lorsque la hernie est complètement rentrée, et sur les hernies qui rentrent complètement, autrement son usage serait dangereux et mieux vaudrait n'en pas porter. Pour les hernies qui ne rentrent pas complètement c'est-à-dire plus ou moins *Irréductibles*, on se contente d'un *Suspensoir* (351).

Les *Bandages herniaires de l'Hygiène Moderne* (194) remplissent les conditions exigées par une bonne fabrication et sont construits sur les principes que nous venons d'exposer, d'après les données scientifiques et les découvertes les plus modernes. On peut se procurer un bandage *Simple Chamois* avec bande basane, au prix de 3 fr. pour adultes, 2 fr. 50 pour cadets, 1 fr. 50 pour enfants; tout *Basane* au prix de 5 fr., 4 fr. et 3 fr.; *Anatomique*, au prix de 6 fr., 5 fr. et 4 fr.; *Imperceptible*, au prix de 4 fr., 3 fr. 50 et 3 fr.; *Imperceptible de luxe*, au prix de 6 fr., 5 fr. et 4 fr.; *Invisible*, au prix de 6 fr., 5 fr. et 4 fr. (0,50 c. en sus par la poste). Les prix des Bandages *Doubles* et *Ombilicaux* sont doubles des précédents.

En commandant le bandage, il faut, pour les bandages inguinaux et cruraux, donner la mesure exacte du tour de taille en partant de la hernie pour contourner le bassin et revenir au point de départ. Pour les bandages ombilicaux, la grosseur exacte de la taille à la hauteur du nombril. En outre, indiquer la grosseur de la hernie par rapport à un autre objet tel qu'œuf de pigeon, œuf de poule, le poing, etc. Enfin, dire si la hernie est simple et de quel côté, ou double; indiquer l'âge et le sexe. Dans les cas où on désirerait plus spécialement une forme déterminée pour la pelote, l'indiquer aussi.

**32. — BANDAGES DE CORPS.** — On appelle ainsi des bandages larges appliqués autour du ventre ou de la poitrine pour maintenir un pansement ou pour soutenir ces parties du corps, ou encore pour exercer une compression. Ils consistent généralement, en une serviette pliée en trois ou quatre doubles selon sa plus grande largeur, et dont on assujettit les deux extrémités avec trois ou quatre *Epingles de sûreté* (145). Il ne faut pas plier la serviette de biais, parce qu'alors elle formerait corde et se maintiendrait mal.

**33**. — **BANDES**. — Pour certains pansements et appareils chirurgicaux, on se sert de *Bandes en Toile*, en *Flanelle* ou en *Caoutchouc*.

Les *Bandes en Toile* de *l'Hygiène Moderne* (194) ont 3 m. de longueur sur 0,04 c, à 0,08 c. de hauteur, et se vendent, les ordinaires 4 fr. 50 le kilogram.; les demi-fines 5 fr. et les surfines 6 fr. 50; port en sus.

Les *Bandes en Flanelle*, blanches ou rouges, ont 5 m. de longueur sur 0,05 c., 0,07 c. et 0,10 c. de largeur, et se vendent 2 fr., 2 fr. 25 et 2 fr. 50 pièce; port en sus.

Les *Bandes en Caoutchouc* ont de 2 à 10 m. de longueur et 0,05 c., 0,06 c., 0,07 c. et 0,08 c. de largeur; elles se vendent de 5 fr. à 30 fr. pièce, selon les dimensions; port en sus.

Les *Bandes en Tarlatane* se vendent à raison de 0,60 c. les 30 gram., et se font en toutes dimensions.

On fabrique aussi des *Bandes Antiseptiques* pour pansements, au sublimé, à l'acide phénique, à l'iodoforme, à l'acide borique, etc. Les prix varient selon les dimensions et la nature de l'antiseptique.

**34**. — **BANDOLINE**. — Préparation mucilagineuse que l'on étend sur la chevelure à l'aide de la brosse, du peigne ou des mains, et qui est destinée à maintenir les cheveux. On peut l'obtenir soi-même au moyen de *Pépins de Coings* ou de *Graines de Psyllium* (306) que l'on met dans une bouteille avec de l'eau; on agite de temps en temps, et lorsqu'on trouve l'eau suffisamment mucilagineuse, on la décante et l'on parfume avec une essence ou une eau de toilette quelconque.

*Bandoline de l'Hygiène Moderne*. — Les bandolines du commerce se conservent mal; elles s'acidifient promptement et deviennent irritantes et caustiques; elles renferment de l'alcool, substance nuisible pour les cheveux. Mieux vaut donc se servir de la *Bandoline de l'Hygiène Moderne* (194), qui se vend en flacons du prix de 0,60 c. et 1 fr.; ou bien du *Fixateur Hygiénique du Dr Sylvius*

(159) qui se conserve bien et ne renferme aucune substance nuisible, tout en ayant une odeur agréable.

**35.** — **BARBE.** — La barbe doit être tenue proprement. A cet effet, on doit la peigner souvent, et laver de même à l'eau de savon la peau qu'elle recouvre pour la débarrasser des impuretés formées par la poussière, les pellicules de la peau, et les produits de la transpiration. Si les pellicules s'y forment en excès, il faut la lotionner encore deux fois par jour avec la *Lotion Hygiénique du D<sup>r</sup> Sylvius* (219). En cas de rougeur, inflammation, démangeaisons, écarter les poils et étendre sur la peau, à l'aide du doigt, un peu de *Crème Hygiénique Alcalinoamylacée* (110) deux ou trois fois par jour. Eviter l'emploi des cosmétiques irritants, des produits à base d'alcool ou de glycérine, substances malfaisantes pour les poils qu'ils rendent durs et cassants, et dont ils provoquent le blanchiment. Pour lisser les favoris et les moustaches, se servir d'*Huile Hygiénique du D<sup>r</sup> Sylvius* (193) et pour fixer les moustaches, des *Cosmétiques de l'Hygiène Moderne* (102), qui sont préparés en vue d'exclure toute substance nuisible.

L'usage du *Rasoir* (311) exige certaines précautions particulières. Il est imprudent de se faire raser chez le coiffeur, parce que les rasoirs et blaireaux qui ont servi à d'autres personnes peuvent communiquer des maladies fort difficiles à guérir, notamment la *Pelade*, la *Mentagre*, le *Sycosis* ; voir le manuel *La Médecine Nouvelle* (227), par le D<sup>r</sup> O. Dubois. Il ne suffit pas toujours de passer ces instruments dans l'eau bouillante, l'alcool ou une solution de sublimé pour les purifier immédiatement. Le mieux est donc, quant on le peut, d'avoir ces objets à soi, et se faire raser avec ceux-là seulement.

Les blaireaux, même neufs, peuvent transmettre certaines maladies, lorsqu'ils sont fabriqués avec des poils d'animaux malades ; on évitera ce danger en employant les *Blaireaux de l'Hygiène Moderne* (47).

Il n'est pas moins important de se servir de rasoirs convenables. Les mauvais rasoirs, outre qu'ils donnent plus de mal, avec un mauvais résultat, irritent la peau et y causent des rougeurs et des inflammations; c'est avec eux qu'on se coupe le plus facilement. Les *Rasoirs de l'Hygiène Moderne* (311), avec tout ce qui est nécessaire à leur entretien, comme *Cuirs* (311), *Pâtes à rasoir* (311), méritent la préférence sous ce rapport.

Enfin, il faut éviter l'emploi des savons de mauvaise qualité, parfumés et colorés avec des substances irritantes ou vénéneuses, ou renfermant un excès d'alcali. C'est une recommandation essentielle pour la peau du visage, qui est fine et délicate, car ces sortes de savons y déterminent souvent des éruptions, de l'herpès. On trouve encore dans les *Savons de l'Hygiène Moderne* (328) une sécurité complète sous ce rapport.

Si la peau est très délicate, sujette à s'enflammer, s'il existe de la cuisson, on se poudrera après s'être rasé et lavé à l'eau pure, avec la *Poudre Hygiénique Alcalinoamylacée* (299). Dans les cas ordinaires, on peut additionner l'eau pour se laver, avec l'*Eau de Toilette de l'Hygiène Moderne* (140), l'*Eau de Cologne de l'Hygiène Moderne* (132), ou le *Vinaigre Hygiénique du Dr Sylvius* (381); et se poudrer avec la *Poudre Hygiénique de Toilette du Dr Sylvius* (301), ou la *Poudre de Riz de l'Hygiène Moderne* (317). On évite ainsi les rougeurs et l'irritation qui se produisent souvent à la suite de l'emploi des Eaux de toilette et des Poudres de riz du commerce.

Lorsque l'on veut empêcher les poils de la barbe de croître et les détruire, nécessité qui se présente quelquefois chez les personnes du sexe féminin, il faut se servir du *Dépilatoire Hygiénique du Dr Sylvius* (122), ou d'une *Pince à épiler de l'Hygiène Moderne* (279).

**36. — BAS A VARICES.** — Les varices, ou dilatation des veines des membres inférieurs, exigent l'usage de bas, chaussettes ou cuissards qui exercent une pression uniforme et permanente tout autour du membre, principalement pendant la station debout et pendant la marche.

De cette façon, la stagnation du sang dans les veines dilatées est évitée, et la gêne qui en résultait disparaît. Faute de cette précaution, les varices augmentent et sont exposées à se crever ou à former des ulcères.

Il faut, pour que l'appareil soit bon, qu'il ne cause aucune gêne ni souffrance; il doit, au contraire, apporter du soulagement.

Les bas à varices se font généralement en tissu élastique dont il existe deux variétés, le *Tissu Français* et le *Tissu Anglais;* ils présentent la forme de la partie qu'ils doivent recouvrir et sont pourvus d'une ouverture à chaque extrémité. Cependant, lorsqu'il existe un ulcère ou autre affection nécessitant un pansement, et ne permettant pas de couler le bas à la manière ordinaire, on se sert de bas qui se lacent dans toute leur longueur; ces sortes de bas ne sont pas en tissu élastique, mais en coutil, en basane ou en peau de chien.

Le bas se met à nu sur la peau; on doit le retirer chaque soir, et le porter constamment le jour. S'il est de bonne qualité, il peut se laver. Il existe dans le commerce des bas de toute qualité et il est fort difficile de pouvoir apprécier celle-ci autrement que par l'usage. On est souvent tout surpris de voir un bas qui avait belle apparence, se relâcher et devenir hors d'usage au bout de quelques jours. L'achat de cet article est donc une affaire de confiance et il est bon de connaître une marque à laquelle on puisse se fier. Les *Bas à varices de l'Hygiène Moderne* (194) offrent cette garantie. Ils se vendent en tissu Français au prix de 5 fr. la pièce, en tissu Anglais au prix de 7 fr. et en tissu de soie fine, blanche , grise ou rose, au prix de 12 fr. (port en sus), avec augmentation de 3 fr., si le bas doit couvrir le genou. Les bas précédents, lorsqu'ils doivent monter jusqu'en haut de la cuisse, se vendent respectivement, 15, 20 et 30 francs. Les *Chaussettes* et *Genouillères* se vendent 4, 5 et 8 francs ; les *Cuissards*, 5, 6 et 8 francs.

Avant de faire la commande, demander la figure explicative des mesures à fournir, qui sera envoyée avec toutes les explications nécessaires. Ces mesures doivent se prendre le matin au lever, à l'aide d'un ruban métrique appliqué à nu sur la peau. Si le bas doit monter au-dessus du genou, indiquer la hauteur du sol à la jarretière et de la jarretière à la limite supérieure. Pour les bas à lacets, indiquer le côté du membre (droit ou gauche).

**37. — BASILIC.** — Petite plante de la famille des Labiées, que l'on cultive en pots, et qui doit son odeur à une huile essentielle et à un camphre particulier, comme d'ailleurs la plupart des autres Labiées. Elle ne paraît pas être employée par les parfumeurs, sans doute à cause de son faible rendement et du peu de durée de ses fleurs. On se sert plutôt du *Thym* (362), qui a une odeur analogue.

**38. — BASSINS DE LIT.** — Ces bassins servent à recevoir les déjections dans les cas où l'on est obligé de garder le lit constamment comme en cas de maladie ou d'accouchement, ou bien pour recevoir le liquide provenant des injections vaginales ou des lavements. Ils se font en faïence, en porcelaine, en étain et en tôle émaillée ; les uns ronds, les autres de forme allongée, avec ou sans tuyaux d'écoulement.

Les *Bassins de lit de l'Hygiène Moderne* (194) comprennent :

1° Les *Bassins ronds en Faïence*, trois grandeurs, à 1 fr. 75, 2 fr. 25 et 3 fr. 50 ;

2° Les *Bassins ronds en Tôle émaillée*, trois grandeurs, à 7 fr., 8 fr. et 9 fr. ;

3° Les *Bassins forme pelle en Faïence*, trois grandeurs, à 7 fr. 50, 8 fr. 50 et 9 fr. ;

4° Les *Bassins forme pelle en Porcelaine*, trois grandeurs, à 8 fr. 50, 9 fr. 50, 11 fr. 50 ;

5° Les *Bassins en Tôle émaillée*, emboutis, avec ou

sans tubulure, à 7 fr. et 7 fr. 50 ; — forme sabot, à 8 fr. ;
— ovale, à 10 fr. ; — plat, à 7 fr. 50.

Port en sus pour tous ces articles.

**39. — BAUDRUCHE.** — Membrane mince et transparente provenant de l'intestin du bœuf. Son imperméabilité et sa grande résistance la rendent propre à faire des *Préservatifs* (304) et des papiers gommés pour pansements.

La *Baudruche gommée de l'Hygiène Moderne* (194) se vend à raison de 0,15 cent. la feuille, 0,20 cent. par la poste ; et de 1 fr. 20 le mètre; par la poste, 1 fr. 30.

**40. — BAUMES.** — Ce sont des sucs résineux, qui diffèrent des résines proprement dites en ce qu'ils renferment de l'*Acide benzoïque* ou *cinnamique*, et ils possèdent généralement un parfum spécial.

Le *Baume du Pérou* provient d'un arbre de l'Amérique centrale et entre dans la composition de quelques cosmétiques et des *Clous fumants* (90). Il est très rare, et on lui substitue ordinairement le suivant, qui a une odeur analogue.

Le *Baume de Tolu* provient d'un arbre cultivé en Colombie, dans l'Amérique centrale. Ses propriétés balsamiques le font utiliser en médecine, et son odeur suave en parfumerie. On fait, soit avec ce baume, soit avec le précédent, une *Teinture* ou *Infusion*, comme pour le *Benjoin* (41).

Le *Baume du Canada* provient d'un sapin de l'Amérique du Nord ; il possède une odeur suave qui se rapproche de celle du citron.

Le *Baume de la Mecque* ou *Baume de Judée* provient d'un arbre de l'Arabie. Il est très rare.

On désigne aussi sous le nom de *Baume des jardins* une espèce de *Menthe* (230). Voyez *Benjoin* (41).

**40. — BAVETTES.** — Les *Bavettes pour Enfants*, de *l'Hygiène Moderne* (194) se font en tissu caoutchouté, et se vendent en *Quadrillé* galons de couleurs, ou *Sati-*

*nette*, au prix de 8 fr. la douzaine; en *Nansouck*, 12 fr., en *Croisé fin double*, 15 francs.

**41.** — **BENJOIN**. — C'est un baume qui provient d'un arbre de la famille des Styracinées qui croît aux Indes, à Siam, à Java, à Sumatra, Il doit son odeur suave à un principe particulier encore mal défini et renferme un acide inodore quant il est pur, l'*Acide benzoïque*, qui se volatilise par la chaleur et se présente après refroidissement sous forme de fines aiguilles blanches. Le benjoin n'est pas un produit malsain ; il est, au contraire, assez antiseptique, mais il est sujet à de nombreuses altérations et falsifications. Le *Benjoin en poudre de l'Hygiène Moderne* (194) est de premier choix et se vend à raison de 0,50 cent. les 30 gram. ; 1 fr. 75 les 125 grammes.

*Infusion de Benjoin, Teinture de Benjoin.* — On la prépare en faisant macérer pendant 15 jours 100 gram. de *Benjoin en poudre* dans 500 gram. d'*Alcool à 85°* (la dose de 125 gram. de benjoin par litre d'alcool, usitée ordinairement en parfumerie, est trop faible). On remue de temps à autre ; on filtre au papier. La *Teinture de Benjoin de l'Hygiène Moderne* (194), ainsi préparée, se vend en flacons du prix de 0,60 c. et 1 fr., et au détail à raison de 0.25 c. les 30 gram. ; 1 fr. les 125 gram. ; 3 fr. les 500 gram.

Cet excellent produit constitue à lui seul une eau de toilette très agréable et très hygiénique ; il suffit d'en verser quelques gouttes dans l'eau pour rendre celle-ci lactescente et parfumée ; on a ainsi l'*Eau Virginale*, qui peut se préparer aussi en ajoutant 10 gram. de cette teinture à 500 gram. d'*Eau distillée de Roses* (321). On peut aussi ajouter la teinture de Benjoin à l'eau du bain (28), pour rendre celui-ci plus sain et plus hygiénique. Appliquée à l'aide d'un *Pinceau* (280) sur les gerçures du sein, elle fait cesser les douleurs aussitôt et procure une guérison rapide.

*Esprit de Benjoin.* — On l'obtient en distillant

26 litres d'*Alcool à 85°*, avec 1 kilo 500 gram. de *Poudre de Benjoin*, pour obtenir 25 litres de produit.

*Eau de toilette au Benjoin.* — Alcool à 85°, 28 litres ; *Essence de Bergamote*, 400 gram. ; — *de Citron*, 300 gram. ; — *de Roses*, 20 gram. ; — *de Lavande*, 30 gram. ; *Eau de Roses*, 2 litres.

*Pommade au Benjoin.* — On mêle à 4 kilogr. d'*Axonge* : *Benjoin en poudre*, 500 gram. ; *Storax*, 250 gram. ; un peu de *Civette*. On malaxe de temps à autre pendant dix jours, on fond, et on passe au tamis. En ajoutant 1 kilog. d'*Huile d'Amandes*, on a la *Pommade-Romaine au Benjoin*, de consistance fluide.

*Vinaigre au Benjoin, Vinaigre virginal.* — On fait macérer pendant six jours 60 gram. de *Benjoin* en poudre dans 250 gram. d'*Alcool*; on décante et on verse sur le résidu 1 kilogr. de *Vinaigre*. Au bout de six autres jours, on réunit le tout et on filtre. S'emploie pour parfumer l'eau de toilette.

*Pastilles fumantes au Benjoin.* — *Poudre de Benjoin*, 15 gram. ; — de *Cascarille*, 4 gram. ; — de *Charbon*, 60 gram. ; mucilage épais de *Gomme adraganthe*, quantité suffisante.

**42.** — **BENZINE.** — La Benzine est un liquide d'odeur particulière, inflammable, non miscible à l'eau, qui dissout facilement les graisses et le caoutchouc. On l'extrait par distillation de l'Huile de Goudron de houille. Elle s'emploie pour enlever les taches de graisse sur les étoffes ; voyez *Taches* (352). A cet effet, on frotte la tache avec un linge imprégné de ce liquide. On l'emploie aussi pour détruire les poux. La Benzine ordinaire a une odeur désagréable ; elle jaunit à la lumière ; cela tient à ce qu'elle est impure. Il faut se servir du produit suivant :

*Benzine de l'Hygiène Moderne* (194). — C'est de la *Benzine cristallisable*, c'est-à-dire rectifiée et purifiée au moyen de la distillation. Elle se vend en flacons du prix de 0,50 c., et au détail à raison de 0.15 c.

lès 30 gram.; 0.40 c. les 125 gram.; 1 fr. les 500 gram.

*Benzine du Pétrole.* — Cette benzine s'emploie aussi pour enlever les taches; elle a une odeur plus désagréable, mais elle ne se vend que 0.20 c. les 125 gram.; 0.60 c. les 500 gram.

**43.** — **BÉQUILLES.** — Elles se font en un seul bâton ou à double branche, ciré noir ou vernis, à crosses nues ou garnies en cuir ou moleskine.

*Béquilles de l'Hygiène Moderne* (194) se vendent de 10 à 25 francs la paire, selon les sortes ci-dessus.

Les *Rondelles en caoutchouc* pour garnir l'extrémité des béquilles, se vendent 0.75 c. la pièce; port en sus.

**44.** — **BERGAMOTE.** — On extrait des fruits du *Citronnier*, le *Citrus Bergamia* (famille des Aurantiacées) qui croît dans les pays riverains de la Méditerranée, une huile essentielle nommée *Essence de Bergamote.* On la mélange à d'autres essences pour communiquer à celles-ci de la douceur; elle fait partie de l'*Eau de Cologne* (131). Elle est fort souvent falsifiée.

*Essence de Bergamote de l'Hygiène Moderne* (194). — Ce produit, de premier choix, se vend à raison de 0.10 c. le gram.; 2 fr. les 30 gram.

*Extrait de Bergamote.* — On mélange ensemble 50 gram. d'*Essence de Bergamote* et 1 litre d'*Alcool* à 85º. Sert d'odeur pour le mouchoir. L'*Extrait de Bergamote de l'Hygiène Moderne* (194) se vend en flacons du prix de 1 fr. 50.

*Huile à la Bergamote.* — On ajoute à 500 gram. d'*Huile d'Amandes douces*, 60 gram. d'*Essence de Bergamote* et on agite. Pour les cheveux.

On peut aussi aromatiser la pommade de la même manière, pour avoir la *Pommade à la Bergamote.*

**45.** — **BEURRE DE CACAO.** — C'est une substance grasse, solide, d'odeur suave, de la couleur du beurre frais, onctueuse au toucher. On l'extrait des amandes du cacao, et on s'en sert pour composer quelques pommades: en médecine, elle sert à faire des supposi-toires.

toires. Il faut le conserver à l'abri du contact de l'air. Il est sujet à être falsifié. Le *Beurre de Cacao de l'Hygiène Moderne* (194) se vend à raison de 0.40 c. les 30 gram.; 1.20 les 125 gram., et en tablettes du prix de 0.10, 0.20 et 40 c.

**46.** — **BIBERONS.** — Ces appareils que chacun connaît sont destinés à l'allaitement artificiel. Ils se composent d'une carafe en verre dans laquelle on verse le lait, à l'orifice de laquelle se trouve un bouchon traversé par un tube en caoutchouc muni d'une tétine à son extrémité supérieure et d'un tube de verre à l'autre, ou une tétine sans tube. De petits trous sont ménagés sur le bouchon ou sur la carafe, pour la rentrée de l'air lorsque le lait diminue. On a renoncé complètement aux éponges, d'un nettoyage trop difficile et d'un entretien trop coûteux, et les tétines ne se font plus qu'en caoutchouc ou en parchemin. Ce qu'on recherche surtout dans un biberon, c'est la simplicité des pièces et la facilité du nettoyage; il faut qu'après chaque tétée on puisse nettoyer facilement et promptement le biberon, de façon à ce que, dans aucune de ses parties constituantes, il ne reste la moindre parcelle du lait qui vient de servir. En effet, le lait et les petits grumeaux de fromage qui en proviennent, aigrissent très promptement, et déterminent la formation de germes malsains qui corrompent le lait suivant, qui, à son tour, détermine des maladies qui peuvent faire périr le nourrisson. On a donc été conduit à simplifier l'appareil le plus possible de façon à rendre son nettoyage très facile; on a été jusqu'à supprimer le tube pour ne conserver que la tétine, en sorte que le modèle de biberon le plus simple, consiste en une simple carafe de verre, munie à son orifice d'une tétine en caoutchouc ou en parchemin : on donne en général la préférence au premier, parce que le parchemin se laisse pénétrer par le liquide. Ces biberons ont un inconvénient, c'est qu'il faut les tenir à la main pendant toute la tétée, tandis que le biberon à tube peut se poser sur le berceau pendant que l'enfant boit, mais il demande davantage de soins et d'attention pour l'entretien. Quelque soit le système employé, il faut, après chaque tétée, nettoyer l'appareil à fond avec de l'eau chaude, de façon à ce qu'il ne reste aucune trace de lait ni de fromage, et remplacer les pièces dès qu'elles commencent à se détériorer.

On trouve à l'*Hygiène Moderne* (194) tous les systèmes de biberons employés. Le prix des *Biberons complets* varie entre 0.60 c. et 1 fr. 25, selon le système. Port en sus.

On peut acheter séparément les parties constituantes du biberon. La *Carafe* seule, au prix de 0.20 à 0.75 c., selon les modèles; la *Tétine* seule, au prix de 0.10 c. à 0.40 c.; les *Bouchons* en liège ou en corne, au prix de 0.25 c.; — en verre, 0.35; — à soupape, 0.30 c.; le *Tube en caoutchouc* seul, au prix de 0.15 c.; le *Goupillon* pour nettoyer le tube, 0.05 c.; et pour nettoyer la carafe, 0.15 c. Port en sus pour tous ces articles. Voyez *Bouts de seins* (57), *Tétines* (360), *Tire-laits* (364), *Tubes* (365).

**47. — BLAIREAUX.** — Ce sont des pinceaux destinés à étendre et faire mousser l'eau de savon sur la figure, lorsque l'on veut se raser.

*Blaireaux de l'Hygiène Moderne* (194). — Lorsqu'ils sont faits avec des poils d'animaux malades, les blaireaux peuvent transmettre certaines maladies, telles que la *Pelade*, l'*Herpès*, etc. On évitera ce danger en ne se servant que des *Blaireaux de l'Hygiène Moderne* (194), qui, avant d'être livrés à la vente, sont tous soumis à une purification minutieuse qui les débarrasse de tous les germes malfaisants qu'ils peuvent contenir.

Ces blaireaux se font avec *manches en os* ou *manches en buffle*, et comprennent deux qualités qui se vendent aux prix respectifs de 1 fr. 50 et 1 fr. 75 la pièce; 0.20 c. en sus par la poste.

**48. — BLANC DE BALEINE,** *Sperma-ceti.* — C'est

une substance blanche, formée d'écailles luisantes, ayant la consistance de la cire, et que l'on trouve dans le cerveau, non pas de la baleine, mais du *Cachalot*, animal amphibie de la famille des Cétacés. On s'en sert pour fabriquer le *Cold-Cream* (94), et pour donner de la consistance aux *Pommades* (285) et aux *Cosmétiques* (192). Les blanchisseuses s'en servent aussi pour donner au linge une consistance supérieure à celle de l'empois d'amidon. Elle se vend à l'*Hygiène Moderne* (194) à raison de 0.30 c. les 30 gram. ; 1 fr. les 125 gram. ; 3fr 50 les 500 gram.

On peut, par économie, employer la *Paraffine* (258) qui donne à peu près les mêmes résultats.

**49.** — **BOIS D'ALOES.** — On désigne sous ce nom trois sortes de bois odorants, qui répandent en brûlant une odeur agréable. On retire de l'un d'eux une huile essentielle dont l'odeur rappelle celle des fleurs de citron.

**50.** — **BOIS DE ROSES,** *Bois de Rhodes, Bois de Chypre.* — Ce bois odoriférant, dont l'odeur rappelle celle de la rose, provient de la racine d'une plante grimpante de la famille des Convalvulacées, qui est originaire des îles Canaries. On s'en sert pour fabriquer des poudres odoriférantes, et on en extrait une huile essentielle qui entre dans la composition de plusieurs produits liquides.

**51.** — **BOITES.** — Les *Boîtes de l'Hygiène Moderne* (194) comprennent les catégories suivantes :

1º *Boîtes pour irrigateurs,* en bois vernis, au prix de 2 fr. et 3 fr. 50, selon la grandeur ;

2º *Boîtes en palissandre,* pour *Pommade rosat* (321), 0.20 c. non garnies ;

3º *Boîtes à saupoudrer,* en carton, munies d'un grillage, très commodes pour poudrer les enfants. S'emploient aussi pour la *Poudre Hygiénique Alcalinoamylacée* (299), pour la *Poudre de Riz* (317), etc. Elles se vendent 0.20 c. la pièce, modèle ordinaire ; 0.30 c., modèle plus élégant, 0.05 c. en sus par la poste.

**52.** — **BONNETS A GLACE.** — Ce sont des bonnets en

caoutchouc destinés à contenir la glace que l'on place sur la tête dans certaines maladies, telles que méningite, par exemple, ou en cas de plaies ou contusions du crâne, etc., etc.

Les *Bonnets à glace de l'Hygiène Moderne* se font :

1º *A simple courant*, pour enfants ou hommes, trois grandeurs aux prix respectifs de 7 fr. 50, 8 fr. et 9 fr.;

2º *A double courant*, dº, aux prix respectif de 9 fr. 50, 10 fr., et 11 fr. Port en sus.

**53.** — BORAX, *Borate de Soude, Biborate de Soude, Biborax*. — C'est un sel formé par la combinaison de la *Soude* avec l'*Acide Borique*, Pour l'usage, on le met en poudre fine, et on l'incorpore à l'axonge ou plutôt à la vaseline, ou bien on le fait fondre dans l'eau, pour pansements, lotions, injections, gargarismes, etc. L'eau en dissout de 8 à 10 gram. par 100 gram. à froid, et 50 gram. à chaud. Il est très employé comme antiseptique.

*Biborax de l'Hygiène Moderne* (194). — C'est un produit pur, en poudre blanche, impalpable, qui se vend à raison de 0.10 c. les 30 gram.; 0.35 c. les 125 gram.; 0.80 c. les 500 gram.; 1 fr. 50 le kilo.

**54.** — BOUCHE. — L'entretien de la bouche comprend principalement celui des *Dents* (121), des *Gencives* (169) et des *Lèvres* (212) qui se trouvent indiqués à leurs articles respectifs. D'une manière générale, l'état de la bouche est subordonné à celui de l'appareil digestif et surtout de l'estomac, car la bouche n'est autre chose que l'orifice supérieur du tube digestif. Il serait donc superflu, la plupart du temps, de ne s'occuper que de la bouche seule, lorsque celle-ci n'est pas en bon état, et il faut en même temps soigner l'estomac, le foie ou l'intestin. On trouvera tous les éclaircissements nécessaire à ce sujet dans le manuel *La Médecine Nouvelle* (227) par le Dr O. Dubois, avec les traitements appropriés. Nous ne pouvons qu'indiquer ici ce qui a trait à l'hygiène proprement dite.

On doit, chaque matin, se rincer la bouche avec de l'eau fraîche ou tiède, selon la saison dans laquelle on aura ajouté, par demi-verre, deux ou trois cuillerées à café de *Poudre Hygiénique Alcalinoamylacée* (299), afin de neutraliser les acidités qui ont une action si funeste sur les dents et sur les gencives ; cette précaution est de rigueur lorsque ces organes sont malades. On peut aussi, lorsque l'enduit de la langue est épais, râtisser celle-ci avec un *Gratte-langue* (185).

Lorsque le mauvais état des dents, des gencives, ou de la muqueuse, rendent l'haleine fétide, il faut en outre se rincer la bouche plusieurs fois par jour avec de l'eau aiguisée d'*Eau Dentifrice Hygiénique du Dr Sylvius* (297). Mais on doit se rappeler que la mauvaise odeur peut provenir soit de l'appareil digestif, soit de l'appareil respiratoire, et alors il faut faire ce qui est indiqué à l'article *Haleine fétide* (187). L'odeur du tabac se neutralise au moyen des *Grains de Cachou de l'Hygiène Moderne* (61).

Il faut éviter de laisser séjourner dans la bouche des substances irritantes ; l'usage des sucreries acides ou fortement aromatisées, à la menthe par exemple, est nuisible, ainsi que les épices et le vinaigre, et aussi l'action de chiquer.

**55. — BOULEAU.** — En distillant l'écorce de cet arbre avec de l'eau, on recueille une huile essentielle dont l'odeur ressemble à celle de l'*Essence de Wintergreen* (168) et donne le parfum dit de cuir de Russie. On la trouve à l'*Hygiène Moderne* (194) à raison de 0.10 c. le gram. ; 0.50 les 10 gram. ; 1 fr. les 30 gram.

L'*Extrait de Cuir de Russie de l'Hygiène Moderne* (194) se vend à raison de 1 fr. 50 le flacon. Pour parfumer le mouchoir, le papier, les livres, etc.

**56. — BOUQUETS.** — On désigne sous ce nom des parfums pour le mouchoir qui sont composés de plusieurs substances dissoutes dans l'alcool ; ils rentrent dans la catégorie des *Extraits* (154). Voici les plus connus :

*Bouquet de l'Alhambra ; — de l'Amour ; — d'Andorre ; — du Bosphore ; — des Chasseurs ; — de Chypre ; — de la Cour ; — des Délices ; — de Fleurs ; — d'Estherazy ; Essence de Bouquets ; Ess Bouquet ; Bouquet de Flore ; — du Japon ; —Cosmopolite ; — à la Maréchale ; — de Stamboul ; — de Virginie ; — Aya-pana ; — du Jockey-Club ; — dOpoponax, etc., etc.* Voyez *Eaux* (139), *Essences* (160), *Essences Composées* (161), *Extraits* (154).

*Bouquets de l'Hygiène Moderne* (194). — La préparation des Bouquets est assez compliquée et on ne peut songer à la faire soi-même. Il faut donc les acheter tout préparés. Malheureusement il existe beaucoup de produits en ce genre de mauvaise qualité et l'on ne sait guère ce que l'on achète. On aura plus de sécurité en s'adressant à l'*Hygiène Moderne* (194), dont les Bouquets se vendent à raison de 1 fr. 50 le flacon ; 0.50 c. en sus par la poste.

**57. — BOUTS DE SEIN.** — Ce sont des espèces de godets qui s'appliquent sur le mamelon et l'extrémité du sein dont ils ont la forme et sur lesquels ils se moulent. Ils sont munis de trous à leur extrémité. Ils servent à protéger le mamelon dans les cas d'allaitement difficile ou douloureux, principalement lorsque le bout du sein est trop court ou atteint de gerçures. On doit les tenir très proprement et les laver chaque fois qu'ils ont servi.

Les *Bouts de seins de l'Hygiène Moderne* (194) se font :

1º en *Buis*, à bouts pleins et à bouts creux, avec tétine en pis de vache ou en caoutchouc, et se vendent 0.50 c. pièce ;

2º en *Caoutchouc gris* ou *noir*, même prix ;

3º en *Gomme noire*, 0.75 c. pièce ;

4º en *Caoutchouc durci*, 1 fr. pièce ;

5º en *Verre*, avec tétine en caoutchouc, au prix de 0.60 c. pièce ;

Par la poste 0.20 c. en sus pour ces derniers, 0.10 c. pour les autres.

**58. — BRILLANTINES.** — Compositions destinées à lustrer les cheveux et à leur donner du brillant. Elles sont presque toutes fort nuisibles, parce qu'on les prépare ordinairement avec la Glycérine ordinaire qui est très acide et brûle les cheveux, avec des Alcools et des Essences de mauvaise qualité. Avec de pareils produits, mieux vaudrait s'abstenir.

*Brillantine de l'Hygiène Moderne* (194). — Ce produit est composé avec des substances de premier choix et ne peut nuire en aucune façon. Il se vend en flacons du prix de 0.75 c. et 1 fr. 25.

Voici d'ailleurs les principales formules de Brillantines :

I. — *Alcool*, 130 gram.; *Huile de Ricins*, 30 gram.; *Essence de Roses*, 1 gram.

II. — *Alcool*, 200 gram.; *Huile de Ricins*, 20 gram.; *Glycérine*, 100 gram.

III. — *Glycérine*, 200 gram.; *Paraffine*, 10 gram.; *Essence de Roses*, 2 gram.

IV. — *Glycérine*, 1 kilogr.; *Essence de Jasmin*, 1 litre.

V. — *Oléïsse*. — *Glycérine*, 2 kilos ; *Huile de Ricins*, 2 kilos ; *Essence de Bergamote*, 20 gram.; *Essence de Citron*, 20 gram.; *Essence de Néroli*, 10 gram.

**59. — BROSSES.** — Les *Brosses de l'Hygiène Moderne* se divisent en :

1º *Brosses à frictions en crin*, avec courroie, deux grandeurs, à 1 fr. 20 et 1 fr. 60 ; les mêmes avec manche, 2 fr. et 2 fr. 70, port en sus ;

2º *Brosses à frictions en flanelle*, quatre grandeurs, aux prix respectifs de 1 fr. 35 ; 1 fr. 90 ; 2 fr. 40, et 2 fr. 90 ; port en sus ;

3º *Brosses à frictions en flanelle*, avec manche, trois grandeurs, à 2 fr.; 3 fr. 10, et 3 fr. 70 ; port en sus.

4° *Brosses pour bains*, avec manche, à 3 fr. 25, et 4 fr. 25 ; port en sus ;

5° *Brosses à dents* : qualité ordinaire, à 0,35 cent.; demi-fine, à 0,60 cent.; fine, à 1 fr., 1 fr. 25, et 2 fr.; formes de manches et modèles variés ; en caoutchouc, rouge ou gris, 1 fr. 50; port en sus ;

6° *Brosses à ongles*, qualité fine, à 1 fr. la pièce; port en sus ;

7° *Brosses à tête*, depuis 0,50 c.;

8° *Brosses à Peignes*, — *à Teintures*, — *à Fards*, — *à Bandoline*, — *à Brillantine*, à des prix variant entre 0,20 cent. et 2 fr.; port en sus.

**60**. — **BUNION-PLASTERS.** — Ce sont des rondelles en feutre percées d'un trou central, et gommées sur une de leurs faces pour pouvoir adhérer à la peau lorsqu'on les mouille. On les applique sur les oignons, durillons, ayant une certaine étendue, qu'elles servent à préserver du contact et de la pression de la chaussure. Pour les cors et les durillons plus petits, on se sert des *Corn-Plasters* (100).

Les *Bunion-Plasters de l'Hygiène Moderne* (194) se vendent en boîtes de six, ronds, ovales ou carrés, soit minces, au prix de 0,50 cent. la boîte ; soit épais, au prix de 0,60 cent.; 0,05 cent. en sus par la poste.

**61**. — **CACHOU.** — C'est une substance brune, solide, de saveur âcre et astringente, renfermant un tannin particulier, et qui provient principalement d'un *Acacia* qui croit dans l'archipel Indien. On en fait de petites tablettes, pastilles ou pilules, qui servent à combattre la mauvaise haleine et à dissiper l'odeur du tabac. Les *Grains de Cachou de l'Hygiène Moderne* (194) se vendent en boîtes du prix de 0,35 cent. On les laisse fondre dans la bouche, sans cracher. Voyez *Haleine fétide* (187).

**62**. — **CAJEPUT.** — On emploie en parfumerie l'*Essence de Cajeput* fournie par le *Niaouly*, arbre originaire de la Nouvelle-Calédonie, que l'on cultive à l'île de la Réunion, et qui passe pour purifier et assainir les pays où il croît. Cette essence est un liquide de couleur verte, d'odeur camphrée très agréable ; elle jouit d'un pouvoir antiseptique très prononcé. Elle se vend à l'*Hygiène Moderne* (194) au prix de 0,10 cent. le gram. ; 0,50 cent. les 30 gram., et 1 fr. les 125 gram.

**63. — CALAMUS AROMATICUS.** — C'est une sorte de roseau qui croît sur le bord des fossés et dans les étangs, principalement en Alsace, en Bretagne, en Normandie, en Belgique. Sa racine renferme une essence aromatique qui est employée en parfumerie, mélangée à d'autres essences, principalement pour parfumer les savons. Dans certains pays, on l'emploie à la fabrication des liqueurs. Son odeur rappelle l'Iris et la Cannelle.

*Esprit de Calamus Aromaticus.* — On distille 26 litres d'alcool à 85° avec 3 kilog. 150 gram. de *Calamus Aromaticus*, pour obtenir 25 litres de produit.

**64. — CAMPHRE.** — C'est une essence solide, blanche et cristalline, d'odeur spéciale, et qui provient d'une plante qui croît à Sumatra et au Japon, et d'une sorte de laurier des îles de la mer des Indes. On l'emploie quelquefois dans la préparation des *Eaux dentifrices* (295) et du *Vinaigre de toilette* (380). Pour ces applications médicales, consulter le manuel *La Médecine Nouvelle* (227), par le Dr O. Dubois.

Pour préserver les vêtements et les étoffes, des mites et de la teigne, on place dans leurs plis ou dans les armoires et boîtes qui les renferment, de petits morceaux de camphre ; ceux-ci disparaissent au bout d'un certain laps de temps par suite de l'évaporation ; il faut donc les renouveler.

**65. — CANNELLE.** — On emploie en pharmacie et en parfumerie l'*Écorce de Cannelle*, dont il existe deux sortes : la *Cannelle de Chine* et la *Cannelle de Ceylan*, cette dernière plus estimée. La Cannelle a une saveur un peu sucrée et en même temps chaude et âcre, une odeur suave et pénétrante. Elle entre dans la composition de certaines *Eaux dentifrices* (134). Elle se vend à l'*Hygiène Moderne* (194), à raison de 0,50 cent. les 30 gram.; 1 fr. 75 les 125 gram., et la *Cannelle de Chine*, à raison de 0,20 cent. les 30 gram.; 0,90 cent. les 125 gr.

L'*Essence de Cannelle* entre dans la composition de certains parfums, mais à petite dose, à cause de son odeur intense. Elle jouit de propriétés antiseptiques extrêmement énergiques ; elle a sur les microbes un pouvoir destructeur égal au sublimé, et supérieur à l'acide phénique, au phénol, à l'acide salycilique et aux principaux désinfectants. C'est à elle en partie que l'*Eau Dentifrice Hygiénique du D{{r}} Sylvius* (136), doit ses remarquables propriétés antiseptiques.

*Esprit de Cannelle.* — On distille 25 litres d'*Alcool* à 85° avec 750 gram. de *Poudre de Cannelle de Ceylan*, pour obtenir 25 litres de produit. Si l'on emploie la *Cannelle de Chine*, on en met le double.

*Infusion de Cannelle, Teinture de Cannelle.* — Dans un litre d'*Alcool* à 85° on laisse tremper pendant huit jours, 125 gram. de *Poudre de Cannelle*, et on filtre.

*Vinaigre de Cannelle.* — Se prépare comme celui de *Girofles* (174).

**66.** — **CANULES.** — Ce sont de petits tuyaux droits ou coudés, qui s'adaptent aux extrémités des seringues ou des tubes à clysopompes, à irrigateurs, à douches d'Esmarck, etc.

Les *Canules de l'Hygiène Moderne* (194) se font :

1° En *Os*, pour injecteurs, à 0.30 c., et à lavement, à 0.20 c.; 0.05 c. en sus par la poste.

2° En *Os et Corne*, pour irrigateurs ou clysopompes, deux modèles, aux prix respectifs de 0.25 c. et 0.40 c. la pièce; 0.05 c. en sus par la poste.

3° En *Verre*, pour injections vaginales, droites ou courbes, au prix de 0.40 c.; 0.10 c. en sus par la poste.

4° En *Cristal*, pour injections vaginales, droites ou courbes, au prix de 0.50 c.; 0.10 c. en sus par la poste;

et pour lavements, au prix de 0.30 à 0.60 c. ; 0.05 c. en sus par la poste.

5° En *Cristal*, pour la gorge, au prix de 0.75 c. ; 0.10 c. en sus par la poste.

6° En *Caoutchouc durci*, avec robinet, pour douches d'Esmarck, *simple usage*, au prix de 1 fr., et *double usage*, au prix de 1.25 c. ; par la poste, 0.10 c. en sus. La *Canule à lavement* seule, 0.25 c. ; la *Canule à injections* seule, 0.40 ; le *Robinet* seul, 0.75 c. ; 0.05 c. en sus par la poste.

7° En *Gomme noire*, pour injections vaginales, au prix de 0.75 c. ; 0.05 c. en sus par la poste.

8° En *Gomme noire*, pour lavements, au prix de 0.40 c. ; 0.05 c. en sus par la poste.

**67.— CARMIN.** — C'est une matière colorante, rouge, que l'on extrait de la *Cochenille*, petit insecte du Mexique qui vit sur un Cactus, le *Nopal*. Pour l'obtenir, on pulvérise finement la *Cochenille*, et on la triture ensuite dans un mortier avec de l'*Ammoniaque liquide* étendue d'eau ; on ajoute ensuite un peu d'*Alun* dissous dans de l'eau. On laisse à l'air dans un lieu éclairé, et il se dépose de beaux flocons rouges que l'on recueille et que l'on sèche sur un filtre. Le Carmin s'emploie principalement pour colorer les *Fards*, les *Pommades pour les lèvres* et les *Dentifrices*. Il en existe de plusieurs qualités : le *Carmin de l'Hygiène Moderne* (194) est un produit surfin, qui se vend à raison de 0.15 c. le gram. ; 1 fr. 25 les 10 gram.

*Rouge végétal rose liquide.* — On fait macérer pendant plusieurs jours 35 gram. de *Carmin* bien broyé, dans 60 gram. d'*Ammoniaque liquide*. On ajoute ensuite : *Esprit de Roses triple*, 70 gram. ; *Eau de Roses*, 2 litres. On agite de temps à autre pendant huit jours, puis on laisse déposer, et on décante le liquide avec soin pour le mettre en flacons. Pour les lèvres.

*Vinaigre de rouge.* — Il n'entre pas de vinaigre dans sa composition. On fait bouillir : *Carmin*, 250 gr. ;

*Cochenille en poudre*, 125 gram., dans *Eau de Roses*, 12 lit.; *Esprit de Roses*, 8 lit. On ajoute : *Crème de tartre*, 60 gram.; *Alun*, 30 gram. Préparation irritante, à laquelle on doit préférer le *Fard rouge liquide de l'Hygiène Moderne*, parce qu'il est inoffensif.

**68. — CARTHAME.** — Plante de la famille des Ombellifères, dont on extrait des fleurs une substance colorante, le *Rouge de Carthame*, appelée aussi *Rouge d'Espagne, Rose en tasse*, employée en parfumerie pour colorer les *Fards* (155); elle est inoffensive. Mais il faut se rappeler que d'autres fards peuvent contenir des rouges extrêmement dangereux, tels que le *Cinabre* et le *Vermillon*, qui sont des *Sulfures de Mercure* (231).

*Rouge de Carthame liquide, Rouge des Circassiennes.* — C'est du *Rouge Carthame* dissous dans du *Vinaigre concentré* ou dans un mélange d'*Alcool* et d'*Acide Acétique* (4). Préparation nuisible à la peau, qu'elle irrite et altère, à laquelle on doit substituer le *Fard rouge liquide de l'Hygiène Moderne*(155), comme inoffensif.

*Rouge en pot.* — C'est un mélange de *Rouge de Carthame*, 10 gram.; *Talc en poudre*, 125 gram.; auquel on ajoute un peu d'*Huile de Ben*, et du mucilage de *Gomme adraganthe*, pour l'agglomérer.

**69. — CARVI.** — C'est une plante de la famille des Ombellifères qui croît dans les montagnes et les prairies, en Allemagne, en Russie, en Hollande, et dont les graines fournissent une essence d'odeur forte et pénétrante, très agréable, qui sert à parfumer le savon, et, mêlée à l'essence de bergamote ou de lavande, à fabriquer des essences à bas prix. Les semences de carvi pulvérisées entrent dans la composition de quelques *Sachets* (322).

**70. — CASCARILLE.** — C'est une plante de la famille des Euphorbiacées, originaire de l'Amérique du Sud, dont l'écorce renferme une huile essentielle d'odeur un

peu musquée. Cette écorce entre dans la composition
des *Pastilles fumantes* (262) pour parfumer les appartements. On la mêle aussi au tabac pour en parfumer
la fumée.

On trouve la *Cascarille* à l'*Hygiène Moderne* (194),
à raison de 0.15 c. les 30 gram.; 0.40 c. les 125 gram.;
1 fr. 50 les 500 gram.

**71.** — **CASSIE.** — C'est un Acacia, arbre de la famille des légumineuses, originaire de l'Amérique centrale, et que l'on cultive aux environs de Nice et de
Grasse; mais il ne dépasse pas, sous ce climat, les proportions d'un arbuste. Ses fleurs exhalent une odeur
délicieuse et sont fort employées en parfumerie. Il ne
faut pas le confondre avec le *Robinier faux acacia*, de
la même famille, dont les fleurs exhalent aussi une
odeur agréable, mais ne sont pas usitées en parfumerie.

*Eau distillée de Cassie.* — Elle se prépare comme
l'*Eau de Fleurs d'Orangers* (249).

*Pommade de Cassie.* — On fait fondre 164 kilogr.
d'*Axonge* et 81 kilogr. de *Graisse de Bœuf;* on y ajoute
75 kilogr. de *Fleurs de Cassie.* On laisse macérer pendant 24 heures, en pétrissant le tout ensemble toutes
les heures; on fait fondre à nouveau et on tient la pommade en fusion pendant 24 heures, en ayant soin de
remuer souvent; ensuite on passe et on presse. On répète cette opération une dizaine de fois avec de nouvelles fleurs chaque fois, puis on met en pots.

*Esprit de Cassie.* — On l'obtient en traitant la pommade ci-dessus par l'*Alcool,* qui enlève le principe
odorant et laisse la graisse. C'est ainsi qu'on prépare
les *Extraits de pommade.*

*Huile de Cassie.* — On peut aussi extraire, au moyen
de l'alcool, les parfums dissous dans de l'huile au lieu
de graisse. En substituant l'*Huile d'Olives* à la graisse,
l'opération précédente, on obtient l'*Huile de Cassie.*

*Extrait de Cassie de l'Hygiène Moderne* (194). —

Ce produit peut servir d'odeur pour le mouchoir, et aussi à parfumer des pommades, de la glycérine etc. ; il se vend à raison de 1 fr. 50 le flacon.

**72. — CASSOLETTES.** — Petites boîtes métalliques à couvercles percés de trous, et dans lesquelles on fait brûler ou évaporer des parfums.

On en fait aussi en ivoire dans lesquelles on introduit une pâte ainsi composée : *Ambre noir*, 2 kilogr. ; *Poudre à la Rose*, 1 kilogr. ; *Benjoin*, 30 gram. ; *Essence de Roses*, 15 gram. ; *Huile de Santal*, quelques gouttes ; *Gomme adraganthe*, 15 gram.

*Cassolettes de Portugal.* — On pulvérise 250 gram. d'*Ecorces d'oranges sèches* ; 1 kilogr. de *Clous de Girofles* ; 30 gram. de *Storax* ; 30 gram. de *Benjoin* ; 8 gram. de *Graines d'Ambrette* ; 4 gram. de *Musc* ; 4 gram. d'*Ambre*, et on forme une pâte en ajoutant 15 gram. de *Gomme adraganthe* avec quantité suffisante d'*Essence de Bergamote*. Avec les poudres seules, on peut faire des sachets d'odeur.

**73. — CÉDRAT.** — Le *Cédrat* est un Citronnier dont l'écorce du fruit renferme une huile essentielle ayant une odeur suave de citron, et qui sert en parfumerie à fabriquer des extraits pour le mouchoir.

*Essence de Cédrat de l'Hygiène Moderne* (194). — C'est un produit pur qui se vend à raison de 0:10 c. le gram. ; 0.75 c. les 10 gram. ; 2 fr. les 30 gram. Il peut servir à parfumer la pommade, l'huile, la glycérine, etc.

*Extrait de Cédrat.* — On fait dissoudre 50 gram. d'*Essence de Cédrat* dans 5 litres d'*Alcool*. On peut ajouter 15 gram. d'*Essence de Bergamote*.

*Esprit de Cédrat.* — On fait macérer dans 25 litres d'*Alcool à 85°*, les *Zestes de 125 Cédrats frais*, pendant 24 à 36 heures. On distille avec 12 litres d'eau.

*Huile de Cédrat.* — On ajoute à 500 gram. d'*Huile d'olives vierge*, 60 gram. d'*Essence de Cédrat*.

**74. — CÈDRE DU LIBAN.** — Le *Cèdre du Liban* est un Genévrier dont le bois renferme une essence aromatique ; mais il n'est guère employé. C'est le *Genévrier de Virginie*, qui croît dans l'Amérique du Nord, dont le bois fournit l'essence qui se vend sous le nom d'*Essence de Cèdre du Liban*, employée en parfumerie. Ce bois sert aussi à fabriquer des crayons et des boîtes à cigares, parce qu'il n'est pas attaqué par les vers ; on en met des fragments parmi les vêtements et étoffes renfermés dans des tiroirs, pour les préserver des teignes ; on l'emploie en poudre pour faire des *Sachets d'odeur* (322).

*Essence de Cèdre.* — On la retire par distillation du *Bois de Cèdre*. Elle s'emploie surtout pour parfumer les savons.

*Extrait de Cèdre.* — *Essence de Bois de Cèdre*, 250 gram. ; *Alcool*, 5 litres. Pour parfums de mouchoir.

*Extrait de Bois de Cèdre.* — On fait macérer dans 5 litres d'*Alcool*, 3 kilogr. de *Bois de cèdre* finement râpé, pendant 15 jours. On filtre. Peut servir comme parfum de mouchoir, et entre dans quelques formules d'*Eau de Botot*.

**75.** — **CEINTURES.** — Il en existe plusieurs sortes, selon l'usage auquel elles sont destinées.

*Ceintures ventrières* ou *abdominales.* — Elles servent à soutenir le ventre lorsque les parois de celui-ci sont flasques ou relâchées, comme après l'accouchement, ou pour les soutenir en cas de grossesse, tumeur, embonpoint. Les *Ceintures abdominales de l'Hygiène Moderne* (194), se font :

1º En *Coutil* avec baleines, se bouclant derrière, au prix de 4 fr. 50 ; se bouclant par devant, 5 fr. ; avec côtés élastiques, 6 fr. ;

2º En *Tissu côtelé*, 5 fr. ; bordé de peluche ou doublé de flanelle, 8 fr. ;

3º En *Tissu caoutchouc*, avec baleines, 10 fr. ;

4º En *Flanelle de santé*, 9 fr. ;

5º En *Tissu bas Français*, 8 fr. ;

6° En *Tissu bas Anglais*, 10 fr.;

7° En *Tissu Soie*, de 20 à 30 fr.;

Port en sus.

Pour commander ces ceintures, il faut préalablement écrire aux magasins de *l'Hygiène Moderne* (194) pour recevoir l'indication précise des mesures à donner, et des autres renseignements, s'il y a lieu.

*Ceintures ombilicales.* — Elles sont destinées à contenir les hernies ombilicales (voyez *Bandages*), et s'emploient surtout chez les enfants, pour lesquels il n'est pas nécessaire d'avoir des ceintures à ressorts. Les *Ceintures ombilicales de l'Hygiène Moderne* (194), pour enfants, se font en *Tissu vulcanisé*, au prix de 3 fr. la pièce, et en *Caoutchouc rouge*, aux prix de 2 fr. 50 à 5 fr., selon la grandeur. On fait aussi des ceintures ombilicales pour adultes et jeunes gens, aux prix de 6 fr. et 5 fr. la pièce.

*Ceintures périodiques.* — Elles servent à fixer les *Serviettes périodiques* (339). Les *Ceintures périodiques de l'Hygiène Moderne* (194), se font :

1° En *qualité ordinaire* au prix de 2 fr. la pièce;

2° En *Peau de daim*, avec élastique cuivre, deux qualités aux prix respectifs de 3 fr. et 4 fr. la pièce;

3° En *Tissu élastique* coton ou soie, aux prix de 2, 4 et 8 fr. Par la poste, 0.20 c. en sus.

*Ceintures promeneuses.* — Elles servent à soutenir les enfants que l'on promène, lorsqu'ils commencent à marcher. Les *Ceintures promeneuses de l'Hygiène Moderne* (194) se font en *Tissu quadrillé*, trois qualités, aux prix de 3 fr., 4 fr. et 5 fr.

**76.** — CERCEAUX, *Arceaux*. — Ce sont des appareils destinés à supporter les draps ou les couvertures, pour les tenir écartés des membres ou du corps du malade couché. Les *Cerceaux de lit de l'Hygiène Moderne* (194) se font en fil de fer et se vendent, selon les grandeurs, 10, 12 et 15 francs pièce; s'ils sont articulés, 18, 20 et 22 fr.; port et emballage en sus.

**77.** — CÉRUSE, *Carbonate de plomb, Blanc de plomb, Blanc d'argent.* — Cette substance est souvent employée pour composer des *Fards* (155). Mais elle est excessivement dangereuse, et elle a causé des empoisonnements ; en outre, elle est nuisible pour la peau. Il faut rejeter absolument toutes les préparations qui en contiennent, et même s'abstenir de celles que l'on ne connaît pas. Il n'y a nul inconvénient ni danger, au contraire, à employer, comme fard, soit la *Poudre Hygiénique Alcalinoamylacée* (299) qui est inoffensive et bienfaisante pour la peau, ou la *Poudre de Riz de l'Hygiène Moderne* (317), soit les *Fards de l'Hygiène Moderne* (155).

**78.** — CHARBON. — Le *Charbon végétal* provient de la combustion des bois légers, tels que le *Saule*, le *Peuplier*, le *Fusain.* On l'emploie souvent comme dentifrice, mais il laisse entre les interstices des dents et des gencives, des parcelles insolubles qui jouent le rôle de corps étrangers, et peuvent causer des inflammations des gencives et la carie dentaire. Les vertus qu'on lui attribue comme désinfectant sont bien faibles, et à ce point de vue, il n'y a pas de comparaison à établir avec celles de la *Poudre Dentifrice Savonneuse* (298) et des *Dentifrices Hygiéniques du D^r Sylvius* (136), (264), (297). Ce charbon sert aussi à faire des *Clous fumants* (90).

La *Poudre de charbon végétal de l'Hygiène Moderne* (194) se vend à raison de 0.10 c. les 30 gram. ; 0.40 c. les 125 gram. ; 1 fr. 25 les 500 gram.

*Charbon animal.* — Il s'emploie comme décolorant. Le vinaigre, l'alcool, filtrés sur le charbon animal en poudre, se trouvent décolorés, mais s'ils contiennent des substances volatiles, tels que des parfums, des essences, ils peuvent en perdre une partie pendant cette opération. Le *Charbon animal de l'Hygiène Moderne* (194) se vend au prix de 0.20 c. les 125 gram. ; 0.60 c. les 500 gram.

**79.** — CHARPIE. — Elle se prépare en effilant du

vieux linge; selon la grosseur de la trame, on obtient des charpies plus ou moins fines. Elles servent à faire des pansements, mais sont beaucoup moins usitées depuis la découverte de l'Antisepsie qui utilise surtout le *Coton hydrophile* (103). On trouve à l'*Hygiène Moderne* (194) :

1° La *Charpie fine* au prix de 0.25 c. les 30 gram.; 3 fr. 50 les 500 gram.;

2° La *Charpie extra fine*, au prix de 0.30 c. les 30 gram.; 5 fr. les 500 gram.;

3° La *Charpie en mèches longues*, au prix de 0.75 c. les 30 gram.;

4° La *Charpie Anglaise* ou *Lint hydrophile*, qui se vend 1 fr. le mètre.

On peut placer à côté de la charpie, l'*Étoupe blanchie et purifiée*, fort usitée aujourd'hui pour l'antisepsie, et qui se vend par paquets de 125 gram. au prix de 0.90 c.; — de 250 gram., 1 fr. 60; — de 500 gram., 3 fr.

**80. — CHEVEUX.** — Les soins de la chevelure méritent d'autant plus d'attention qu'ils sont généralement fort mal compris, et que la plupart des maladies du cheveu proviennent d'une mauvaise hygiène.

Le cheveu tient à l'épaisseur de la peau au moyen d'une *racine* ou *bulbe* à l'aide duquel il y puise sa nourriture. Il est creux, et renferme dans son intérieur une matière cornée, colorée en noir, en brun, en châtain ou en rouge, et donne à la chevelure sa couleur. Cette coloration est due à la présence d'une huile particulière qui est fabriquée par le bulbe, et c'est lorsque cette huile vient à manquer, soit sous l'influence d'une maladie, soit sous celle de l'âge, que le cheveu perd sa couleur et blanchit.

Il peut aussi se produire des changements de couleur. Sous l'influence de l'âge et des maladies, les cheveux peuvent aussi devenir secs, cassants, ou tomber, et alors il peut arriver qu'ils ne repoussent pas. D'autres fois ils s'agglutinent ensemble. A la base du bulbe se trouvent de petites glandes qui sécrètent une substance grasse, huileuse, destinée à lubréfier le cheveu, à le tenir souple, et qui est nécessaire à son entretien, car lorsqu'elle vient à manquer, le cheveu devient sec, cassant, et dépérit. C'est l'observation de ce fait qui a conduit à l'usage d'enduire la chevelure de substances grasses, telles que les huiles et pommades.

Les causes qui amènent les diverses maladies du cheveu sont les unes générales, les autres locales. Il ne faut pas oublier que l'état de santé du cheveu est subordonné à celui de l'organisme tout entier, et que toutes les fois que celui-ci souffre et dépérit, le cheveu en prend sa part. Aussi est-ce à la suite des grands affaiblissements que l'on voit les cheveux blanchir ou tomber : anémies, chagrins, privations, fièvres graves, grossesse, excès, syphilis, rhumatisme, etc. L'état des cheveux dépend aussi de la nature de l'alimentation et des boissons ; il est certain que l'usage de l'alcool et des boissons fermentées, une mauvaise hygiène alimentaire, les font blanchir et tomber, par suite des troubles apportés à la nutrition par les maladies de l'estomac et du foie. Je ne puis m'étendre ici sur cette importante question, trop peu connue, et j'engage le lecteur à se reporter au manuel *La Médecine Nouvelle* (227) du Dr O. Dubois, où elle se trouve traitée dans les plus grands détails.

Comme causes locales des maladies du cheveu, il faut citer : 1º l'usage de rester la tête couverte ; 2º l'emploi de pommades et cosmétiques malsains ou irritants ; 3º l'action de la chaleur ou du froid ; 4º l'excès de sécheresse ou d'humidité ; 5º la malpropreté et les maladies du cuir chevelu.

Il est prouvé aujourd'hui que ceux qui restent constamment la tête couverte, comme les militaires, par exemple, deviennent chauves de bonne heure, ce qui tient très vraisemblablement à ce que le cheveu se trouve privé d'air et de lumière, et à ce que la transpiration ne

pouvant s'évaporer, entretient à la racine du cheveu
une humidité nuisible.

Les pommades trop fortement parfumées, surtout
celles qui renferment des huiles essentielles, de l'alcool,
du rhum, sont irritantes par elles-mêmes, et amènent des
inflammations du bulbe qui font blanchir et tomber le cheveu ; il en est de même de la glycérine ordinaire, parce
qu'elle renferme toujours plus ou moins d'acide ; la vaseline, si usitée aujourd'hui, vient remplacer à tort les corps
gras, qui faisaient la base des anciennes pommades et
dont la composition était analogue à celle de l'huile
naturelle du cheveu, qu'elles pouvaient, par conséquent, aider et remplacer; mais la vaseline n'est pas
un corps gras, elle n'en a que l'apparence; c'est une
substance inerte qui ne fournit rien au cheveu et joue
vis-à-vis de lui, le rôle d'un corps étranger qui devient
nuisible, si elle est impure ou chargée d'essences malfaisantes. On fait usage, sans réflexion, de la première
pommade, du premier cosmétique venus, dont les étiquettes annoncent des vertus bienfaisantes qui n'existent
pas, et on détruit sa chevelure sans s'en douter.

L'action du froid et de la chaleur se fait sentir assez
vivement sur le cheveu et le cuir chevelu ; il ne faut pas
se laver la tête avec de l'eau trop froide; on s'expose
ainsi à contracter des maux de tête, des névralgies et
à altérer le tissu du cheveu. L'usage des fers chauds à
friser, n'est pas moins nuisible ; il rend le cheveu sec
et cassant d'abord, et le fait périr ensuite.

Les cheveux sont très sensibles à la sécheresse et à
l'humidité ; chacun sait que les hygromètres, appareils
destinés à mesurer le degré d'humidité de l'air, sont
construits avec un cheveu, à cause de la propriété qu'a
celui-ci de s'allonger sous l'influence de la moindre
humidité. On évitera donc de se laver trop souvent la
tête avec de l'eau, et de la tenir exposée trop longtemps
devant un feu ou un poêle allumé.

La malpropreté du cuir chevelu engendre des irritations et des pellicules qui ne tardent pas à gagner la bulbe du cheveu. Il en est de même des rougeurs, boutons, maladies de peau.

Voici donc ce qu'on devra faire, pour éviter les inconvénients que je viens de signaler :

1º Une fois par jour, au moins, chaque matin, au lever, on se peignera au *Démêloir*, mais en ayant soin que celui-ci ne soit ni trop dur, ni à dents trop pointues ; voyez *Peignes* (270). On évitera aussi de procéder avec brusquerie ou violence, pour ne pas casser ni tirailler les cheveux. On ne se servira du *Peigne fin* qu'accidentellement, et le plus rarement possible ; car il irrite le cuir chevelu, et exerce une traction nuisible sur la racine des cheveux. On enduira la chevelure avec l'*Huile Hygiénique du Dr Sylvius* (193), ou la *Brillantine de l'Hygiène Moderne* (58), ou encore avec la *Pommade Hygiénique du Dr Sylvius* (290bis), qui sont préparées avec des substances grasses appropriées aux besoins et à la nature des cheveux et ne renferment aucune substance odorante malfaisante ; si même le cuir chevelu est sensible, malade, s'il existe déjà quelque altération des cheveux, on se servira pendant un certain temps, de la *Pommade Hygiénique Alcalinoboratée* (290) qui ne renferme aucune substance odorante, est antiseptique et préparée principalement en vue de prévenir toute maladie, et de remédier aux accidents qui pourraient exister déjà, tels que chute de cheveux, blanchiment, sécheresse, pellicules, etc. Lorsque la chevelure est trop grasse, il ne faut pas se servir d'huiles ni de pommades, on se contentera de la laver chaque matin avec la *Lotion Hygiénique du Dr Sylvius* (219) qui nettoie en même temps le cuir chevelu et s'oppose aux pellicules. Il faut rejeter absolument l'usage de la glycérine, du rhum, du quinquina, et des préparations à base d'alcool ; c'est une erreur de croire que ces agents possèdent les vertus qu'on leur attribue pour la repousse ou l'entretien des cheveux.

Pour lisser et fixer les cheveux, si besoin est, on se servira des *Cosmétiques de l'Hygiène Moderne* (102) ou du *Fixateur Hygiénique du D^r Sylvius* (159), pour être certain de n'employer que des substances bienfaisantes.

2° On peut, toutes les semaines, tous les quinze jours, ou tous les mois, selon le besoin, procéder au nettoyage de la tête, soit avec de l'eau de savon, soit mieux encore avec la *Lotion Hygiénique du D^r Sylvius* (219).

3° Eviter, pour se friser, l'usage du *fer chaud*. Le remplacer par les *Bigoudis*. Eviter les lotions d'eau pure, surtout froide.

4° Ne pas couper les cheveux ras, si on peut faire autrement. Malgré la mode et l'habitude, on ne doit pas s'astreindre à couper les cheveux trop souvent ; les plus belles chevelures et celles qui se conservent le plus longtemps, sont celles que l'on a le moins fatiguées par la coupe et le fer chaud.

5° Ne pas abuser de la *Brosse à cheveux* ; la choisir douce et molle, autant que possible, à moins qu'il n'y ait quelque indication absolument contraire.

6° Pour remédier à la décoloration des cheveux et leur rendre leur couleur primitive, se servir de cosmétiques d'une couleur appropriée, plutôt que des *Teintures* qui toutes renferment des substances malfaisantes; éviter avec le plus grand soin l'usage du peigne de plomb.

Voyez *Pellicules* (271).

**81.** — **CHÈVREFEUILLE.** — Cette plante n'est point utilisée en parfumerie. On vend sous son nom, la préparation suivante, dans laquelle elle n'entre pour rien.

*Extrait de Chèvrefeuille.* — *Infusion d'Iris*, 3 litres ; *Extrait de Jasmin*, 5 litres ; — *de Tubéreuse*, 2 litres ; — *d'Orange*, 2 litres ; *Infusion de Vanille*, 250 gram.; — *de Styrax*, 60 gram.; — *de Baume de Tolu*, 60 gram.

*Extrait de Chèvrefeuille de l'Hygiène Moderne*

(194). — Ce produit peut servir, soit pour le mouchoir, soit pour parfumer des étoffes, des pommades, de la glycérine, etc. Il se vend en flacons du prix de 1 fr. 50.

**82. — CHLORURE DE CHAUX.** — C'est une substance blanche, prenant facilement l'humidité, et qui répand une forte odeur de chlore. Elle a la propriété de désinfecter et de décolorer parce que le chlore qu'elle dégage détruit les matières organiques ; par conséquent c'est une substance caustique, c'est-à-dire qui brûle, qui détruit.

Cependant on trouve, dans les ouvrages de parfumeries, des recettes de *Pastilles contre la mauvaise haleine*, dans lesquelles il entre du chlorure de chaux et c'est là une nouvelle preuve de l'ignorance scientifique de ceux qui s'occupent de cette industrie ; ceux qui se servent de ces pastilles perdent leur dents, et leur estomac, et cela sans aucun profit, par la raison que la mauvaise odeur de l'haleine tient le plus souvent à des causes générales et ne peut pas disparaître sans celles-ci. Voyez *Haleine fétide* (197).

On emploie aussi pour blanchir le linge, des solutions d'*Hypochlorites de soude* ou *de potasse* et notamment l'*Eau de Javelle*. Il faut bien se rappeler que ces eaux brûlent et détruisent le linge, si on les emploie à trop forte dose, et qu'elles ne le blanchissent qu'à la condition d'attaquer plus ou moins son tissu ; on ne devrait s'en servir que lorsque le linge a besoin d'être désinfecté, et non pour le blanchir seulement. Voyez *Taches* (352).

**83. — CIGARES, CIGARETTES.** — On se sert pour faire des inspirations de goudron ou de vapeurs de camphre, de petits étuis creux de formes diverses. Les *Cigares* et *Cigarettes de l'Hygiène Moderne* (194) comprennent :

1° Les *Cigares fumé-goudron*, à bout en corne, en faux ambre ou en ambre, aux prix respectifs de 0.60 c., 0.70 c., 1 fr. 10 ; 0,10 c. en sus par la poste ;

2° Les *Cigarettes à Camphre* en os, forme droite ou forme pipe, au prix de 0,10 c. et 0.20 c.; 0.05 c. en sus par la poste.

**84.** — **CILS.** — Il arrive parfois que des cils, au lieu d'être dirigés vers l'extérieur, prennent la direction du globe de l'œil, et par leur contact avec celui-ci déterminent des conjonctivites et des ophthalmies. Il faut alors arracher ces cils avec une *Pince à épiler* (280), faute de quoi la maladie résisterait à tous les autres remèdes.

Pour noircir les cils, on y étend à l'aide d'un *Pinceau* (281) très fin, la composition que j'ai indiquée sous le nom de *Kohol* (359).

**85.** — **CIRE.** — Cette substance constitue les parois des alvéoles des ruches à miel. A l'état brut elle constitue la *Cire jaune* et offre un arome particulier. Pour la blanchir, on la soumet à l'action du chlore qui lui enlève sa couleur et son odeur et on a la *Cire vierge*. La première s'emploie pour durcir les pommades, fabriquer des cosmétiques, des *Encaustiques* (143); la seconde, pour préparer le *Gold-cream* (94), certaines pommades blanches et les cosmétiques délicats. Voyez *Cosmétiques* (102), *Crèmes* (108).

*Cire blanche de l'Hygiène Moderne* (194). — C'est de la *Cire vierge* en plaques, pure, qui se vend à raison de 0.30 c. les 30 gram.; 1 fr. les 125 gram.; 3 fr. 75 les 500 gram.

**86.** — **CISEAUX.** — J'ai déjà signalé aux articles *Barbe* (35) *Cheveux* (85), les dangers qu'il y avait à se servir en commun avec d'autres personnes, des objets nécessaires à la toilette. Il est donc préférable d'avoir ses ciseaux à soi, pour se faire tailler la barbe et les cheveux. On ne peut pas employer pour cet usage les ciseaux ordinaires; il faut des instruments remplissant des conditions spéciales pour l'usage auquel ils sont destinés, tels que les *Ciseaux pour cheveux de l'Hygiène Moderne* (194), qui se vendent au prix de 3 fr. 50 et 4 fr.

Il existe pour les ongles un autre modèle de ciseaux,

les indications à remplir étant différentes. Les *Ciseaux à ongles de l'Hygiène Moderne* (194) sont, comme les précédents, des articles spéciaux, présentant toutes les garanties désirables comme fabrication ; ils se vendent au prix de 0.75 c. et 1 fr. ; port en sus.

**87**. — **CITRON**. — C'est le fruit du citronnier, arbre de la famille des Aurantiacées que l'on cultive en Provence, en Italie en Portugal, mais surtout en Sicile.

*Essence de citron, essence de limons.* — On l'extrait des écorces du citron soit par la pression soit par la distillation. Dans le premier cas, elle est dite *Essence de zestes*, dans le second *Essence distillée*. La première est plus suave, plus agréable, et par conséquent plus estimée. Elle entre dans la composition de l'*Eau de Cologne* (132) qui pour cette raison, est désignée en pharmacie sous le nom d'*Alcoolat de Citrons composé*.

L'Essence de citrons s'emploie beaucoup en parfumerie, mais on s'en sert aussi pour enlever les taches de graisse ; voyez *Taches* (352). Il faut la conserver au frais, à l'abri de la lumière, et dans des flacons bien bouchés, faute de quoi, elle perd l'agrément de son parfum. Elle est souvent falsifiée avec de l'Alcool et l'Essence de Térébenthine.

*Essence de Citron de l'Hygiène Moderne* (194). — Produit pur qui se vend à raison de 0.10 c. le gram. ; 0.75 c. les 10 gram. ; 2 fr. les 30 gram. Elle peut servir à parfumer la pommade, l'huile, la glycérine, etc.

*Essence de Fleurs de Citron.* — Elle est blanche, tandis que celle des fruits est jaune, et d'odeur très suave. Elle est fort sujette à falsification et s'emploie pour faire l'*Eau de Hongrie* (138).

*Esprit de Citron.* — On fait macérer pendant 24 ou 36 heures, les *Zestes de 150 Citrons frais*, dans 25 litres d'*Alcool à 85°*. On distille ensuite avec 12 litres d'eau, et on retire 20 litres de produit.

L'*Esprit concentré de Citrons* se prépare de même, sauf qu'on emploie 300 citrons au lieu de 150.

*Extrait de Citron.* — On mêle ensemble : *Essence de citrons,* 75 gram. ; *Alcool,* 5 litres. On peut ajouter : *Essence de Bergamote,* 15 gram. Pour le mouchoir.

*Eau distillée de Zestes de Citrons.* — Elle se prépare comme l'*Eau d'Anis.* (21).

*Eau laiteuse de Citrons.* — On fait macérer pendant deux jours 1 kilog. 500 gram. de *Zestes de Citrons frais* dans 5 litres d'*Eau* et 0,10 centilitres d'*Alcool.* On distille au bain-marie pour retirer 1 litre et demi de produit.

*Huile au Citron.* — *Huile d'Amandes douces,* 500 gram. ; *Essence de Citron,* 60 gram.

*Philocome au Portugal.* — On fait fondre au bain-marie 500 gram. d'*Axonge* dans 500 gram. d'*Huile d'œillette ;* on passe et on ajoute 5 gram. d'*Essence de Portugal* et 5 gram. d'*Essence de Citrons.*

*Pommade au Citron.* — Elle se prépare en ajoutant de 5 à 8 gram. d'*Essence de Citrons* par 500 gram. de pommade. Voyez *Pommades* (289).

**88.** — **CITRONNELLE**, *Andropogon Nardus,* — On retire l'*Essence de Citronnelle* en distillant les feuilles de cette graminée qui pousse en abondance dans l'île de Ceylan. On l'emploie surtout pour parfumer les *Savons.* Elle sert aussi à falsifier l'*Essence de Roses.*

L'*Essence de fruits de Citronnelle* ressemble, pour l'odeur, à celle de *Verveine* (377), et sert à la falsifier ou à l'imiter.

**89.** — **CIVETTE.** — Mammifère rongeur de l'ordre Carnassiers, qui vit principalement dans les parties chaudes de l'Afrique, principalement en Abyssinie, et qui, concurremment avec le *Zibeth,* autre animal voisin de celui-ci, fournit à la parfumerie une substance odorante appelée aussi *Civette.* Cette substance se trouve dans une poche placée près de l'anus, d'où on peut l'extraire à l'aide d'une curette. Cette substance, blanche d'abord, brunit en vieillissant et offre une forte odeur qui ne devient agréable que si elle est considérablement diluée. C'est une substance analogue au *Musc* (236) par sa nature et sa composition. On l'emploie comme ce dernier, soit seule comme parfum, soit associée à d'autres pour leur donner de la fixité.

Le *Castor*, qui vit surtout au Canada, et qui appartient au même ordre de ruminant, fournit une substance analogue, le *Castoreum*, mais qui est plutôt employée en médecine qu'en parfumerie.

*Infusion de Civette, Esprit de Civette.* — On fait macérer pendant six semaines dans 1 litre d'*Alcool à 85°*, 15 gram. de *Civette*, 8 gram. d'*Ambre gris*, et 8 gram. de *Sucre candi*, broyés ensemble, et on filtre.

*Huile à la Civette.* — Elle se prépare comme l'*Huile à l'Ambre* (13), avec : *Civette*, 4 gram.; *Ambre*, 4 gram.; *Musc*, 2 gram.; *Huile*, 500 gram.

*Vinaigre à la Civette.* — Se fait comme celui d'*Ambre* (13), avec 8 gram. de *Musc*, 4 gram. d'*Ambre*, 8 gram. de *Civette* et 8 litres de *Vinaigre*.

**90.** — **CLOUS FUMANTS**, *Pastilles fumantes.* — Ce sont le plus souvent des substances odorantes agglomérées ensemble au moyen de la *Gomme adraganthe* (177), et rendues combustibles au moyen de *Poudre de charbon* (78) et de *Sel de nitre.* On leur donne diverses formes, dont les plus simples sont celles d'une pastille ou d'un cône. Elles fument en brûlant et répandent une odeur plus ou moins agréable.

On ne peut guère préparer soi-même cette sorte de produits; il est plus simple et plus avantageux de les acheter tout faits. Ils se vendent sous les noms de *Pastilles du Sérail, Pastilles des Indes*, etc., mais ne répandent pas toujours des vapeurs très saines, ni très agréables.

*Clous fumants de l'Hygiène Moderne* (194). — On peut les employer sans aucun inconvénient et avec avantage, pour purifier et parfumer l'air. Ils se vendent au prix de 0.35 c. les 30 gram.; 1 fr. 10 les 125 gram.; 1 fr. 75 les 500 gram.

**91. — CLYSOPOMPES.** — Ce sont des petites pompes en étain qui se vissent au centre d'un petit bassin de métal, et qui, au moyen d'un tube terminé par une *canule*, lancent avec une certaine force le liquide que l'on met dans le bassin, de façon à l'utiliser soit comme lavements, soit comme injections.

Les *Clysopompes de l'Hygiène Moderne* (194) comprennent :

1° Le *Clysopompe à ressort en Etain fin*, du prix de 3 fr. la pièce ;

2° Le *Clysopompe Anglais, métal verni*, du prix de 4 fr. ;

3° Le *Clysopompe Anglais, métal nickelé*, du prix de 5 fr. Port en sus.

**92. — COALTAR SAPONIFIÉ DE L'HYGIÈNE MODERNE.** — Le *Coaltar* n'est autre chose que le goudron de houille, on l'obtient principalement comme résidu de la distillation de la houille, pour la fabrication du gaz de l'éclairage. C'est une substance extrêmement complexe, formée par la réunion d'un très grand nombre de substances. Elle possède des propriétés antiseptiques et désinfectantes très remarquables, mais elle ne peut être employée en nature, à cause de sa consistance molle et tenace qui en rend l'adhérence trop forte et le nettoyage trop difficile. C'est pourquoi on a imaginé d'en faire une émulsion au moyen du savon, de l'alcool et de l'eau. Sous cette forme, on peut l'employer facilement.

Le *Coaltar saponifié de l'Hygiène Moderne* (194), dissous dans 5 parties d'eau, peut servir à imprégner des bandes, des compresses, de la charpie, que l'on fait sécher ensuite, et qui s'emploient pour rendre les pansements antiseptiques ; on s'en sert aussi, étendu d'eau, pour désinfecter les mains, les pieds ou toute autre partie du corps ; pour faire des injections, des lavages de la bouche, etc. Cet excellent produit se vend à raison de 1 fr. le flacon, ce qui permet de l'employer avec plus d'économie que les préparations similaires, et une efficacité plus grande.

**93.** — **COCHLÉARIA,** *Herbe au cuillers.* — Plante de la famille des Crucifères, qui entre dans la composition de certaines eaux dentifrices, pour les raisons que j'ai expliquées à l'article *Cresson* (112), et qui est certainement très pernicieuse pour les gencives, parce qu'elle renferme une essence sulfurée fort irritante. On évitera les eaux ainsi composées en ne se servant que de l'*Eau Dentifrice du D*r *Sylvius* (136).

**94.** — **COLD-CREAM.** — On fait fondre 30 grammes de *Blanc de Baleine*, et 30 gr. de *Cire blanche*, coupés en menus morceaux, dans 500 gr. d'*Huile d'Amandes douces ;* on verse ensuite dans un mortier de marbre ou de porcelaine préalablement chauffé au moyen de l'eau bouillante, et on ajoute par petites portions, en battant vivement, 500 gram. d'*Eau de Roses.* On ajoute, à la fin, 2 gram. d'*Essence* de Roses. On peut varier le parfum avec d'autres essences.

Le *Cérat* des pharmacies se prépare de même, mais sans l'essence et le blanc de baleine ; on peut remplacer l'Eau de Roses par l'Eau de Laurier-Cerise. Le Cold-Cream s'emploie principalement pour enduire les lèvres, pour adoucir la peau des mains et du visage. Mais il est fort souvent mal préparé, et, la plupart du temps, on délivre à la place du cérat ordinaire.

Le *Cold-Cream de l'Hygiène Moderne* (194) est une préparation faite avec soin et d'un usage agréable. Il se vend à raison de 0.20 c, les 30 gram. ; 0,75 les 125 gr.

Si l'on tient à avoir une préparation absolument neutre et adoucissante, il faut employer la *Crème Hygiénique Alcalinoamylacée* (110) qui ne renferme ni parfums, ni substances grasses altérables.

**95.** — **COLLIERS DE DENTITION.** — Ce sont des colliers qui passent pour préserver les enfants du premier âge des accidents de la dentition, et notamment des convulsions. Ils ont, en tous les cas, la propriété d'empêcher la peau du cou de se couper par suite de leur interposition fréquente entre les plis de la peau.

Les *Colliers de Dentition de l'Hygiène Moderne* (194) se font :

1° en *Ambre vrai*, transparent ou mat, dont le prix, selon la grosseur, la forme et la taille des perles, varie entre 1 fr. 50 et 6 fr. la pièce ;

2° en *Ambre imitation*, à 1 fr. ;

3° en *Os*, de 0,50 à 0,75 c. ;

4° en *Ivoire*, de 1 fr. à 2 fr. ;

5° en *Verre*, couleurs assorties, à 0,30. Port en sus.

**96. — COMPTE-GOUTTES**. — Ces petits instruments, ainsi que leur nom l'indique, sont destinés à compter les gouttes de liquide. On admet généralement qu'une goutte d'eau distillée pèse 0,05 centigr. ; il en faut donc 20, par conséquent, pour faire 1 gramme.

Les *Compte-gouttes de l'Hygiène Moderne* (194) se composent d'un tube de verre effilé à l'un de ses orifices, et pourvu, à l'autre, d'un tube en caoutchouc, qui, par la pression des doigts, sert à faire monter et descendre le liquide dans le tube. Ils se vendent 0,20 la pièce ; avec étuis, 0,30 ; par la poste, 0,05 c. en sus.

Les *Flacons compte-gouttes de l'Hygiène Moderne* sont des flacons bouchés, dont le goulot, muni d'un bec, est organisé de façon à permettre de laisser couler goutte à goutte le liquide contenu dans le flacon. Ils contiennent de 10 à 30 gram. de liquide et se vendent, selon la grandeur, 0.30, 0.40, 0.50 et 0.60 la pièce ; 0.30 c. en sus par la poste.

**97. — CONCOMBRES**. — Avec le suc de Concombres et l'Axonge, on compose une pommade à l'aide d'une opération très longue et assez compliquée, que l'on ne peut guère exécuter soi-même. Cette pommade, qui s'emploie pour enduire la peau des lèvres, du visage et des mains, se vend à l'*Hygiène Moderne* (194) à raison de 0.20 c. les 30 gram., 0.75 c. les 125 gram.

Si on a besoin d'un produit absolument adoucissant il faut se servir de la *Crème Hygiénique Alcalino-amylacée* (110), qui ne renferme aucune substance odorante et ne s'altère pas en vieillissant.

**98**. — **CORAIL**. — C'est un polypier qui croît dans la Méditerranée, sur les côtes d'Afrique principalement. Il en existe deux variétés : le *Corail blanc* et le *Corail rouge*. Ce dernier entre dans la composition de plusieurs *Poudres Dentifrices* (295), mais il est absolument nuisible, par la raison que c'est une substance très dure, et qu'elle use et détruit l'émail des dents. Nous trouvons là, encore une fois, une preuve d'ignorance préjudiciable de la part de certains industriels, à ajouter à toutes celles que nous avons signalées déjà. On voit combien il est dangereux de se servir des premiers dentifrices venus ; si l'on veut un produit composé selon les données de la science, il faut employer la *Poudre Dentifrice Hygiénique du Dr Sylvius* (297), ou la *Poudre Dentifrice Savonneuse* (298).

**99**. — **CORIANDRE**. — Plante de la famille des Ombellifères, cultivée en France, en Angleterre, en Allemagne, au Maroc et dans les Indes. Les graines s'emploient dans la fabrication des liqueurs ; on en extrait par distillation, une essence qui, fortement diluée, rappelle l'odeur de l'essence d'oranges, etc. ; elle s'emploie pour parfumer les savons et entre dans la composition de plusieurs dentifrices, mais à tort, car elle est fort irritante et ne peut que nuire aux gencives. On évitera ces sortes de risques, en se servant, soit de la *Poudre Dentifrice Hygiénique Alcalinoboratée* (298), soit de l'*Eau Dentifrice Hygiénique du Dr Sylvius* (136), soit de la *Poudre dentifrice du Dr Sylvius* (297) qui sont des produits préparés scientifiquement.

**100**. — **CORN-PLASTERS**. — Ce sont des rondelles de feutre analogues aux *Bunion Plasters* (60), mais plus petites. Elles s'emploient contre les cors, œils de perdrix et durillons de petite dimension.

Les *Corn-Plasters de l'Hygiène Moderne* (194) se font en deux épaisseurs, soit ronds, soit ovales, soit carrés, et se vendent, la première 0.50 c., la seconde 0.60 c., la boîte de douze ; 0.05 en sus par la poste.

**101**. — CORNETS ACOUSTIQUES. — Ce sont des cornets destinés à recueillir le son de la voix, qu'ils transmettent jusqu'à l'oreille au moyen d'un tube dont l'extrémité se place dans le conduit auditif externe, en cas de dureté de l'ouïe ou de surdité incomplète.

Les *Cornets acoustiques de l'Hygiène Moderne* (194) sont, soit en *Bois noir* du prix de 1 fr. 90, soit en *Palissandre* du prix de 2 fr. 60; soit en *Corne*, du prix de 3 fr. 50, soit enfin en *Buffle*, du prix de 4 fr. Port en sus.

**102**. — COSMÉTIQUES. — D'une manière générale, on entend par *Cosmétiques* les substances employées à la surface extérieure du corps et qui servent à entretenir ou augmenter la beauté, ou à remédier à certaines imperfections. Les fards, les poudres de toilette, les huiles et pommades pour les cheveux, les lotions, frictions, teintures, etc., sont des cosmétiques. Mais on entend aussi par cosmétiques des substances grasses, de consistance ferme, destinées à lisser et à fixer les cheveux, la barbe et les sourcils. On les prépare avec de la graisse ou des pommades auxquelles on adjoint de la Cire jaune ou blanche, du Blanc de baleine ou du Beurre de cacao, pour leur donner la consistance voulue; les proportions doivent varier un peu selon la saison. On peut préparer soi-même du Cosmétique en faisant fondre ensemble 100 gram. de *Graisse de bœuf* ou de *Graisse de mouton* et 20 gram. de *Cire blanche*, au bain-marie; puis on laisse refroidir un peu et lorsque la masse commence à se figer on y incorpore telle essence ou mélange d'essence que l'on veut, puis on coule dans des petits moules cylindriques en fer-blanc, ouverts à leurs deux extrémités, dont l'une repose sur une table de marbre ou un plateau enduits de cire dans laquelle elle s'enfonce, de façon à être ainsi fermée. On peut remplacer ces moules par des cylindres en carton mince que l'on fait soi-même. On peut donner aux Cosmétiques une coloration noire en y incorporant du *Noir d'Ivoire* en poudre très fine.

Les Cosmétiques que l'on trouve dans le commerce ne sont pas toujours préparés convenablement ; ils sont faits souvent avec de mauvaises graisses et des essences de qualité inférieure ; ils peuvent alors devenir nuisibles. Il n'en est pas ainsi avec les *Cosmétiques de l'Hygiène Moderne* (194) auxquels on doit, pour cette raison, donner la préférence sur les autres.

On doit rapprocher des cosmétiques les *Cires à Moustache* et les *Pommades à Moustache*, qui contiennent généralement de la Cire, du Savon et de la Gomme arabique, aromatisés de différentes façons.

**103**. — COTON, *Ouate*. — C'est une sorte de duvet blanc et léger qui entoure les graines du *Cotonnier*, arbuste de la famille des Malvacées qui croît aux Indes et dans les pays chauds. On s'en sert en médecine pour faire des pansements, et il trouve aussi des applications nombreuses pour l'hygiène et la toilette. A l'état naturel il ne se laisse pas facilement imbiber par l'eau, parce qu'il renferme une substance grasse. Pour le rendre perméable à l'eau, on enlève cette substance par des lavages à l'eau additionnée de *Carbonate de Soude*, puis à l'eau pure ; on le laisse sécher et on le carde. On a alors le *Coton Hydrophile* (hydrophile veut dire qui aime l'eau), dont on emploie actuellement des quantités considérables pour l'usage médical et les soins de l'hygiène. Il faut avoir soin de le choisir bien préparé, pur, aseptique, c'est-à-dire dépourvu de tout germe de maladies, précaution très importante, car il sert surtout à laver, essuyer ou panser des plaies à vif, des muqueuses qui sont des voies d'absorption ouvertes aux maladies infectieuses. On ne saurait donc se fier à la première marque venue. Le *Coton Hydrophile de l'Hygiène Moderne* (194) est une de celles que l'on peut prendre en toute sécurité. Il se vend en paquets de 50 gram. du prix de 0,40 c., — de 125 gram. du prix de 0,75 c., — de 250 gram. du prix de 1 fr. 25, — de 500 gram. du prix de 2 fr. 40 ; port en sus. On trouve aussi à l'*Hygiène Moderne* (194) du *Coton Hydrophile ordinaire* en paquets de 50 gram. du prix de 0,30 c., — de 125 gram. du prix de 0,50 c., — de 250 gram. du prix de 0,90 c., — de 500 gram. du prix de 1 fr. 40.

Le *Coton ordinaire*, qui s'emploie aussi pour la toilette et pour la confection de certains appareils et de quelques pansements, nécessite pour être sain, certains apprêts qui le débarrassent des graines et des impuretés, et pour être léger, un cardage convenable, précautions indispensables pour la toilette, car le coton s'emploie souvent pour étendre sur le visage des poudres ou des fards. Le *Coton blanc de l'Hygiène Moderne* et le *Coton rose de l'Hygiène Moderne* sont des articles de choix, qui se vendent respectivement à raison de 0,10 c. et 0,15 c. la feuille. Le premier s'emploie en toute sécurité pour les pansements, notamment en cas de brûlures, ou pour étendre de la teinture d'Iode; on l'emploie aussi pour la toilette. Le second se met dans les oreilles et sert aussi à garnir des boîtes à bijoux, des étuis, etc. On peut le parfumer à volonté avec quelques gouttes d'une essence quelconque.

Enfin, on trouve à l'*Hygiène Moderne* (194) du *Coton gommé écru* en grandes feuilles au prix de 0,60 c. le mètre.

**104.** — **COULEURS**, *Matières colorantes.* — On emploie en parfumerie un certain nombre de substances destinées à donner aux produits fabriqués une coloration particulière, et qui ne sont pas toujours exempts d'inconvénients ni de dangers. Les plus nuisibles sont les sels de plomb et de mercure, mais il y en a d'autres que nous avons signalés à leurs articles respectifs. De même pour la teinture des cheveux qui se fait généralement soit avec des sels de *Plomb* (284), soit avec du *Nitrate d'argent* (26). On voit par là combien il est imprudent de se servir du premier produit venu, et qu'il faut adopter une marque offrant toute sécurité pour la santé. Il n'entre dans les *Produits hygiéniques* du Dr *Sylvius*, ni dans les *Produits de l'Hygiène Moderne*, aucune substance colorante capable de nuire.

**105**. — COUMARINE. — C'est une substance blanche, cristalline, qui se trouve dans le *Mélilot*, l'*Aspérule*, la *Fève Tonka*, et d'autres végétaux, auxquels elle communique leur parfum particulier. On la fabrique aussi artificiellement. C'est à elle qu'est due l'*Odeur de foin fraîchement coupé* dont on baptise certains parfums; le foin frais doit en effet son odeur spéciale au *Mélilot* (228) et à d'autres plantes contenant de la coumarine.

**106**. — COUSSINS. — On rencontre dans le commerce beaucoup d'articles de mauvaise qualité, et comme il est difficile de les reconnaître à l'avance, on s'expose à dépenser son argent en pure perte, si l'on a pas le soin de choisir une marque connue. Les *Coussins de l'Hygiène Moderne* (194) sont des articles de confiance que l'on peut se procurer aux prix les plus modérés. Ils se font en caoutchouc ou en tissu.

Les Coussins en caoutchouc se divisent en :

1° *Coussins de voyage et d'appartement* de forme ronde, demi ronde, carrée ou en fer à cheval, dont le diamètre varie de 0.25 à 0.50 c., et dont les prix varient entre 6 et 20 francs selon le diamètre et la forme;

2° *Coussins forme bidet*, du prix de 12 à 25 fr., selon la grandeur et la nature du caoutchouc.

3° *Coussins pour bassins*, du prix de 8 à 15 fr.

Les Coussins en tissu se divisent en !

1° *Coussins pour malades*, recouverts en caoutchouc, du prix de 20 à 25 fr.

2° *Coussins pour voyage*, de forme ronde, demi-ronde, carrée, rectangulaire, ou oreiller de prix variant entre 10 et 20 fr.

**107**. — CRACHOIRS *pour malades*. — Les crachoirs ne sont pas seulement indispensables au point de vue de la commodité et de la propreté : ils le sont encore et surtout au point de vue de l'hygiène, car beaucoup de maladies contagieuses et infectieuses, et notamment la tuberculose ou phthisie pulmonaire, peuvent se transmettre au moyen de la salive ou de l'expectoration pulmonaire. Ces crachats, désséchés sur le plancher ou sur le mouchoir, volent ensuite dans l'air sous forme de poussières et ceux qui les respirent sont exposés à contracter la maladie ; c'est ce qui arrive malheureusement trop souvent. Il faut donc expectorer dans des crachoirs et ces crachoirs doivent être fabriqués en substances imperméables, de forme commode, peu encombrants, faciles à vider et à nettoyer, et résistant à l'eau bouillante, avec laquelle il faut les laver chaque fois qu'on les a vidés.

Les *Crachoirs de l'Hygiène Moderne* (194) remplissent ces conditions. Ils se font soit en *Porcelaine*, avec cuvette mobile, du prix de 2 fr. la pièce ; soit en *Email* au prix de 2 fr. 75 la pièce; port en sus.

**108**. — CRÈMES. — Les parfumeurs désignent sous ce nom tantôt des pommades pour les cheveux, tantôt des cosmétiques pour la peau. Les premières se font en aromatisant de l'Axonge ; les secondes sont plus souvent des émulsions de Cire, de Glycérine, ou d'Huile, qui ont un aspect blanc et laiteux et une certaine consistance, ce qui leur donne quelque analogie avec la crème du lait, d'où leur nom.

*Crème à la Vanille.* — On fait digérer 100 gram. de *Vanille* coupée en morceaux dans un 1 kilo d'*Axonge* fondue ; on passe ensuite. Pour les cheveux.

*Crème de Tonka.* — Elle se fait comme la précédente, avec 50 gram. de *Fèves Tonka* concassées et 1 kilo d'*Axonge*. Même usage.

*Crème de Moelle.* — *Huile d'Amandes douces*, 200 gram. ; — de *Palma* 10 gram. ; *Axonge*, 200 gram. ; *Essence de Bergamote*, 6 gram ; — de *Citrons*, 20 gram. ; — de *Macis*, — d'*Œillet*, — de *Cannelle*, 1 gram. de chaque. Même usage.

*Crème-Neige.* — On fait fondre au bain-marie : *Blanc de Baleine*, 100 gram. ; *Cire blanche*, 60 gram. ;

*Huile d'Amandes douces*, 350 gram. On verse dans un mortier de marbre et on agite avec une spatule sans faire de grumeaux. On laisse refroidir et on mêle bien avec le pilon, puis on ajoute peu à peu : *Eau distillée de Roses*, 30 gram.; *Glycérine blanche*, 30 gram. On bat jusqu'à ce qu'on ait obtenu une crème blanche, on ajoute 10 gouttes d'*Essence de Rose*. Pour la peau. C'est une sorte de *Cold-Cream* (94).

*Crème à la Noix de Coco.* — On fait fondre ensemble : *Blanc de Baleine*, 16 gram.; *Cire blanche*, 8 gram.; *Huile d'Amandes douces*, 80 gram.; *Beurre de Cacao* 16 gram. On mêle bien et on ajoute : *Teinture d'Ambre*, 5 gram.

Ces préparations ne sont pas absolument adoucissantes, et elles s'altèrent plus ou moins en vieillissant, en sorte qu'elles irritent la peau. Pour avoir une préparation réellement adoucissante, inaltérable et bienfaisante pour la peau, il faut se servir de la *Crème Hygiénique Alcalinoamylacée* (110).

**110.** — **CRÈME HYGIÉNIQUE ALCALINOAMYLACÉE** *du Dr O. Dubois.* — Les crèmes parfumées, cérats, cold-creams et pommades pour les lèvres, que l'on trouve dans le commerce, sont nuisibles, parce qu'ils contiennent des corps gras qui rancissent au contact de la peau, et des substances irritantes ; de là des rougeurs, des démangeaisons, des éruptions dont on ne s'explique pas toujours la cause ; de là aussi la persistance des maladies contre lesquelles on les emploie.

C'est pour éviter ces inconvénients que l'on emploie la *Crème Hygiénique alcalinoamylacée*, au lieu des produits ci-dessus, pour les soins de la peau et des muqueuses. Cette crème, en effet, ne rancit pas au contact de la peau ; elle est inaltérable et ne renferme aucune substance irritante; elle ne cause donc aucune irritation à la peau, et ne fait, au contraire, que l'adoucir; en outre, elle détruit les acidités causées par la transpiration, et elle est antiseptique, c'est-à-dire qu'elle préserve des maladies virulentes et contagieuses. Grâce à ces diverses propriétés, elle favorise au plus haut point la cicatrisation des écorchures, plaies, ulcères et gerçures de la peau ; elle fait disparaître promptement les boutons, rougeurs, éruptions, cuissons et gerçures, et il n'y a point de remède aussi efficace contre les engelures et les crevassses.

Il suffit pour l'employer, de l'étendre avec le doigt, aussi souvent qu'il est nécessaire. Si on veut la préserver du contact des vêtements, on peut la recouvrir de papier brouillard, d'un linge fin ou d'un peu d'ouate.

La *Crème Hygiénique alcalinoamylacée* est blanche, sans goût, ni odeur, inaltérable. On la vend en pots du prix de 3 francs. Elle doit être demandée et délivrée sour le nom de *Crème Hygiénique alcalinoamylacée*; ce dernier mot, qui constitue la marque de fabrique, doit se trouver sur les étiquettes avec la signature *O. Dubois*. On peut se procurer ce produit à *l'Hygiène Moderne* (194), au prix réduit de 2 fr. 25; 0.25 en sus par la poste.

**111. — CRÈME DE TARTRE,** *Tartrate acide de potasse.* — Ce sel entre dans la composition d'un assez grand nombre de dentifrices, mais il est très nuisible, car il attaque l'émail des dents, à cause de son acidité. Ceci démontre une fois de plus qu'il est fort imprudent d'employer les premiers dentifrices venus, composés, la plupart du temps, par des personnes qui n'ont pas les connaissances nécessaires. Il faut, pour se mettre à l'abri de pareilles méprises, n'employer que des préparations composées scientifiquement: si les dents sont en mauvais état, douloureuses; si les gencives sont malades, enflammées, employer exclusivement la *Poudre Dentifrice Savonneuse* (298); dans les circonstances ordinaires, la *Poudre Dentifrice du D<sup>r</sup> Sylvius* (297), l'*Eau Dentifrice du D<sup>r</sup> Sylvius* (136), ou les *Dentifrices de l'Hygiène Moderne*.

**112. — CRESSON.** — Plante de la famille des Crucifères, qui, comme le *Cochléaria*, le *Raifort*, etc., était rangée autrefois parmi les plantes antiscorbutiques ; le scorbut attaquant les gencives, on en avait conclu que ces plantes devaient être bonnes pour les gencives et pour les dents ; mais c'est une pure fiction, et l'essence sulfurée qu'elles renferment est fort nuisible aux gencives, parce qu'elle est très irritante et qu'elle provoque leur inflammation, puis le déchaussement et la chute des dents. Aujourd'hui que l'on connaît mieux les causes et la nature des maladies infectieuses, et celles du scorbut entre autres, les prétendus antiscorbutiques sont tombés dans l'oubli qu'ils ont mérité, à cause des services négatifs qu'ils ont rendus. Il leur est encore moins permis de devenir nuisibles par suite d'une ignorante interprétation de leurs anciens usages. L'inflammation et le déchaussement des gencives sont causés presque toujours par une maladie des voies digestives, de l'estomac principalement. Appliquer sur les gencives, pour prévenir ou guérir ces maladies, des essences aussi fortes que celles du Cochléaria et du Cresson, c'est causer le mal en croyant l'éviter, et mettre de l'huile sur le feu. Si les gencives sont saines, il faut faire usage de la *Poudre Dentifrice du D<sup>r</sup> Sylvius* (297), de l'*Eau Dentifrice du D<sup>r</sup> Sylvius* (136), des *Dentifrices de l'Hygiène Moderne* ; si elles sont malades ou enflammées, de la *Poudre Dentifrice Savonneuse* (298).

**113.** — **CUILLÈRES** *à médicaments.* — Elles s'emploient, soit pour faire prendre des médicaments de saveur désagréable, comme l'huile de foie de morue, par exemple ; soit pour faciliter l'administration des médicaments liquides, à des enfants, des paralytiques, des malades indociles ou sans connaissance ; soit enfin lorsque le médicament à prendre peut tacher ou détériorer les cuillères en métal ordinaire, comme les préparations mercurielles, l'iodure de potassium, les substances acides.

Les *Cuillères de l'Hygiène Moderne* (194) comprennent :

1° Les *Cuillères en métal* pour l'huile de foie de morue, du prix de 2 fr. 25 et 2 fr. 50 ;

2° Les *Cuillères en porcelaine blanche*, couvertes, pour l'huile de foie de morue, au prix de 0.90 c.

3° Les *Cuillères à potions*, graduées, permettant de mesurer les doses d'une façon rigoureuse, en porcelaine, du prix de 1 fr. 25, et en cristal, du prix de 1 fr. 50. Port en sus.

**114.** — **CUIR CHEVELU.** — On appelle ainsi cette partie de la peau qui recouvre le crâne et sur laquelle sont implantés les cheveux. Dans son épaisseur sont logés les bulbes ou racines des *Cheveux* (80), ainsi que les petites glandes destinées à fabriquer la sueur et la matière grasse qui entretient et protège le cheveu. Le cuir chevelu doit être tenu très proprement : il est encrassé par les poussières, les pellicules et les pommades ou autres cosmétiques que l'on applique sur les cheveux. Il faut donc, pour le nettoyage, employer une préparation capable de dissoudre les substances grasses, telle que la *Lotion Hygiénique du D^r Sylvius* (219).

Les maladies du cuir chevelu peuvent entraîner la perte de la chevelure ; il ne faut donc pas les négliger ; les *Pellicules, Rougeurs, Démangeaisons*, ne doivent pas être négligées. Elles sont le plus souvent occasionnées par l'usage de pommades, lotions ou cosmétiques malfaisants. Dès qu'on s'aperçoit de leur existence, il faut supprimer tout produit parfumé, et faire usage exclusivement de la *Pommade Hygiénique Alcalino-boratée* (290). Pour nettoyer la tête, on se servira de la *Lotion Hygiénique du D^r Sylvius* (219).

**115.** — **CUIR DE RUSSIE.** — L'odeur spéciale de ce cuir est due à ce qu'on le tanne avec du *Bois de Santal* (325) et de l'*Écorce de Bouleau*. On peut l'augmenter ou la modifier en le laissant tremper dans une essence quelconque ; il garde longtemps l'odeur des parfums. Voyez *Bouleau* (55).

*Extrait de Cuir de Russie de l'Hygiène Moderne*

(194). — Cet extrait, de première qualité, s'emploie pour le mouchoir, la toilette, et pour aromatiser des huiles, des pommades, de la glycérine, etc.

**116. — CURCUMA.** — C'est la tige souterraine ou rizhôme d'un arbre de la famille des Amomées qui croît aux Indes et en Chine. Il renferme une matière colorante jaune, la *Curcumine*, que l'on peut extraire au moyen de l'éther. Le Curcuma s'emploie pour colorer certains articles de parfumerie; au contact des substances alcalines, il devient brun.

**117. — CURE-ONGLES.** — Les *Cure-ongles de l'Hygiène Moderne* (194) comprennent un modèle ordinaire, avec limes, du prix de 0.20 c. à 0.50 c. pièce, selon la grandeur; et un modèle fermant, deux qualités du prix de 0.50 c. et 0.60 c. la pièce; par la poste, 0.05 c. en sus. Ces petits instruments sont indispensables au point de vue de l'hygiène, car les impuretés qui s'accumulent sous les ongles peuvent renfermer des germes infectieux susceptibles de communiquer des maladies lorsque l'on introduit les doigts dans la bouche, dans le nez, par exemple, ou qu'on les porte en contact avec quelque partie excoriée. Il ne faut pas se servir d'objets piquants, de pointes de ciseaux ou de couteaux, par exemple, afin d'éviter les piqûres qui pourraient causer des abcès ou des panaris.

**118. — CURE-OREILLES.** — Ces instruments sont destinés à nettoyer le conduit auditif, et surtout à le débarrasser de la substance jaune ou *Cérumen* qui s'y trouve parfois en abondance. Lorsqu'on néglige de l'enlever, elle peut se durcir et former un tampon qui finit par causer la surdité; voyez *Oreilles* (251). Il ne faut pas oublier qu'au fond de ce conduit se trouve la frêle membrane du tympan, et que par conséquent on s'expose à la percer et à perdre l'ouïe, si on se sert, pour curer l'oreille, d'un objet pointu. De là, la nécessité d'un instrument spécial.

Les *Cure-oreilles de l'Hygiène Moderne* (194) se

font : 1° en *Os*, au prix de : 0.50 c. pièce ; 2° en *Corne*, au prix de 0.75 c. ; 0.05 c. en sus par la poste.

**119.** — **CYLINDRES A EAU CHAUDE.** — Ce sont des bouillottes de forme cylindrique qui se placent dans le lit, après avoir été remplies d'eau chaude, pour y entretenir une certaine température, soit pendant l'hiver chez les personnes valides qui craignent le froid, principalement les personnes âgées, les enfants en bas-âge, soit en cas de convalescence ou de maladies. Ils sont préférables aux briques, parce que, avec celles-si, on n'est jamais sûr de la température, qui, si elle est trop élevée, peut causer des accidents. Ils sont aussi plus propres et plus élégants.

Les Cylindres de l'*Hygiène Moderne*, se font :

1° En *Etain poli*, au prix de 6 fr. la pièce ;

2° En *Etain nickelé*, au prix de 6 fr. 50 ;

3° En *Etain nickelé, pour berceau*, au prix de 4 fr. 25 ;

4° En *Cuivre poli*, au prix de 5 fr. ;

5° En *Cuivre poli, pour berceau*, au prix de 4 fr. ;

6° En *Cuivre nickelé*, au prix de 5 fr. 60 ;

7° En *Fer-blanc avec fermeture en cuivre*, à 1 fr. 25 ;

8° En *Fer-blanc*, à 1 fr.

Port en sus pour tous ces articles.

**120.** — **DENTIFRICES.** — On désigne sous ce nom des préparations destinées à entretenir la propreté et la santé des dents, mais il en est malheureusement bien peu qui atteignent ce but, car la plupart, au contraire, sont extrêmement nuisibles. Ce fait provient de ce que ces préparations ont été inventées par des personnes plus ou moins dépourvues de connaissances scientifiques ; la plupart sont faites d'après de vieilles formules que la routine a transmises d'âge en âge, et qui avaient été établies sans aucune espèce de raisonnement ni de discernement. J'ai indiqué aux articles *Eaux Dentifrices* (134), *Pâtes dentifrices* (265), *Poudres Dentifrices* (295), les raisons pour lesquelles on doit éviter l'usage inconsidéré de ces préparations et quelles sont celles que l'on peut employer avec profit et sans nul inconvénient.

**121**. — DENTS. — Les dents sont formées de phosphate et de carbonate de chaux, et d'une substance organique : ils sont pourvus de nerfs qui leur donnent la sensibilité et de vaisseaux pour les nourrir ; ces nerfs et vaisseaux pénètrent par leur racine ; l'intérieur de la dent ou *Bulbe dentaire* est moins dur que l'extérieur, lequel est revêtu d'une couche de substance dure ou *Email*. Les dents sont implantées dans les alvéoles des mâchoires par leurs *Racines* ; de plus elles sont fixées et protégées par les gencives qui forment une sorte d'anneau fibreux autour de leur *Collet*, c'est-à-dire de la partie intermédiaire entre la racine et la *Couronne* de la dent.

Les maladies des dents et leur chute sont dues plus souvent à un mauvais état général de la santé, ou à une maladie du sang qu'à une cause locale. L'anémie, le lymphatisme, la scrofule, la syphilis, le diabète, les empoisonnements chroniques par le plomb, le mercure, etc., causent la carie et la chute des dents ; mais ce sont surtout les maladies de l'estomac et des autres parties de l'appareil digestif qui causent le plus grand nombre de maladies des dents et des gencives ; je ne puis entrer ici dans de longs développements à ce sujet ; le lecteur devra se reporter au manuel *La Médecine Nouvelle* (227) par le Dʳ O. Dubois, où cette question est traitée d'une façon toute spéciale.

Les dents doivent être tenues très proprement. Les débris d'aliments qui séjournent entre elles, s'y putréfient, amènent l'inflammation des gencives et la carie dentaire.

Il ne faut pas les exposer à des changements brusques de température ; ils auraient le même effet, car ils font fendre l'émail ; par conséquent on doit éviter l'action des aliments, des boissons, ou de l'air trop froids ou trop chauds.

Il ne faut pas briser des corps trop durs avec les dents, sous peine de casser celles-ci ou de briser l'émail, qui laissant la pulpe à découvert pourrait amener la carie.

Il ne faut pas les nettoyer avec des cure-dents trop durs, en fer ou en métal, par exemple ni avec des brosses trop dures, ou des poudres dentifrices contenant des substances dures telles que le corail, la pierre ponce, ou des substances acides, comme la crème de tartre, l'alun, ou du sucre, et c'est cependant ce que contiennent les poudres et les pâtes dentifrices ordinaires. Pour se mettre à l'abri de ces substances malfaisantes, il faut n'employer que les *Dentifrices de l'Hygiène Moderne* ou les *Dentifrices du D*r *Sylvius*, et si les dents sont malades ou très susceptibles, la *Poudre Dentifrice Savonneuse* (298) exclusivement. J'ai indiqué à l'article *Gencives* les précautions à prendre à l'égard des eaux dentifrices.

**122.** — **DÉPILATOIRE HYGIÉNIQUE** *du D*r *Sylvius.* — On nomme *Dépilatoire* des préparations que l'on applique sur la peau pour faire tomber les poils ou duvets disgracieux ou incommodes. Ils renferment à peu près tous de l'arsenic, et quelques-uns de l'arsenic et du plomb. J'en ai indiqué les formules principales à l'article *Arsenic* (24); ce sont des préparations fort dangereuses, car l'arsenic qui en fait la base, est un poison des plus violents.

Les dépilatoires détruisent rarement le bulbe des poils, en sorte que ceux-ci repoussent au bout d'un temps plus ou moins long. Lorsque les poils ne sont pas excessivement nombreux, et présentent une certaine longueur, mieux vaut recourir à l'épilation, qui consiste à les arracher un à un avec une *Pince à épiler* (280), et réserver les dépilatoires pour les duvets fins. A cet effet on se servira du *Dépilatoire Hygiénique du D*r *Sylvius*, composé en vue d'éviter les dangers des dépilatoires ordinaires, car il ne renferme que des substances absolument inoffensives. C'est une poudre blanche que l'on délaie dans un peu d'eau, au moment de l'appliquer sur la peau. Son effet se produit au bout de quelques minutes. On doit la conserver à l'abri de l'humidité. À cet effet, on la vend en flacons bouchés à l'émeri, que l'on ne doit jamais laisser ouverts. On la délivre aux grands magasins de l'*Hygiène Moderne* (194), en flacons du prix de 3 fr.; 3 fr. 50 par la poste; avec signature et cachet de garantie.

**123**. — DEXTRINE. — C'est une poudre jaunâtre ou blanche, de saveur faible, légèrement sucrée, ressemblant à de la farine, et qui s'obtient en chauffant au four de l'amidon ou de la fécule, à une température de 150 ou 200°. On s'en sert pour faire des appareils inamovibles, en cas de fractures, par exemple; à cet effet on la délaie dans la proportion de 100 gram. de *Dextrine* pour 60 gram. d'*Eau-de-Vie*, ou d'*Eau-de-Vie Camphrée*, et on obtient ainsi une bouillie dont on enduit les linges et les bandes de l'appareil; ceux-ci en séchant deviennent durs et rigides et conservent la forme du membre ou de la partie sur lesquels on les a roulés; ils la maintiennent donc immobile; pour enlever l'appareil, on le coupe avec des ciseaux, ou on le ramollit en l'aspergeant d'eau tiède. On peut aussi s'en servir pour faire une colle à froid ou à chaud, en la délayant dans l'eau. La *Dextrine de l'Hygiène Moderne* (194) se vend à raison de 1 fr. 25 le kilogram.

**124**. — DISSOLUTION DE PARA de *l'Hygiène Moderne* (194). — Ce liquide s'emploie pour recoller le caoutchouc. Il se vend à raison de 0.50 c. les 30 gram.

**125**. — DOIGTS. — Les *Doigts des mains* doivent toujours être tenus dans le plus grand état de propreté, en raison de la diversité des objets avec lesquels leurs fonctions les met en contact, et qui les expose à recueillir des substances malfaisantes. Ces substances peuvent agir sur le doigt lui-même, ou être reportées sur d'autres parties qui, souvent moins bien protégées, comme les yeux, les narines, la bouche, les parties génitales, peuvent ainsi contracter des maladies. On a vu la syphilis propagée par le simple toucher ou par une poignée de main, des ophthalmies purulentes causées par le transport à l'œil du pus blennorrhagique, etc. J'ai indiqué aux articles *Cure-ongles* (117), *Ongles* (247), les précautions à prendre pour ces derniers. Quant aux doigts des mains, ils devront être lavés en temps ordinaire avec de l'eau additionnée de substances alcalines, telles que la *Poudre Hygiénique adoucissante* (299), seule ou ajoutée au savon, ou encore avec le *Savon Hygiénique du D<sup>r</sup> Sylvius* (329) ; si les doigts ont touché des matières infectieuses, il faut se servir du *Coaltar de l'Hygiène Moderne* (92) ou du *Phénol Sodique de l'Hygiène Moderne* (274). On doit se servir de la *Brosse à ongles* (59) pour bien les nettoyer, lorsque les substances qui les salissent sont tenaces ou s'ils sont couverts de poussières, car la présence de celles-ci, surtout sur leur face dorsale, peut y causer des clous ou furoncles. La peinture, le goudron, s'enlèvent avec de l'essence de térébenthine et du savon.

Éviter les changements brusques de température et l'exposition au froid pendant l'hiver à cause des *Engelures*.

Les *Doigts de pieds* exigent aussi la plus grande propreté ; la sueur et les débris de l'épiderme forment, avec les poussières, des agglomérations malsaines dans leurs intervalles, et y entretiennent la mauvaise odeur. Pour les raffermir et s'opposer à la transpiration, il faut prendre des *Pédiluves astringents* (300). Le même moyen convient aussi contre les *Engelures*.

Voyez *Mains* (224), *Ongles* (247), *Pieds* (276).

**126.** — DOIGTIERS. — Ce sont des fourreaux ayant la forme des doigts, et que l'on applique sur ceux-ci pour les préserver ou y maintenir quelque pansement. On peut les faire très simplement au moyen d'un doigt de gant auquel on coud deux cordons pour les fixer.

Mais il est plus sain et plus commode de les acheter tout faits. Les *Doigtiers de l'Hygiène Moderne* (194) sont en caoutchouc blanc ou noir et se vendent 0.15 c. ou 0.20 c. pièce selon la force, et avec bracelets 0.50 c.; pour couturières, ouverts ou fermés, à 0.10 c. et 0.15 c.; et pour chasseurs, à 0.50 c. ; 0.05 c. en sus par la poste.

**127.** — **DOUCHES D'ESMARCK.** — Ce sont des réservoirs demi-cylindriques, munis à leur partie inférieure d'une ouverture à laquelle on peut adapter un caoutchouc pourvu d'un robinet et d'une canule. L'appareil étant maintenu à une certaine hauteur au-dessus du malade, soit à l'aide des mains, soit à l'aide d'un clou fixé à la muraille, le liquide contenu dans le réservoir descend par son propre poids, une fois le robinet ouvert. On peut ainsi faire des injections vaginales sans recourir aux seringues, injecteurs ou irrigateurs, qui ne sont pas toujours d'un emploi fort commode au lit du malade, ou dont le liquide s'échappe avec trop de force. Ces sortes d'appareils sont fort usités aujourd'hui, en accouchement principalement.

Les *Douches d'Esmarck de l'Hygiène Moderne* (194) se font :

1º en *Fer blanc bronzé*, de 1, 2 et 3 litres, aux prix de 1 fr., 1 fr. 25 et 1 fr. 50.

2º En *Tôle émaillée*, graduées à l'intérieur, avec tube de 1 m. 50, canule à double usage et à robinet, d'une contenance de 2 litres, en trois qualités, aux prix de 3 fr. 25, 3 fr. 50 et 4 fr. 50 ; non garnies, 1 fr. 50, 1 fr. 75, et 2 fr. ;

3º En *Tôle émaillée avec Couvercle*, au prix de 4 fr. 75 complètes, et 2 fr. 75 non garnies ;

4º En *Tôle émaillée* décorée, qualité supérieure, de 6 à 12 fr., l'appareil complet ;

5º En *Tôle émaillée avec niveau et thermomètre*, au prix de 10 fr. complètes, et 8 fr. non garnies ;

6º En *Tôle émaillée avec niveau et thermomètre*, au prix de 12 fr., complètes ;

7º En *Porcelaine unie,* au prix de 6 fr., dº ;

8º En *Porcelaine de Saxe décorée,* au prix de 15 fr., dº ;

9º En *Verre,* forme *bock* ou forme *conique, non graduée* 8 fr., *graduée* 10 fr., dº.

Port en sus pour tous ces articles.

On peut acheter les montures séparément ; elles comprennent :

1º Des *Canulés en caoutchouc durci,* pour lavements, au prix de 0.25 c. la pièce ; pour injections, au prix de 0.50 c. ;

2º Des *Robinets en caoutchouc durci,* au prix de 0.75 c. la pièce ;

3º Le *Tube en caoutchouc rouge* ou *noir,* au prix de 1 fr. le mètre ; en *caoutchouc gris,* 0.75 c. ;

4º Des *Canules en Verre,* et des *Canules en Cristal,* au prix de 0.10 et 0.50 c. la pièce.

Port en sus pour tous ces articles.

**128.** — DOUCHES NASALES. — Ce sont des appareils en caoutchouc destinés à faire des injections dans les fosses nasales. Nous avons décrit ces appareils et leur fonctionnement à l'article *Siphon de Weber* (340) ; les douches nasales dont il est ici question ne diffèrent de celui-ci qu'en ce qu'elles sont entièrement en caoutchouc, sans monture ni garniture métalliques.

Les *Douches nasales de l'Hygiène Moderne* (194) en caoutchouc noir, se vendent au prix de 3 fr. 20 sans robinet, et 4 fr. 20 avec robinet.

**129.** — EAU D'ANGE. — Les *Eaux distillées* sont ordinairement *simples,* c'est-à-dire à un seul parfum. Celle-ci est une eau distillée composée. On la prépare en distillant au bain-marie : *Benjoin,* 125 gram. ; *Borax,* 60 gram. ; *Clous de Girofles,* 8 gram. ; *Iris de Florence,* 30 gram. ; *Ecorce de Citron,* 20 gram. ; *Noix Muscade,* 2 gram. ; *Cannelle,* 15 gram. ; *Eau de Roses,* 2 litres ; *Eau de fleurs d'Orangers,* 1 demi-litre ; *Eau de Mélisse,* 1 demi-litre.

**130. — EAU CAMPHRÉE.** — On ajoute 10 gram. de *Camphre en poudre* à 1 litre d'*Eau distillée* et on agite de temps à autre. Au bout de 48 heures on filtre et on conserve en flacons bien bouchés. On trouve ce produit tout préparé à l'*Hygiène Moderne* (194), à raison de 0.10 c. les 45 gram.; 0.20 c. les 125 gram.; 0.30 c. les 250 gram.; 0.50 c. les 500 gram.; 1 fr. le litre, verre compris.

Elle s'emploie comme antiseptique et désinfectant, en lotions, pansements, etc., et pour rincer la bouche.

**131. — EAU DE COLOGNE.** — Les formules de cette eau de toilette sont aussi nombreuses que variées; mais elles ont toutes pour base le citron, le cédrat, la bergamote, d'où le nom d'*Alcool de Citrons composé* qu'on lui a donné pour la désigner d'une façon scientifique. D'après les formules primitives, il faut une distillation pour la préparer; on ne peut donc l'obtenir soi-même de cette façon. Mais on peut recourir au moyen suivant.

*Essence composée de l'Hygiène Moderne* (194), *pour Eau de Cologne.* — C'est un mélange préparé d'avance et qu'il suffit d'ajouter à 1 litre d'*Alcool à* 85°, pour avoir cette eau rapidement et économiquement. On filtre au papier au bout de quelques heures. Employer de préférence l'*Alcool de vin*. Le flacon se vend 2 fr. 50; 0.50 c. en sus par la poste.

**132. — EAU DE COLOGNE DE L'HYGIÈNE MODERNE.** — Les Eaux de Cologne répandues dans le commerce sont loin d'offrir la sécurité que l'on est en droit d'attendre d'un produit aussi répandu. Elles sont souvent fabriquées avec des alcools de mauvaise qualité ou d'un faible degré, à cause du prix élevé des alcools de choix; de plus, le choix des parfums qu'elles contiennent est livré à l'arbitraire et à la fantaisie, en sorte qu'elles renferment le plus souvent des substances qui n'ont absolument rien d'hygiénique, car elles irritent la peau et sont malsaines à respirer. Dans la préparation des *Eaux* *de Cologne de l'Hygiène-Moderne*, on s'est attaché à n'employer que de l'alcool et des parfums d'une pureté et d'un innocuité parfaites. Elle se vend en flacons du prix de 0.60 c. et 1 fr. ou en litres du prix de 6 fr. 25, verre compris.

On trouve également à l'*Hygiène Moderne* (194) une *Eau de Cologne pour bains* de très bonne qualité à 5 fr. 25 le litre verre compris.

**133. — EAU DE COLOGNE AMMONIACALE** *du Dr Sylvius*. — L'Eau de Cologne est très employée pour faire des frictions; celle que l'on vend à cet effet, n'est que de l'Eau de Cologne préparée avec des alcools faibles, de mauvaise qualité, et des essences à bas prix; c'est un produit inférieur et dont il n'y a pas grand bien à espérer pour la santé. Il faut, pour se frictionner avec profit, faire usage de l'*Eau de Cologne ammoniacale du Dr Sylvius*, parce qu'elle est composée d'une façon scientifique; elle exerce sur la peau une action révulsive et stimulante qui la rendent précieuse en cas de douleurs, névralgies, rhumatismes, atrophie musculaire, faiblesse et paralysies. On doit pratiquer les frictions à l'aide d'une *Brosse à frictions* (59) ou d'une *Lanière à frictions* (208) imprégnées de ce liquide. On les répète généralement une ou deux fois par jour. Ce produit se vend en flacons du prix de 3 fr. ; port en sus.

**134. — EAUX DENTIFRICES**. — Elles sont toutes à base d'*Alcool* (6). On a dû employer ce liquide de préférence à tout autre, parce qu'il dissout les essences qui servent à aromatiser ces préparations, et parce qu'il assure la conservation de celles-ci. Il a, il est vrai, des propriétés antiseptiques ; mais il ne laisse pas que d'être irritant ; cependant, comme on ne se sert guère des eaux dentifrices qu'étendues d'eau, on peut sans inconvénient admettre la présence de l'alcool, lorsque les dents et les gencives sont en bon état. Mais si les dents sont cariées, douloureuses, si les gencives sont malades, gonflées, saignantes, enflammées, sensibles, il faut absolument en rejeter l'usage, tout au moins jusqu'à ce que l'on ait enrayé le mal ; on devra alors se servir exclusivement de la *Poudre Dentifrice Savonneuse* (298).

Outre l'alcool, les eaux dentifrices contiennent des essences, que l'on y a ajoutées, sans doute, dans le but de masquer la mauvaise odeur de la bouche et de parfumer l'haleine. Les plus usitées sont celles de *Menthe*, de *Citrons*, de *Girofles*, d'*Anis*, de *Lavande*, de *Pyrèthre*. Toutes ces essences, dont les proportions sont d'ailleurs trop fortes en général, sont des plus irritantes et occasionnent souvent des gingivites ou inflammations des gencives, puis le déchaussement et la chute des dents. Pour aromatiser l'eau dentifrice, il faut employer des essences agissant à dose très faible et possédant en même temps un pouvoir antiseptique puissant, comme cela a été fait pour l'*Eau Dentifrice du D<sup>r</sup> Sylvius* (136).

On rencontre encore dans les eaux dentifrices d'autres substances aromatiques qui augmentent leur pouvoir irritant. Telles sont le *Gingembre*, les *Clous de Girofles*, le *Gayac*, le *Pyrèthre*, la *Noix muscade*, l'*Angélique*, la *Badiane*, le *Fenouil*, le *Cresson*, etc., dont j'ai fait voir les dangers à leurs articles respectifs. On y trouve aussi de la *Crème de Tartre* (111) dont l'acide ronge et détruit l'émail dentaire, et jusqu'à de l'*Ammoniaque*. Toutes ces substances sont dosées et associées sans aucune espèce de raisonnement ni de principes, et plutôt pour plaire à l'œil, à l'odorat et au goût, ou pour obéir à la mode, que pour être utiles à la santé. C'est pourquoi beaucoup de personnes croyant conserver et embellir leurs dents par l'usage des eaux dentifrices, ne font que les détériorer et les détruire sans s'en douter le moins du monde. Si l'on veut faire usage d'une eau dentifrice composée selon les données de la science, de façon à être en même temps efficace et inoffensive, c'est à l'*Eau Dentifrice du Dr Sylvius* (136) qu'il faut avoir recours. Les personnes qui ont une préférence pour les eaux du genre de l'Eau de Botot, devront faire usage de l'*Eau Dentifrice de l'Hygiène Moderne* (135), préparée d'après la formule de Botot rectifiée.

*Essence composée pour Eau Dentifrice, de l'Hygiène Moderne.* — Cette essence permet de préparer soit même instantanément 1 litre d'Eau Dentifrice. Il suffit de verser le contenu du flacon dans 1 litre d'*Alcool à 80°* et d'agiter. Le prix du flacon est de 2 fr. 50 ; 0.50 c. en sus par la poste.

**135.** — EAU DENTIFRICE DE BOTOT. — Cette eau, qui jouit d'une grande et ancienne réputation, est fabriquée d'après des formules très nombreuses et souvent fort différentes les unes des autres qui ont dénaturé la formule primitive, laquelle n'était pas d'ailleurs à l'abri de toute critique. On vend le plus souvent sous ce nom des produits qui n'ont rien de commun avec le produit véritable et renferment des substances nuisibles ou de mauvaise qualité.

L'*Eau Dentifrice de l'Hygiène Moderne* (194), préparée d'après la formule de l'Eau de Botot véritable, modifiée et perfectionnée selon les données de la science actuelle, offre un produit d'un usage aussi agréable que bienfaisant. Il se vend en flacons du prix de 1 fr. 60 et 1 fr. ; port en sus.

**136.** — EAU DENTIFRICE HYGIÉNIQUE *du Dr Sylvius.* — Si l'on considère la composition des eaux dentifrices depuis que ce genre de produits existe, il est facile de voir que l'on a toujours cherché à réunir les deux conditions suivantes : nettoyer les dents et parfumer la bouche. Le nettoyage s'obtient au moyen de substances acides, telles que la crème de tartre ou l'alun, qui attaquent et détruisent le tartre, mais qui aussi n'épargnent pas l'émail, malgré sa plus grande résistance. Les parfums consistent en des essences fortes, généralement en trop grande quantité, et dont l'arôme masque plutôt qu'il ne détruit la mauvaise odeur de la bouche ; ces essences sont très irritantes, elles enflamment les gencives, provoquent le déchaussement et la chute des dents. Dans certaines eaux dentifrices, on se propose, en outre, d'agir sur les gencives ; dans ce cas, la préparation renferme des substances dites anti-scorbutiques, telles que le *Cresson*, le *Cochléaria*, etc., que l'on employait autrefois contre le scorbut. Or, il n'y a aucune similitude entre cette maladie, qui ne se développe guère que sur les vaisseaux, dans les villes assiégées, dans les armées, par le manque et la mauvaise qualité des aliments, avec l'inflammation des gencives causée par le manque de soins et les maladies de l'estomac et du foie ; appliquer ces substances irritantes sur des gencives déjà irritées, c'est mettre de l'huile sur du feu, et l'on ne fait ainsi qu'aggraver le mal quand il existe, et le développer quand il n'existe pas.

Il faut remarquer, en outre, que toutes les formules d'eaux dentifrices sont copiées les unes sur les autres avec seulement quelques modifications destinées à en changer le goût, l'odeur et l'aspect, mais toutes suivent les anciens errements tels que je viens de les indiquer. C'est pourquoi, après un certain temps, on est fatalement obligé d'y renoncer, car on finit toujours par s'apercevoir, mais bien souvent trop tard, du mal qu'elles causent.

L'*Eau Dentifrice Hygiénique du D*r *Sylvius* est composée d'après des principes tout différents. On en a exclu toute la substance acide quelle qu'elle soit, et le nettoyage s'opère au moyen des antiseptiques alcalins qui ne sont pas seulement inoffensifs, mais exercent encore une influence bienfaisante sur la substance dentaire parce qu'ils sont de mêmes nature et composition que celle-ci. Pour aromatiser la composition, on fait usage d'une essence jouissant d'un arome et d'un pouvoir antiseptique considérables, de façon à pouvoir ne l'employer qu'à dose très petite, et éviter ainsi les fortes doses d'essences, te.les qu'on les trouve dans les autres eaux dentifrices. De cette façon les dents et la bouche se trouvent parfaitement nettoyées et purifiées de tous germes ou microbes malfaisants, sans que les dents ni les gencives en souffrent le moins du monde.

Cette eau s'emploie de la même façon que les autres eaux dentifrices, il suffit d'en verser une petite quantité dans un verre ou un demi-verre d'eau, soit pour se rincer la bouche, soit pour en imprégner la *Brosse à dents* (59). Elle se vend à l'*Hygiène Moderne* (194) en flacons du prix de 5 fr. et demi-flacons du prix de 3 fr. Port en sus.

**137. — EAUX DISTILLÉES AROMATIQUES.** — On désigne sous ce nom les produits obtenus en chargeant l'eau ordinaire, au moyen de la distillation, des principes volatils contenus dans les plantes. On emploie principalement, en parfumerie, les eaux distillées d'*Amandes amères* (12), d'*Anis* (20), de *Cassie* (71), de *Citrons* (87), de *Fleurs d'Oranger* (249), de *Giroflée* (173), de *Lavande* (210), de *Lys* (220), de *Menthe* (230), de *Muguet* (235), d'*Œillets* (246), d'*Oranges* (249), de *Roses* (321). Nous les avons étudiées aux articles des plantes qui servent à les préparer.

Les eaux distillées ne se conservent pas très bien ; il faut les tenir au frais, à l'abri de la lumière, et se servir d'un cornet de papier, et non d'un bouchon, pour fermer les bouteilles qui les contiennent. Lorsqu'elles se troublent on les filtre, après y avoir ajouté, si l'on veut, quelques gouttes de vinaigre ou une pincée de *Borax* et d'*Alun*.

Elles sont fort sujettes à falsifications et il en existe de toutes qualités. Si on veut avoir des produits purs et de premier choix, c'est aux *Eaux distillées de l'Hygiène Moderne* (194) qu'il faut s'adresser.

**138. — EAUX PARFUMÉES.** — On peut faire dissoudre dans l'eau une plus grande quantité d'huile essentielle qu'au moyen de la distillation, à l'aide du *Sulforicinate d'Ammoniaque*. Pour cela, on chauffe cette substance avec un poids égal d'essence, dans un appareil cohabateur, et on ajoute le tout à la quantité d'eau tiède nécessaire. On peut ainsi faire dissoudre dans l'eau jusqu'à 20 p. 100 d'essence.

**139. — EAUX DE TOILETTE.** — Elles comprennent un très grand nombre de préparations excessivement variées et qui sont connues en parfumerie sous les noms de *Bouquets, Eaux, Eaux d'odeurs, Extraits, Essences, Infusions*, etc. Ces désignations n'ont absolument rien de scientifique et plusieurs mêmes sont employées à faux, en ce sens qu'elles sont appliquées à des produits qui n'ont rien de commun avec ce qu'elles signifient, ainsi que nous l'avons démontré aux articles *Essences* (149), *Extraits* (154), *Infusions* (196). C'est là encore une preuve nouvelle de l'ignorance avec laquelle on a créé la parfumerie, et dans laquelle elle vit encore.

Les Eaux de toilette sont le plus souvent de l'*Alcool parfumé* avec une ou plusieurs substances odorantes. Lorsqu'il n'y en a qu'une, elles sont dites *simples*, et nous les avons indiquées aux articles respectifs de la substance qui sert de parfums. Lorsqu'il y en a plusieurs, elles sont dites *composées*, et nous n'avons parlé aux articles particuliers de chaque substance, que de celles qui portent leur nom. Les autres portent des noms de fantaisie. Celles qui sont connues sous les épithètes de *Bouquets, Extraits, Infusions*, ont été décrites à ces articles.

Les eaux de toilettes composées portent surtout, comme noms de fantaisie, les suivants : *Eau Athénienne;* — *de Chypre;* — *Florida;* — *Eau d'Hébé;* — *Hongroise;* — *Impératrice;* — *de Laïs;* — *Pradal;* — *des Princes;* — *Printannière;* — *Romaine*, etc., etc.

Les formules et les préparations de toutes ces eaux sont trop compliquées pour pouvoir les préparer soi-même. Elles n'ont d'ailleurs pour base que la fantaisie de l'inventeur ou du fabricant. Si l'on veut des produits composés selon les règles de l'hygiène, il faut se servir de l'*Eau de Toilette de l'Hygiène Moderne* (194) ou de l'*Eau Hygiénique de Toilette du D<sup>r</sup> Sylvius* (141).

*Essence concentrée de l'Hygiène Moderne* (194) *pour Eau de Toilette.* — Ce produit sert à fabriquer soi-même instantanément une eau de toilette d'agréable odeur. Il suffit d'ajouter la dose contenue dans le flacon à 1 litre d'*Alcool à 80°*. Il se vend en flacon du prix de 2 fr. 50 ; 0.50 c. en sus par la poste.

**140.** — **EAU DE TOILETTE ATHÉNIENNE** *de l'Hygiène Moderne.* — Primitivement, l'*Eau Athénienne* était une préparation destinée à nettoyer la tête et, à cet effet, on y introduisait du *Carbonate de potasse*, substance caustique qui brûle les cheveux. Aujourd'hui on vend sous le même nom d'autres préparations de formules très variables, mais qui sont toutes constituées par de l'alcool presque pur, aromatisé avec des essences, et dont l'effet sur la chevelure n'est pas moins dévastateur. Pour éviter ces graves inconvénients, il faut se servir de l'*Eau Athénienne de l'Hygiène Moderne* (194), qui ne renferme aucune substance nuisible et nettoie parfaitement la tête et les cheveux. Elle se vend en flacons du prix de 1 fr. et 1 fr. 50. Port en sus.

**141.** — **EAU DE TOILETTE HYGIÉNIQUE** *du D<sup>r</sup> Sylvius.* — Il en est des Eaux de toilette ordinaire, comme des Eaux dentifrices ; tôt ou tard, il faut renoncer à leur usage, parce que l'on s'aperçoit qu'elles irritent la peau, développent des rougeurs, des boutons, et en altèrent le poli et la finesse. Ce sont en effet des préparations composées sans aucune espèce de discernement au point de vue de l'hygiène, et seulement pour plaire à l'odorat. Une eau de toilette véritablement digne de ce nom, ne doit pas seulement être agréable aux sens, elle doit aussi rendre la peau pure et saine sans l'irriter. Ces conditions ont été réalisées dans la préparation de l'*Eau de Toilette Hygiénique du D* Sylvius*, parce qu'elle a surtout pour base des antiseptiques alcalins qui nettoient la peau, et détruisent tous les microbes ou impuretés d'une manière parfaitement inoffensive. Elle s'emploie à la dose d'une ou deux cuillerées à café dans un demi-verre ou un verre d'eau, soit pour laver la peau, soit pour faire des injections de propreté. On la délivre à l'*Hygiène Moderne* (194) en flacons du prix de 3 fr.; port en sus.

**142. — ÉCOULEMENTS.** — Les écoulements d'humeur causent souvent auprès des parties qui en sont le siège, des rougeurs, cuissons, démangeaisons, éruptions, etc. On fait aisément disparaître celles-ci soit avec la *Poudre Hygiénique Alcalinoamylacée* (299), soit avec la *Crème Hygiénique Alcalinoamylacée* (110).

Les écoulements sexuels, chez la femme, nécessitent des injections soit avec la *Poudre Hygiénique alcalinoamylacée* (299), soit avec la *Poudre astringente au Krameria* (300), selon qu'il s'agit d'adoucir, de combattre une inflammation, de raffermir les parties malades, ou de combattre une affection virulente ou une perte de sang. Ces injections se prennent à l'aide de *Seringues* (335), *Injecteurs* (197), *Irrigateurs* (200), *Enémas* (145), *Clyso-pompes* (91) ou *Douches d'Esmarck* (127).

Les écoulements chez l'homme nécessitent souvent des injections ; celles-ci se prennent à l'aide de *Seringues en verre* ou *en cristal* (335). Il est prudent de porter un *Suspensoir* (351) afin d'éviter le développement d'une orchite. Enfin on préserve le linge des taches de l'écoulement, au moyen d'une *Poche à écoulement* (285).

Les écoulements des oreilles exigent ordinairement des injections ; celles-ci se pratiquent avec une seringue spéciale dite *Seringue à oreille* (335). On se sert aussi de *Coton hydrophile* (103) ou de *Coton rose* (103) pour obturer le conduit auditif ou y introduire des substances médicamenteuses.

**143**. — **ENCAUSTIQUE**. — Il est hygiénique d'encaustiquer les parquets et les meubles, parce que cela les préserve des poussières, des souillures, et assure leur conservation. A cet effet, on coupe de la *Cire jaune* en feuilles aussi minces que possible ou en très petits morceaux ; on l'humecte d'*Essence de Térébenthine*, et au bout d'une journée, la cire est assez molle pour que l'on puisse faire du tout une pâte homogène. Il ne serait pas prudent de faire fondre la cire sur le feu : les vapeurs de l'essence s'enflammeraient dans la plupart des cas. On peut d'ailleurs donner à l'encaustique telle consistance que l'on veut, en mettant plus ou moins de cire. On l'étend à l'aide d'un morceau d'étoffe, et on frotte ensuite avec de la laine jusqu'à ce que le bois soit bien sec.

**144**. — **ENÉMAS**, *Clysoirs*. — Ce sont des appareils en caoutchouc composés de deux tubes d'égale longueur réunis entre eux par une boule creuse en caoutchouc. L'un de ces tubes plonge par son extrémité libre dans un vase contenant du liquide ; l'autre, muni d'une canule appropriée, est introduit dans le rectum ou le conduit vaginal, selon qu'on veut faire un lavement ou une injection. Il suffit de presser et relâcher alternativement la boule médiane avec la main, pour faire sortir le liquide par la canule avec plus ou moins de force.

Les *Enémas de l'Hygiène Moderne* (194) se font :

1º En *Caoutchouc gris*, au prix de 4 fr. la pièce ;

2º En *Caoutchouc rouge* ou *noir*, au prix de 5 fr. ;

3º En *Caoutchouc verni, rouge* ou *noir*, au prix de 6 fr. ;

4º En *Caoutchouc et à jet continu*, au prix de 6 fr., et avec *Ecrin*, au prix de 8 fr. la pièce.

Port en sus pour ces divers appareils.

**145**. — **ENTONNOIRS**. — On trouve à l'*Hygiène Moderne* (194) des *Entonnoirs en verre* de toutes capacités. Ces appareils servent à filtrer ou à verser les liquides, et sont indispensables aux personnes qui veulent préparer elles-mêmes leur parfumerie ou faire leurs analyses d'urine. Les plus usités sont ceux de 125 gram. ; 250 gram. ; 500 gram. ; et 1000 gram. Ils se vendent respectivement 0.25, 0.30, 0.50, et 0.60 c. Port en sus.

**146**. — **ÉPINGLES DE SURETÉ**. — Les épingles ordinaires sont sujettes à se déplacer et leur pointe cause des piqûres à travers les vêtements et les objets de pansement. Avec les épingles de sûreté, on évite ces inconvénients ; la tige pointue se meut au moyen d'un ressort à l'extrémité d'une autre tige qui présente au bout opposé une agrafe permettant de tenir la pointe fixée et la met hors d'état de nuire. Elles s'emploient surtout pour les pansements et l'habillement des nourrissons. Lorsqu'elles sont de mauvaise qualité, elles se rouillent, tachent le linge et les étoffes, et s'usent promptement.

Les *Epingles de sûreté de l'Hygiène Moderne* (194) ne rouillent pas ; elles sont en acier nickelé, et se font :

1º A *Pointes visibles*, six grandeurs, au prix de 0.30 c. la boîte de douze ;

2º A *Pointes cachées se fermant par un seul côté*, au prix de 0.50 c. la boîte de douze ;

3º A *Pointes cachées se fermant des deux côtés*, au prix de 0.60 c. la douzaine.

**147**. — **ÉPONGES**. — Ce sont des agglomérations d'organismes vivants appartenant à la classe des Polypiers, et qui vivent au fond des mers, principalement dans la Méditerranée, le long des côtes de Syrie, dans l'Archipel Grec, etc. Elles se présentent sous la forme d'un amas de tissus fibreux formant des tubes ou cavités qui contiennent, à l'état frais, une substance gélatineuse, semi-fluide, douée d'une certaine sensibilité. A l'état sec, elles ont la propriété de se laisser imbiber d'eau, et c'est ce qui les fait utiliser pour les lavages domestiques, pour la toilette et pour l'usage chirurgical. Avant de les mettre en usage, on les fait tremper à plusieurs eaux pendant quelques jours, et on les presse à plusieurs reprises ; puis on les met tremper pendant vingt-quatre heures dans de l'Acide chlorhydrique étendu de 20 parties d'eau ; on les lave ensuite à plusieurs eaux, et on les plonge dans une solution d'Acide sulfureux pendant quelques jours, en ayant soin de les comprimer à la presse de temps à autre ; puis on les soumet à l'action d'un courant d'eau pure, pendant un jour, et on fait sécher. L'opération précédente doit se faire avec soin et précautions, sous peine de *brûler* l'éponge ; les éponges brûlées n'ont aucune durée, et il faut se garder de les acheter.

Parmi les diverses sortes commerciales, il faut rechercher, pour la toilette, celles qui ont une texture douce, fine, une couleur agréable ; celles qui ont des déchirures, de larges trous, à la racine principalement, font beaucoup moins d'usage que les autres. Après s'en être servi, il faut les rincer avec soin à plusieurs eaux. Si elles sont encrassées, on les lave avec de l'eau dans laquelle on a fait dissoudre des cristaux de soude. Si elles ont servi à quelque lavage pouvant les rendre malsaines, on les désinfecte au moyen du *Phénol* (274) ou du *Coaltar saponifié* (92) étendus d'eau.

Les *Eponges de l'Hygiène Moderne* (194) sont de qualité supérieure et comprennent :

1° Les *Eponges de Venise*, pour la toilette, qui se vendent de 1 à 6 fr. la pièce, selon la grosseur ;

2° Les *Eponges de Syrie*, pour pansements, depuis 0.50 c. la pièce ;

3° Les *Eponges mignonnettes*, dites *préservatifs* (304), au prix de 0.60 c. la pièce ; 6 fr. la boîte de 12.

4° Les *Eponges montées* sur rotin, fil de fer, ou baleine, pour badigeonner ou cautériser la gorge, aux prix de 0.20 c., 0.40 c. et 1 fr. ; par la poste 0.05 c. en sus.

**148**. — ESPRITS. — On appelle ainsi, en parfumerie, des produits obtenus en chargeant l'alcool d'un ou plusieurs parfums, soit par une macération à froid, soit par distillation. Ce sont donc, au point de vue scientifique, soit des teintures, soit des alcoolats. Nous les avons indiqués aux articles particuliers des substances dont ils portent le nom.

**149**. — ESSENCES, *Huiles essentielles*. — Ce sont des substances odorantes, presque toutes liquides, de nature huileuse, volatiles, ne se mêlant pas à l'eau, faciles à enflammer. C'est à elles que les plantes doivent presque toujours leurs odeurs spéciales, et elles y existent ordinairement toutes formées, mais peuvent aussi ne se développer que lorsqu'on mêle certaines substances végétales avec de l'eau, comme les amandes amères, par exemple, qui ne donnent leur odeur que lorsqu'on les triture avec celle-ci. Elles ont une composition variable, mais qui comprend en général deux éléments : un corps solide ou *Camphre*, qui se dépose assez souvent de lui-même, et une partie liquide ou *Huile*.

L'odeur des essences peut être agréable ou désagréable ; dans le premier cas, elles sont recherchées pour la parfumerie, et elles fournissent à cette industrie la majeure partie des parfums. Cette odeur augmente généralement avec le temps. Leur saveur est forte et aromatique, parfois âcre et brûlante. La plupart sont plus légères que l'eau. Elles ne s'y dissolvent qu'en très petite quantité et ne lui communiquent leur parfum qu'après un contact plus ou moins long, ou après distillation. Elles se dissolvent dans l'Alcool, l'Ether et dissolvent elles-mêmes les résines, les graisses, le soufre.

Les essences s'altèrent au contact de l'air et à la lumière ; elles se résinifient et s'acidifient. On doit donc les conserver à l'abri de l'air et de la lumière.

Les essences se trouvent généralement, pour une seule et même plante, dans une partie déterminée ; tantôt dans la fleur, tantôt dans la graine, d'autres fois dans les feuilles, le bois, la racine, l'écorce.

Au point de vue de leurs effets sur le corps humain, on doit les considérer comme généralement nuisibles, à doses élevées, ou lorsque leur action est permanente et prolongée. Appliquées sur la peau, elles l'irritent, y causent de la rougeur, de la chaleur, de la démangeaison, et peuvent, par un contact prolongé, y produire des ampoules, comme le vésicatoire, ou des éruptions vésiculeuses, pustuleuses, et enfin causer des escharres et détruire les tissus, à la manière d'un caustique. Leur action sur les muqueuses, sur l'œil, la langue, par exemple, est encore plus vive. Les émanations des essences, lorsqu'elles pénètrent dans les voies respiratoires, sont absorbées, passent dans le sang et sont éliminées par la sueur et par les urines, c'est ce qu'il est facile de remarquer, lorsqu'on a respiré un air chargé de vapeurs d'essence de Térébenthine ; les vapeurs d'essences, ainsi introduites dans la masse du sang, agissent d'une façon nuisible sur les globules rouges, elles les altèrent, puis les détruisent et empêchent ainsi l'oxygénation du sang ; elles conduisent à l'anémie et pourraient même causer l'asphyxie et la mort, si elles étaient trop abondantes. Elles sont toutes plus ou moins vénéneuses, et plusieurs sont d'énergiques poisons. Introduites dans les voies digestives, elles y causent une vive irritation, et peuvent entraîner la mort, même à dose peu élevée.

En résumé, les essences ont sur les organismes animaux une action nuisible et destructive, et c'est à cause de cela qu'elles sont employées depuis la plus haute antiquité, pour assainir, purifier, préserver des maladies. Elles détruisent, en effet, les germes, les microbes, agents ordinaires des maladies infectieuses ; elles font périr les insectes ou les éloignent.

Mais il ne faut pas oublier que cette action destructive sur les ennemis de l'homme, a lieu aussi sur l'homme lui-même, et que par conséquent elle ne doit s'exercer sur lui que dans certaines limites. Or, toutes les essences n'ont pas à beaucoup près le même pouvoir destructeur ; quelques-unes sont presque inoffensives, mais, d'autres ont un effet antiseptique aussi puissant que les poisons minéraux les plus actifs, et sont des poisons violents pour l'homme et les animaux. Il est donc indispensable, lorsque l'on veut faire servir les essences soit à l'agrément de la toilette, soit à l'hygiène et à la santé, de connaître parfaitement leurs propriétés et leurs actions sur le corps humain, et de ne pas se laisser guider uniquement par le caprice ou la fantaisie : c'est cependant ainsi que sont fabriqués les articles de parfumerie : les personnes qui se livrent à cette industrie, ne possédant généralement que des connaissances nulles ou très bornées en fait de médecine et d'hygiène, n'ont pour se guider que les traditions de la mode ou du passé, et agissent en aveugles. De plus, on fabrique aujourd'hui industriellement, un grand nombre d'*Essences artificielles*. Ces produits sont encore plus malfaisants que les essences naturelles, et pourtant on les emploie de préférence, parce que leur prix est beaucoup moins élevé et qu'il est difficile de les distinguer. Enfin, il n'est peut être pas de produits qui soient plus falsifiés que les essences, et dont la fraude soit plus difficile à reconnaître ; aussi les falsificateurs se donnent-ils libre carrière ; ils sont légion et la loi est sans force contre eux. Quelle garantie le consommateur a-t-il donc ? Aucune. Il ignore ce qu'il étale sur son visage, sur ses mains, sur ses cheveux ; il ne sait pas si les odeurs qu'il respire sont saines ou frelatées, ni si ce sont des poisons. De là l'indispensable nécessité de ne se servir que de produits émanant d'une source sûre.

En parfumerie, on se sert aussi du mot *Essences*

pour désigner des mélanges d'odeurs qui n'ont rien de commun avec les essences véritables, et peuvent renfermer des substances toutes différentes. Ce mot, détourné ainsi de son acception véritable, est une nouvelle preuve de l'ignorance scientifique que je signalais tout à l'heure.

En voici deux exemples :

*Essence de la Vallière*.— On distille dans un alambic avec 12 litres d'eau : *Fleurs d'Orangers*, 375 gram.; *Roses muscades*, 500 gram.; *Cannelle*, 24 gram. ; *Girofles* 8 gram. On retire 6 litres de produit, et on ajoute : *Esprit de Jasmin*, 6 litres. On colore en rouge avec du *Carmin*, on filtre, et on ajoute ; *Essence de Limette*, — de Portugal, 8 gram. de chaque.

*Essence Royale*. — On triture ensemble : *Ambre gris*, 12 gram.; *Musc*, 12 gram.; *Civette*, 5 gram.; *Carbonate de potasse*, 6 gram. On ajoute : *Alcool à 85°*; 860 gram. ; *Essence de Roses, Bois de Rhodes en poudre, Cannelle en poudre*, 2 gram. de chaque; *Fleurs d'oranger*, 3 gram. On laisse macérer pendant trente jours, en agitant de temps à autre, puis on filtre. Pour le mouchoir.

Il est aisé de voir que ces produits ne sont pas des essences dans l'acception scientifique du mot.

**150**. — ESSENCES DE L'HYGIÈNE MODERNE (194). — Ce sont des essences ou huiles essentielles véritables, naturelles, de premier choix, auxquelles il faut donner la préférence si l'on ne veut pas s'exposer à tomber sur des produits falsifiés ou de mauvaise qualité, et nous avons vu qu'il n'y a pas de substances plus souvent altérées et dont il soit plus difficile de reconnaître la qualité. Il faut donc une marque dans laquelle on puisse avoir toute confiance, comme celle de l'*Hygiène Moderne* (194). Chacune de ces essences a été indiquée à l'article dont elle porte le nom, avec son prix.

**151**. — ESSENCES COMPOSÉES DE L'HYGIÈNE MODERNE. — Ce sont des mélanges préparés à l'avance et qui servent à composer, d'une façon rapide, commode et économique, divers produits que l'on ne pourrait fabriquer soi-même autrement, et en particulier l'*Eau de Cologne* (131), l'*Eau dentifrice* (295), l'*Eau de Lavande* (210), l'*Eau de Quinine* (309), l'*Eau de Toilette* (139), le *Vinaigre de Toilette* (380). Ces essences concentrées sont indiquées avec leurs prix aux articles qui les concernent.

**152.** — ESSENCE OLFACTIVE *du D^r Sylvius.* — Les parfums pour le mouchoirs, tels qu'extraits, bouquets, essences, etc., ne sont pas recommandables au point de vue de l'hygiène, parce que la plupart d'entre eux renferment des essences ou des produits chimiques, dont l'odeur peut être très agréable, mais qui sont en réalité fort dangereux à respirer; parce que ce sont de véritables poisons : voyez *Essences* (149). C'est pourquoi beaucoup de personnes ne peuvent les supporter, car elles occasionnent des migraines, des maux de tête, des malaises nerveux pouvant aller jusqu'à la syncope, et de l'anémie dans tous les cas. Il faut donc que les substances odorantes qui composent ces parfums soient choisies avec discernement et en parfaite connaissance de cause, parmi celles qui ne peuvent causer aucun dommage à la santé, tout en présentant une odeur agréable. C'est ce qui a été fait pour l'*Essence Olfactive du D^r Sylvius*, que l'on peut, sans inconvénients, employer pour parfumer les mouchoirs, le linge, les vêtements; cette préparation n'est pas seulement agréable pour l'odorat, elle jouit encore de propriétés antiseptiques très énergiques, et préserve efficacement des miasmes et des maladies contagieuses. Elle se vend à l'*Hygiène Moderne* (194) au prix de 5 fr. le flacon; port en sus.

**153.** — ETHERS. — Ce sont des produits obtenus en distillant un acide avec de l'alcool. Le plus connu est l'*Ether sulfurique*, employé en médecine comme calmant, et en parfumerie pour extraire certains principes odorants, à cause de la propriété qu'il a de dissoudre les essences et les graisses. On emploie au même usage l'*Ether de Pétrole*.

D'autres éthers, tels que l'*Ether Acétique*, l'*Ether Azoteux*, l'*Ether Benzoïque*, l'*Ether Butyrique*, l'*Ether Formique*, l'*Ether Sébacique*, l'*Ether Valérique*, etc., sont employés comme parfums, et principalement pour fabriquer des *Essences de fruits artificielles* imitant l'odeur de l'ananas, de la pomme, de la poire, de la fraise, de la framboise, etc., usités soit en parfumerie, pour la fabrication des savons à bas prix principalement, soit dans la confiserie ou la liquoristerie. Ces produits chimiques sont généralement toxiques et malfaisants.

**154.** — **EXTRAITS.** — On appelle ainsi, en parfumerie, des mélanges d'odeurs qui n'ont aucun rapport avec les extraits véritables, tels qu'on les prépare en pharmacie. C'est encore là une fausse désignation, d'autant plus que ces produits sont pour la plupart de simples mélanges d'odeurs, et ne sont pas du tout extraits de quoi que ce soit. J'ai indiqué la plupart d'entre eux à l'article des substances dont ils portent le nom. Pour les autres, voici les principales désignations :

*Extrait de Bouquet de Chantilly*; — *de Chypre*; — *de Jockey-Club*; — *de Millefleurs*; — *de Mousseline*; — *des Odalisques*; — *de Noblesse*; — *à la Maréchale*; — *Louisiana-Garden*, etc., etc.

*Extraits de l'Hygiène Moderne* (194). — Les extraits d'odeur du commerce sont souvent des articles de mauvaise qualité et si quelque chose peut sembler surprenant, c'est qu'il se trouve toujours des acheteurs pour des parfums qui n'en ont guère que le nom, et sont plutôt désagréables à l'odorat. Les *Extraits de l'Hygiène Moderne* sont des produits de qualité supérieure; on peut s'en servir, soit pour le mouchoir, soit pour parfumer des pommades, de la glycérine, des poudres, des sachets, etc., auxquels il suffit de les mélanger en quantité plus ou moins forte, selon le goût de chacun. Pour la pommade, il faut les ajouter un peu avant que celle-ci soit complètement refroidie et mélanger exactement. J'ai indiqué chacun de ces extraits en particulier aux articles dont ils portent les noms.

**155. — FARDS.** — Ce sont des substances destinées à colorer la peau, soit en blanc, soit en rouge, soit quelquefois en bleu.

*Fards blancs.* — Ils sont presque tous préparés avec des substances nuisibles, principalement le *Carbonate de plomb* ou *Céruse* (77), le *Sulfate de Baryte*, qui sont de véritables poisons. D'autres contiennent de l'*Oxyde de Zinc*, du *Sous-Nitrate de Bismuth*, substances astringentes qui ont l'inconvénient de rendre la peau dure et rugueuse, et peuvent y causer des rougeurs et de l'inflammation. Le mieux est de se servir de la *Poudre Hygiénique Alcalinoamylacée* (299) qui non-seulement est inoffensive, mais jouit encore de propriétés salutaires pour la peau, qu'elle adoucit et préserve des acidités de la sueur.

*Fards rouges.* — Ils se présentent sous forme de Poudres, de Pommades, de Pâtes, et de Vinaigres, de teintes plus ou moins foncées. Comme substance colorante, en emploie le *Carmin* (67), le *Carthame* (68), l'*Alloxane* (10), et le *Cinabre* ou *Sulfure rouge de Mercure* (231), ce dernier très dangereux.

On les étend, soit à l'aide du doigt, soit à l'aide d'un tampon d'ouate, soit au moyen de *Crépons*, qui sont des nouets de gaze imprégnés de rouge, ou de *Tampons à rouge* qui sont des crépons pourvus de manches.

Les *Fards liquides* et les *Vinaigres de Fards* sont généralement nuisibles, parce qu'ils contiennent des substances irritantes, telles que : la *Crème de tartre* (111), l'*Alun* (11), l'*Acide oxalique*, le *Vinaigre*, etc. Voyez Vinaigres (380).

*Fards bleus.* — Ce sont des crayons de *Craie* et de

*Gomme arabique* colorés en bleu au moyen de *l'Oxyde de Cobalt* ou du *Cyanure de fer*. Ils servent à imiter les veines sur la peau fardée de blanc.

Nous avons donné aux articles *Alloxane, Bismuth, Carmin, Carthame, Vinaigres*, la composition des principaux fards. Beaucoup de ces préparations étant nuisibles, mieux vaut s'abstenir de celles que l'on ne connaît pas et employer une marque connue.

*Fards de l'Hygiène Moderne* (194). — Ces produits peuvent être employés en toute sécurité. Ils ne renferment aucune substance capable de nuire et, à ce titre, méritent la préférence sur ceux dont on ignore la composition.

Ils comprennent :

1° Le *Fard blanc* en pots ou en boîtes, du prix de 0,50 c. ;

2° Le *Blanc de Perles liquide*, au prix de 1 fr. le flacon;

3° Le *Fard bleu* pour les veines, en crayon, du prix de 0,50 c. ;

4° Le *Fard rouge* en poudre ou en pots, au prix de 0,50 c. ;

5° Le *Rouge pour les lèvres*, au prix de 0,50 c. ;

6° Le *Rouge liquide*, au prix de 1 fr. le flacon ;

7° Le *Fard noir* en bâtons, pour les cils et les sourcils, au prix de 0,50 c.

On trouve aussi à l'*Hygiène Moderne* (194) les tampons, brosses, pattes, etc., nécessaires pour l'usage de la plupart de ces produits.

**156.** — FARINES. — On prépare en parfumerie quelques produits de ce nom, destinés principalement à accompagner le lavage des mains. Voyez *Amandes*, (12), *Pistaches* (282).

**157.** — FENOUIL. — Plante de la famille des Ombellifères, originaire des bords de la Méditerranée, et cultivée en France, dans l'Inde et en Chine. On retire des semences une huile essentielle qui, mêlée à d'autres essences, sert à parfumer les savons.

**158.— FÈVE TONKA.**— C'est la semence d'un arbre de la famille des Légumineuses, qui croît à Cayenne. Elle est de la grosseur d'une fève, noire en dessus, blanche en dedans, et répand une odeur suave de Vanille et de Mélilot, due à la *Coumarine* (105) qu'elle renferme. On s'en sert en parfumerie et pour aromatiser le tabac à priser. Les *Fèves Tonka de l'Hygiène Moderne* (194) se vendent à raison de 0.50 c. les 10 gram. ; 1 fr. 50 les 125 gram.

*Huile de Tonka.* — On fait macérer pendant plusieurs semaines, 500 gram. de *Fèves Tonka concassées*, et suspendues dans un petit sac, au milieu de 2 kilogr. d'*Huile d'Amandes.*

*Crème de Tonka.* — On met 500 gram. de *Fèves Tonka*, pilées finement, dans 4 kilog. de *graisse* fondue ; on laisse pendant huit jours, en remuant de temps à autre, puis on passe au travers d'un linge. Le résidu peut servir encore.

**159.** — **FIXATEUR HYGIÉNIQUE** du Dr *Sylvius.* — Les Bandolines ordinaires se conservent mal ; elles sont sujettes à s'aigrir, et dans cet état elles altèrent la chevelure ; en outre, on les parfume assez ordinairement avec des essences de mauvaise qualité. C'est pour remédier à ces inconvénients, que le *Fixateur Hygiénique du Dr Sylvius*, a été composé. Il se conserve parfaitement, et a pour bases des antiseptiques alcalins qui fortifient les cheveux et le cuir chevelu et les préservent des maladies parasitaires et des pellicules. Il se vend à l'*Hygiène Moderne* (194) en flacons du prix de 3 fr. ; port en sus.

**160.** — **FLACONS EN ÉTUIS.** — On trouve à l'*Hygiène Moderne* (194) les modèles suivants :

1° *Flacons à sels et à odeurs.* — Ce sont des flacons en cristal taillé bouchés à l'émeri, de forme haute ou basse, plate ou ronde, renfermés dans des *Étuis* de maroquin, de cuir ou de peau, de modèles aussi élégants que variés. Les prix varient entre 1 et 4 fr. la pièce, non garnis ; par la poste 0.20 c. en sus.

2° *Flacons à alcali.* — Ce sont des flacons de verre cylindriques contenus dans des étuis en buis, à couvercle à vis ; ces flacons sont bouchés à l'émeri, et le bouchon du flacon se termine par une tige de verre qui plonge dans le liquide et à l'aide de laquelle il est facile de faire une cautérisation. Il est bon d'avoir sur soi un de ces flacons lorsque l'on part à la chasse, en voyage ou à la campagne, afin de remédier promptement aux piqûres d'insectes, de vipères ou autres animaux venimeux. La contenance varie entre 4 et 20 gram., et le prix est entre 0.75 c. et 1 fr. 50 ; 0.15 c. en sus par la poste.

3° *Flacons bouchés en étuis.* — Ce sont des flacons sans tiges de verre, et dans lesquels on peut mettre tout liquide médicamenteux ou autre que l'on désire porter sur soi ou tenir à l'abri de la lumière ; à cet effet ils sont, comme les précédents, renfermés dans des étuis en buis. La contenance varie entre 15 et 45 gram., et le prix entre 1 fr. 20 et 2 fr. 10 ; par la poste, de 0.15 à 0.30 en sus.

Ces flacons se font aussi à *large ouverture* pour substances en poudre ou en morceaux ; la contenance varie entre 15 et 45 gram., et le prix entre 1 fr. 20 et 2 fr. 40 ; par la poste, de 0.15 à 0,30 c. en sus.

**161**. — **FLEURS**. — Les fleurs, lorsqu'elles ont une odeur agréable, sont utilisées pour la fabrication des parfums, à la condition de fournir une récolte suffisante et de n'avoir pas une durée trop éphémère. Elles doivent presque toujours leur odeur à une *Huile essentielle* ou *Essence* (149) fabriquée dans de petites glandes situées à la base des ovaires, et qui disparaît plus ou moins vite après la dessication. Aussi prend-on les fleurs à l'état frais pour en extraire le parfum. Pour faire cette opération, on peut faire digérer les fleurs, soigneusement mondées, soit dans de la *Graisse* fondue, soit dans de l'*Huile*, et ce, à plusieurs reprises, jusqu'à ce que ces véhicules soient suffisamment imprégnés du parfum ; c'est ce qu'on appelle l'*Enfleurage*. On peut aussi se servir de *Vaseline* ou de *Paraffine*, substances moins altérables que les corps gras. D'autres fois on enlève le parfum par une macération à froid dans l'*Alcool*, l'*Ether*, le *Chloroforme*, la *Glycérine*, et autres dissolvants des essences, ou encore par la *Distillation* dans l'alcool ou dans l'eau. Un procédé plus récent consiste à faire traverser les fleurs fraîches par un courant d'air qui se charge ainsi des principes odorants. Cet air passe ensuite à travers de la graisse fondue qui retient à son tour les parfums.

Certaines fleurs peuvent se conserver en nature parce qu'elles gardent longtemps leur parfum, les fleurs de Lavande, de Roses, par exemple.

**162. — FOIN COUPÉ.** — Le foin fraîchement coupé, de bonne qualité, exhale une odeur agréable due à la présence d'une graminée, la *Flouve* odorante qui, comme le *Mélilot* (228), la *Fève Tonka* (158) et d'autres substances végétales, renferme la *Coumarine* (105). On imite cette odeur en parfumerie.

*Extrait de Foin coupé de l'Hygiène Moderne* (194). — Il sert d'odeur pour le mouchoir, et aussi à parfumer des pommades, des philocomes, des poudres, de la glycérine, etc. On le vend en flacons du prix de 1 fr. 50; 0.50 c. en sus par la poste.

**163. — FRANGIPANE.** — On désigne sous ce nom une odeur agréable obtenue au moyen d'un mélange de divers parfums. Une odeur analogue existant dans des plantes du genre *Plumeria* de la famille des Apocynées, qui croissent aux Antilles, et sont très vénéneuses, on a pu croire que la Frangipane en était originaire, mais à tort, car les fleurs de ces plantes ne sont pas utilisées, et le parfum dont il s'agit est une composition artificielle de l'invention d'un Italien nommé Frangipanni. Les produits à la Frangipane, tels que l'extrait, la poudre, etc., sont d'une composition trop compliquée pour que l'on puisse les préparer soi-même.

L'*Extrait de Frangipane de l'Hygiène Moderne* (194) se vend à raison de 1 fr. 50 le flacon, et peut servir pour la toilette, le mouchoir, ou pour aromatiser des huiles, des pommades, de la glycérine, etc.

La *Poudre à la Frangipane de l'Hygiène Moderne* (194) se vend à raison de 1 fr. 50 les 30 gram., 4 fr. 50 les 125 gram.

**164**. — **FRICTIONS**, *Action de frotter*. — Les frictions que l'on exerce sur la peau peuvent avoir pour but de nettoyer celle-ci, comme celles que l'on fait sur le cuir chevelu pour enlever la malpropreté et les pellicules; ou bien encore d'exciter, de ramener la chaleur en un point donné, ou enfin de produire une révulsion, c'est-à-dire un certain degré d'irritation qui procure une diversion capable de détourner un mal situé dans le voisinage. Les frictions peuvent être sèches ou liquides. Dans le premier cas, il suffit de frotter la partie avec un morceau de laine ou de flanelle, une *Brosse à frictions* (59), un *Gant à frictions* (166), une *Lanière à frictions* (208). Dans le second, on humecte ces objets d'un liquide stimulant, ordinairement à base d'alcool et aromatisé avec des essences ou additionné de substances stimulantes, comme l'ammoniaque, la térébenthine, etc. On emploie beaucoup pour cet usage l'Eau de Cologne ordinaire, mais ses propriétés hygiéniques et révulsives sont bien faibles; c'est plutôt un produit d'agrément. Lorsqu'on veut fortifier par la friction, une partie quelconque, ou produire une révulsion capable de faire cesser quelque douleur nerveuse ou rhumatismale, il faut se servir de l'*Eau de Cologne Ammoniacale du D$^r$ Sylvius* (133), qui est composée spécialement pour cet emploi et jouit d'une plus grande efficacité que les Eaux de Cologne du commerce, à cause de l'adjonction de plusieurs principes indispensables qui ne se trouvent pas dans celles ci.

**165**. — **GANTS COSMETIQUES**. — On employait souvent autrefois, pour adoucir la peau des mains, surtout en cas de gerçures, d'engelures, des gants enduits à l'intérieur de diverses sortes de pommades parfumées, et qui, par cela même, donnaient un résultat tout opposé à celui qu'on attendait. Il n'en serait pas de même en se servant de la *Crème Hygiénique Alcali-noamylacée* (110) qui, étendue sur les doigts et les mains pendant la durée de la nuit, rend la peau blanche, souple et douce, fait disparaître les rougeurs, les crevasses, et les engelures. On peut aussi, dans le même but, et avec le même succès, saupoudrer l'intérieur des gants avec la *Poudre Hygiénique Alcalinoamylacée* (299) qui jouit des mêmes vertus.

**166. — GANTS A FRICTIONS.** — Ces gants sont d'un usage fort commode pour faire des frictions sèches principalement, et demandent à être fabriqués d'une façon spéciale pour pouvoir remplir leur mission qui est d'exercer par eux-mêmes une certaine révulsion sur la peau. Les *Gants à friction de l'Hygiène Moderne* (194) remplissent ce but spécial et se fabriquent :

1° En *Crin tricoté*, noir ou blanc, au prix de 1 fr. 25 la pièce ;

2° En *Crin au crochet*, trois épaisseurs, aux prix respectifs de 1 fr. 50, 2 fr. et 2 fr. 50 la pièce ;

3° En *Crin tissé*, monté sur toile, au prix de 2 fr. la pièce ;

4° En *Crin monté sur éponge*, au prix de 2 fr. la pièce ;

5° En *Flanelle*, au prix de 1 fr. 75 la pièce.

Port en sus pour tous ces articles.

Voyez *Brosses* (59), *Lanières* (208).

**167. — GARDE-LAITS.** — Ce sont de petits appareils destinés à empêcher le lait de salir la chemise ou les vêtements, lorsqu'il coule de lui-même au dehors, soit après l'accouchement, soit pendant l'allaitement, soit pendant le sevrage.

Les *Garde-laits de l'Hygiène Moderne* (194) se font :

1º En *Verre*, au prix de 0.50 c. la pièce ;

2º En *Caoutchouc moulé* ou en *Caoutchouc durci*, au prix de 1 fr. ;

3º En *Gomme noire*, au prix de 1 fr. 50. Port en sus pour tous ces articles.

**168**. — **GAULTHERIA PROCUMBENS**, *Wintergreen*. — Plante de la famille des Ericacées, qui croît dans l'Amérique et dont les feuilles et la tige produisent, lorsqu'on les écrase, une huile essentielle d'odeur forte et agréable. On la retire par distillation et elle s'emploie, soit comme médicament, soit pour parfumer, les savons principalement. On la fabrique aussi artificiellement ; elle est constituée chimiquement, presque en totalité par du *Salicylate deMéthyle*.

On fabrique aussi, en parfumerie, sous ce nom, des produits composés qui n'en renferment aucune trace, celui-ci par exemple :

*Extrait de Gaulthérie, Extrait de Wintergreen*. — *Essence d'Ambre*, — *de Lavande*, — *de Vanille*, — *de Vétiver*, 0.50 centil. de chaque. ; — de *Cassie*, 1 lit. ; — de *Fleurs d'Oranger*, 1 lit.

*Extrait de Wintergreen de* "*l'Hygiène Moderne* (194). — Cet extrait peut servir pour le mouchoir ou la toilette, et aussi à parfumer divers produits ; voyez *Extraits* (154). Il se vend à raison de 1 fr. 50 le flacon.

**169**. — **GENCIVES**. — L'état des dents est subordonné à celui des gencives. Lorsque celles-ci s'enflamment, les dents peuvent se déchausser et tomber. Mais l'inflammation des gencives, même sans être bien vive, s'accompagne ordinairement d'une acidité des liquides de la bouche, qui amène la carie des dents. De plus, elle rend l'haleine fétide. Cette inflammation peut être causée par le défaut de soins et la malpropreté, ou par l'usage de certains médicaments, l'absorption de certains poisons, comme le plomb, le mercure, mais dans l'immense majorité des cas, il provient d'une inflammation de l'estomac, qui, de cet organe, s'est étendue jusqu'à la cavité buccale, et dont il faut chercher la cause dans une mauvaise hygiène alimentaire : usage ou abus des fruits, des boissons acides, fermentées, des épices, etc. Ce sujet a été traité avec les plus grands détails dans le manuel *La Médecine Nouvelle* (227) du D<sup>r</sup> O. Dubois, qui indique aussi la seule manière efficace pour guérir ces affections et les prévenir.

Nous ne devons envisager ici la question d'hygiène des gencives que sous le rapport des soins de la propreté, et nous devons constater d'abord que ceux-ci sont en général fort mal compris, et consistent le plus souvent en des pratiques pernicieuses. J'ai signalé aux articles *Dentifrices* (120), *Eaux Dentifrices* (295), *Pâtes Dentifrices* (265), *Poudres Dentifrices* (295), la mauvaise composition de la plupart de ces produits, qui, renfermant des substances acides ou trop fortement aromatiques, irritent les gencives, y développent où y entretiennent de l'inflammation, et, par suite, y amènent la carie et la chute des dents. Lorsque les gencives sont malades, il ne faut employer d'autre dentifrice que la *Poudre Dentifrice savonneuse* (298), qui est le dentifrice normal, et dans les autres circonstances, les *Dentifrices du D<sup>r</sup> Sylvius* (297), (264) et (136), qui sont les seules préparations de ce genre véritablement hygiéniques, parce qu'elles sont composées d'une manière scientifique, ou encore les *Dentifrices de l'Hygiène Moderne*.

Une autre précaution à observer, c'est de ne pas se servir de brosses trop dures ; lorsque les gencives sont sensibles ou enflammées, une brosse molle est de rigueur ; voyez *Brosses* (59).

Ce sont les gencives qui fabriquent le tartre qui s'accumule parfois en excès autour des dents, surtout lorsque les gencives sont enflammées, la sécrétion du tartre, lorsqu'elle est modérée, constitue une fonction naturelle ; cette substance, en effet, sert à consolider les dents et les protège dans une certaine mesure, et il peut arriver, si on abuse des nettoyages, et qu'on les pratique sans discernement, que les gencives se déchaussent et que les dents tombent. Ce qu'il faut éviter, c'est de laisser le tartre s'accumuler en excès, pour n'avoir pas ensuite à l'enlever de force; pour cela, il suffit de ne pas rester trop longtemps sans nettoyer les dents, et de se servir de dentifrices convenables, tels que ceux que j'ai indiqués plus haut.

Lorsque l'inflammation a ramolli et déchaussé les gencives, qu'elles sont molles et saignantes, on conseille généralement l'emploi de dentifrices composés de substances astringentes ou de prétendus antiscorbutiques, tels que le *Cresson* (112), le *Cochlearia*, etc., sous prétexte de les *raffermir*. C'est le plus sûr moyen, au contraire, d'aggraver leur état, car toutes ces substances ne font qu'augmenter l'inflammation, parce qu'elles sont irritantes. Il faut, en pareil cas, faire ce qui est indiqué à l'article *Gingivite*, dans le manuel *La Médecine Nouvelle* (227) par le D<sup>r</sup> O. Dubois, et n'employer aucun autre dentifrice que la *Poudre Dentifrice savonneuse* (298); cette préparation neutralise les acides de la bouche, fait cesser promptement l'inflammation, et celle-ci ayant disparu, les dents reprennent d'elles-mêmes leur consistance et leur aspect normal.

Il faut aussi éviter de piquer, blesser ou irriter les gencives, à l'aide des *Cure-dents*; car les malpropretés peuvent ainsi s'introduire dans le tissu de la gencive et y déterminer des inflammations et des abcès.

Lorsque les gencives sont irritées ou enflammées par suite de la présence d'une portion de dent cariée, il faut faire limer ou arracher celle-ci.

Les frictions que l'on pratique sur les gencives des nourrissons, pendant la dentition, ont leur utilité pour calmer la vive démangeaison dont elles sont le siège alors, et pour faciliter le percement des dents; mais la substance dont on se sert n'a aucune importance, c'est la friction elle-même qui agit; aussi, vaut-il mieux généralement recourir aux *Anneaux de dentition* (22).

Si les gencives présentent des excroissances, il faut détruire celles-ci avec le *Nitrate d'argent*, ou les faire couper.

Voyez *Haleine fétide* (187).

**170. — GENOUILLÈRES.** — Ce sont des appareils destinés à comprimer et exercer sur le genou une pression modérée, soit en cas de varices, soit en cas de relâchement des téguments de la jointure, après une hydarthrose ou un rhumatisme articulaire, par exemple, soit enfin en cas de mobilité de la rotule, après fracture ou luxation. Ces appareils demandent les mêmes soins de fabrication et exigent les mêmes qualités que les *Bas à varices* (36). Les *Genouillères de l'Hygiène Moderne* (194) se font :

1º En *Tissu élastique*, depuis 3 fr. jusqu'à 5 fr. 50, selon nature et qualité ;

2º En *Coutil*, lacés, à 5 fr. ;

3º En *Peau de chèvre*, à 8 fr. ;

Port en sus.

Ces deux dernières sories s'emploient lorsqu'il y a quelque pansement à faire sur la partie, ou que l'on veut varier la compression. Si les genouillères doivent monter plus ou moins haut sur la cuisse, les prix subissent une augmentation proportionnelle à l'étendue de la surface à recouvrir.

**171. — GÉRANIUM.** — La plupart des plantes de la famille des Géraniacées renferment une huile essentielle abondante dont l'odeur rappelle celle de l'essence de Roses, qu'elle sert d'ailleurs à falsifier, à cause du prix très élevé de cette dernière. On cultive en grand, à cet effet, le *Pelargonium odoratissimum*, surtout, vulgairement *Géranium Rosat*, en France, en Turquie, en Algérie, et dont les feuilles fournissent, par distillation, l'*Essence de Géranium*. C'est un liquide incolore ou peu coloré, que l'on falsifie souvent à son tour. Elle est très usitée en parfumerie.

L'*Essence de Géranium Rosat de l'Hygiène Moderne* (194) se vend à raison de 0.25 c. le gram. ; 2 fr. les 10 gram. ; 5 fr. 50 les 30 gram.

*Vinaigre au Géranium.* — On mêle ensemble : *Alcool à 85°,* 2 lit. ; *Essence de Géranium,* 30 gram. ; *Teinture de Benjoin,* 5 gram. ; *Vinaigre de bois,* 100 gram. On filtre au bout de 48 heures.

*Philocome au Géranium.* — *Axonge,* 500 gram. ; *Huile d'Œillette,* 500 gram. ; *Essence de Géranium,* 10 gram.

*Extrait de Géranium de l'Hygiène Moderne* (194). — Il s'emploie soit pour le mouchoir, soit pour parfumer des pommades, de la glycérine, etc. Il se vend à raison de 1 fr. 50 le flacon ; 0.50 c. en sus par la poste.

**172.** — **GINGEMBRE.** — C'est la tige souterraine du rizhôme d'une plante de la famille des Amomées, qui croît en Amérique et dans les Indes Orientales. Elle a une odeur aromatique camphrée due à une huile essentielle que l'on extrait par distillation et qui s'emploie surtout dans la fabrication des liqueurs. Le gingembre entre dans la composition de quelques articles de parfumerie.

Le *Gingembre de l'Hygiène Moderne* (194) se vend à raison de 0.15 c. les 30 gram. ; 0.45 c. les 125 gram.

**173.** — **GIROFLÉE.** — Les fleurs de la *Giroflée jaune,* plante de la famille des Crucifères, exhalent un parfum agréable ; on en fait une *Pommade à la Giroflée* en les mettant digérer dans la graisse. On prépare de même de l'*Huile à la Giroflée.*

*Eau distillée de Giroflée jaune.* — Se prépare comme celle de *Roses* (321).

*Extrait de Giroflée.* — On le prépare en reprenant la pommade par l'Alcool.

*Extrait de Giroflée jaune.* — Cet agréable parfum sert pour le mouchoir, la toilette et pour aromatiser des pommades, des huiles, de la glycérine, des poudres, etc. Il se vend en flacons du prix de 1 fr. 50 ; par la poste 0,50 c.

**174.— GIROFLÉE.—** Les *Clous de Girofles* sont les fleurs non développées et desséchées du *Giroflier*, arbuste qui croit dans les Indes et sur les côtes de l'Afrique orientale. Ils renferment une huile essentielle d'odeur forte que l'on recueille par distillation, et qui s'emploie en parfumerie dans la confection des bouquets, extraits et autres parfums de mouchoirs. Elle s'emploie aussi à la dose d'une goutte sur un peu d'ouate, pour cautériser les caries dentaires. Les clous de Girofles entrent dans la composition de plusieurs *Dentifrices* (120), auxquels ils communiquent d'ailleurs des propriétés fort irritantes.

*Vinaigre au Girofle.* — On ajoute à 500 gram. de *Vinaigre de bois* (4), 250 gram. d'*Alcool à 90°* additionné de 8 gram. d'*Essence de Girofles.*

L'*Essence de Girofles de l'Hygiène Moderne* (194) se vend à raison de 0,10 c. le gram ; 0,75 les 10 gram. ; 1 fr. 75 les 30 gram.

**175.** — **GLAIEUL,** *Acorus Calamus.* — Plante de la famille des Aroïdées, qui croît sur le bord des eaux douces et est cultivée à Ceylan. On extrait du bulbe, par distillation, une essence d'odeur agréable, qui, mélangée à d'autres, sert à parfumer des savons, des pommades, et à faire des extraits d'odeurs.

**176.** — **GLYCÉRINE.** — C'est un liquide incolore de consistance sirupeuse, de saveur sucrée, que l'on obtient en saponifiant les corps gras ; ceux-ci, en effet, sont constitués par de la margarine, de l'oléine et de la stéarine unies à la glycérine. Celle-ci s'emploie soit pour extraire les parfums, soit pour composer des eaux de toilette. Elle passe à tort pour adoucissante, car elle est toujours plus ou moins acide, et, par conséquent, elle irrite la peau ; en cas de rougeur, irritations, démangeaisons, engelures, on l'emploie trop souvent à tort, et il est bien préférable, en pareil cas, de se servir de la *Crème Hygiénique adoucissante* (110); préparation remarquable par son efficacité. En tous les cas, il faut, tout au moins, ne se servir que de glycérine parfaitement pure et sans acide, telle que la *Glycérine de l'Hygiène Moderne* (194), qui se vend en flacons du prix de 0,50 c.; 0,75 c. et 1 fr., sans parfum ; et de 0,60 et 1 fr., parfumée.

*Oléisse*. — On mêle ensemble 200 gram. de *Glycérine*, 200 gram. d'*Huile de Ricins*, 2 gram. d'*Essence de Bergamote*, 2 gram. d'*Essence de Citrons*, et 1 gram. d'*Essence de Néroli*. Pour lisser les cheveux.

*Savons à la Glycérine*. — Ce sont des savons transparents que l'on prépare en mélangeant de la glycérine et du savon au moyen de l'alcool. Ils passent à tort pour adoucissants. Pour avoir un savon qui soit réellement adoucissant, il faut se servir du *Savon Hygiénique du D^r Sylvius* (329).

**177. — GOMME ADRAGANTE.** — Elle vient d'un arbuste épineux de la famille des Légumineuses, qui croît dans la Grèce et l'Asie-Mineure. Elle se présente sous forme de filaments aplatis, blancs, durs, sans odeur ni saveur. Elle se gonfle dans l'eau d'une manière considérable et communique à celle-ci des propriétés mucilagineuses qui la font employer en parfumerie pour la confection des *Bandolines* (34) et des *Clous fumants* (90).

La *Gomme Adragante de l'Hygiène Moderne* (194) est en poudre impalpable et se vend à raison de 0,60 c. les 30 gram. ; 2 fr. les 125 gram.

**178. — GOMME ARABIQUE.** — Elle vient principalement aujourd'hui du Sénégal, et est produite par des *Acacias*, arbres de la famille des Légumineuses. Elle est en morceaux arrondis, de couleur blanche, blonde ou rouge, transparents, sans odeur ni saveur. Elle se dissout dans l'eau qu'elle rend épaisse et collante. On s'en sert en médecine comme médicament et dans certaines industries pour faire de la colle. Elle sert en parfumerie à faire des *Clous fumants* (90).

La *Gomme Arabique de l'Hygiène Moderne* (194) se vend : 1°, *en morceaux*, au prix de 0,25 c. les 30 gram. ; 0,70 c. les 125 gram. ; 2°, *en poudre*, au prix de 0,30 c. les 30 gram.; 1 fr. les 125 gram.

**179.** — **GORGE.** — Les personnes sujettes aux maux de gorge, surtout l'angine granuleuse, doivent s'abstenir de respirer des parfums, surtout à odeur forte. Le mauvais état des amygdales peut rendre l'*Haleine fétide* (187) ; il faut donc éviter toute négligence à cet égard. On trouvera dans le manuel de *La Médecine Nouvelle* (227) par le Dʳ O. Dubois, une méthode de traitement et un régime très efficaces pour les affections de la gorge.

Pour examiner la gorge, il faut se servir d'un *Abaisse-Langue* (1). Si l'on doit y faire des cautérisations ou des badigeonnages, on donnera la préférence à l'Abaisse-langue avec réflecteur, qui permet de s'éclairer soi-même. A cet effet, on place, en arrière de la tête du malade, une lumière dont la clarté se trouve renvoyée par le réflecteur placé en avant de l'abaisse-langue, jusqu'au fond de la gorge ; il faut que la lumière, le réflecteur et la gorge soient à peu près dans le même plan horizontal.

Les liquides destinés au badigeonnage ou à la cautérisation seront portés à l'aide d'une *Eponge* (281) portée sur un manche ou d'un *Pinceau* (281) à long manche, droit ou courbé.

L'abaisse-langue est utile aussi lorsque l'on pratique des pulvérisations dans la gorge. L'instrument doit être nettoyé avec le plus grand soin après chaque séance.

Dans les maux de gorge, il est souvent nécessaire d'étendre extérieurement sur la peau certains médicaments ; à cet effet on se servira de *Coton* (87) ; on laisse ensuite une couche de coton propre, soit pour préserver les vêtements, soit pour entretenir de la chaleur. Voyez *Seins* (382).

**180**. — **GRAISSES**. — On emploie les graisses, en parfumerie, à cause de la propriété qu'elles ont d'absorber facilement et de conserver les odeurs et les parfums. Les plus employées sont la *Graisse de porc* ou *Axonge*, la *Graisse de mouton* ou *suif*, la *Graisse de bœuf*, la *Moelle de bœuf*, la *Graisse d'Ours*, ordinairement remplacée par des graisses ordinaires.

Les graisses servent soit à extraire le parfum des *Fleurs* (161) dont on les sépare ensuite au moyen d'un autre dissolvant, l'*Alcool*, par exemple; soit à faire des *Pommades* (289) et des *Cosmétiques* (102). On tend aujourd'hui à leur substituer des produits industriels tels que la *Vaseline* (373), la *Lanoline*, qui n'ont pas, comme les graisses, l'inconvénient de rancir au contact de l'air, mais qui n'ont pas les qualités hygiéniques des graisses naturelles; celles-ci, en effet, ont une composition analogue à la substance grasse des cheveux, et elles sont plus salutaires et plus nutritives pour ceux-ci que la vaseline et analogues, qui ne sont nullement bienfaisants et probablement nuisibles. Malheureusement, on introduit souvent dans les pommades et la graisse des substances irritantes qui détruisent les bonnes qualités de celles-ci, et, de plus, elles son sujettes à rancir à la chaleur de la tête, ce qui les rend malsaines. On évite ces inconvénients en se servant de la *Pommade Hygiénique Alcalinoboratée* (290), de la *Pommade Hygiénique du D^r Sglvius* (290^bis), ou des *Pommades de l'Hygiène Moderne*, qui sont des produits préparés d'une manière scientifique.

**181**. — **GRAISSE DE BŒUF**. — Les fabricants de pommade l'emploient, mêlée avec l'axonge, pour donner de la consistance à celle-ci au lieu de la moelle de bœuf, qui est d'un prix plus élevé; on la vend même sous le nom celle-ci. On la purifie comme l'*Axonge* (183).

**182**. — **GRAISSE DE MOUTON**, *Suif*. — On la mêle à l'axonge, pour donner de la consistance aux pommades ; mais elle ne s'emploie que pour les produits de qualité inférieure.

**183. — GRAISSE DE PORC,** *Axonge.* — On l'emploie principalement pour faire des pommades ; mais il faut auparavant la purifier avec soin, ce qui s'obtient en enlevant tous les débris de membrane qu'elle renferme ; on coupe ou on hache en menus morceaux la panne qui la renferme, on les lave et on les pétrit avec de l'eau pour enlever le sang et les autres liquides qui peuvent s'y trouver ; puis on les fait fondre dans une bassine de cuivre à feu doux, on laisse jeter quelques bouillons, on écume, et on passe à travers une toile après une heure de repos. Il existe encore d'autres procédés, mais qui ne peuvent convenir qu'à l'industrie. Celui que j'indique est à la portée de tout le monde et peut servir pour préparer de petites quantités de pommade. Les industriels ont besoin d'avoir de grandes quantités d'axonge toutes prêtes à l'avance ; pour en assurer la conservation, ils y ajoutent, lors de l'épuration, du sel ou de l'alun, fait regrettable au point de vue de l'hygiène, car les pommades préparées avec ces graisses sont irritantes et nuisibles aux cheveux. Les personnes qui veulent faire leur pommade elles-mêmes, devront employer l'axonge aussitôt après son épuration. Un procédé moins nuisible que le précédent, pour empêcher les graisses de rancir, consiste à les laisser digérer au bain-marie avec du Benjoin ou du Baume tolu ; on a ainsi l'*Axonge benzoïnée.*

**184. — GRATTE-DOS.** — Ce sont des instruments composés d'une petite main munie d'un long manche, qui permet de gratter la peau du dos, en cas de démangeaison, et de suppléer ainsi à l'impossibilité de gratter avec les ongles cette partie du corps. Les *Gratte-dos de l'Hygiène Moderne* (194) se font en *Ivoire*, avec manche d'*Ebène* et se vendent en trois grandeurs, aux prix de 5, 6 et 8 fr. pièce.

**185. — GRATTE-LANGUES.** — Ce sont de petites

lames rectangulaires dont on saisit les extrémités avec le pouce et l'index de chaque main, et dont on promène un des bords sur la langue, de façon à râcler celle-ci pour la débarrasser des enduits incommodes et malpropres, le matin au réveil, principalement. Les *Gratte-langues de l'Hygiène Moderne* (194) se font :

1° *Forme droite*, en *Corne*, en *Ivoire* et en *Ecaille*, aux prix respectifs de 0.75 c., 1 fr. et 1 fr, 50 pièce ; par la poste, 0.05 c. en sus.

2° *Forme râteau*, en *Ecaille*, au prix de 0,75 c. la pièce ; par la poste, 0.05 c. en sus.

3° *Forme anneaux*, en *Ecaille*, au prix de 1 fr. 35 la pièce ; par la poste, 0.05 c. en sus.

**186**. — GROSSESSE. — Il est bon, pendant la grossesse, de porter une *Ceinture ventrière* (75) pour soutenir les parois du ventre, surtout si elles sont relâchées, et alléger le poids de l'enfant ; mais il ne faut pas comprimer trop fortement, sous peine de nuire au développement de l'enfant, et même de provoquer une fausse couche ; la ceinture ne doit faire que soutenir.

Pour éviter le développement des *Varices* (372) et la gêne parfois considérable qui en résulte, porter un bas élastique.

S'il se produit des taches à la peau, un masque au visage, faire usage de la *Lotion Hygiénique du D<sup>r</sup> Sylvius* (219).

Combattre la constipation au moyen des lavements, pris principalement avec un *Irrigateur* (200).

En cas d'écoulements abondants, faire plusieurs fois par jour des injections avec la *Poudre Hygiénique Alcalinoamylacée* (299), et s'il existe de la rougeur, de la cuisson, des démangeaisons, saupoudrer avec la *Crème Hygiénique Alcalinoamylacée* (110).

**187**. — HALEINE FÉTIDE. — Lorsque la mauvaise odeur de l'haleine n'est pas due au mauvais état de la bouche ou des gencives, elle provient généralement d'une maladie de l'estomac, du foie, ou autre partie de l'appareil digestif. Dans ce cas, les soins locaux ne suffisent pas et il faut suivre la *Médication Alcalinophosphatée* et le *Régime Sédatif*, tels qu'ils sont expliqués dans le manuel *La Médecine Nouvelle* (227) par le Dr O. Dubois ; c'est alors le seul moyen de faire cesser ce désagrément. Très rarement la mauvaise haleine provient d'une maladie des poumons, le cancer, par exemple ; mais, dans ce cas, il n'y a rien à faire ; cette maladie est heureusement très rare. Si l'odeur fétide est causée par le mauvais état des gencives ou des dents, il faut faire ce que j'ai indiqué à l'article *Bouche*. Enfin, si les amygdales ou la gorge sont malades, il faut consulter encore le manuel *Médecine Nouvelle* (227), aux articles *Angines*.

**188**. — **HÉLIOTROPE**. — Plante de la famille des Borraginées, dont une espèce, d'odeur très suave, est cultivée dans les jardins, mais non utilisée en parfumerie. Celle-ci utilise à la place, un produit artificiel, nommée *Héliotropine*, composé avec un mélange de *Vanilline* et de *Pipéronal*, substance extraite du Poivre noir. L'odeur de ce produit rappelle celle de l'Héliotrope. On fabrique aussi des *Huiles à l'Héliotrope*, des *Pommades à l'Héliotrope*, des *Poudres à l'Héliotrope*, des *Cosmétiques à l'Héliotrope*, etc., qui n'ont de cette plante que le nom.

*Extrait d'Héliotrope de l'Hygiène Moderne* (194). — Produit de premier choix qui sert pour le mouchoir et aussi pour parfumer des poudres, des pommades, de la glycérine, etc. Il se vend à raison de 1 fr. 50 le flacon.

*Poudre à l'Héliotrope de l'Hygiène Moderne* (194). — Cette poudre sert à faire des sachets d'odeur ; elle se vend à raison de 1 fr. 50 les 30 gram. ; 4 fr. 50 les 125 gram. Port en sus.

**189**. — **HOCHETS**. — Ces petits appareils ont la même utilité hygiénique que les *Anneaux de dentition* (22), avec l'amusement qu'ils procurent en sus. Les *Hochets de l'Hygiène Moderne* se font en os, deux grandeurs; aux prix de 0.30 c. et 0.60 c. la pièce; forme tulipe, 1 fr. 25; — olive, 1 fr. 50; — grelot, 2 fr. 50.

**190**. — HOUPPES. — Elles servent pour étendre sur la peau les poudres de toilette, telles que la *Poudre de Riz* (317), la *Poudre Hygiénique Alcalinoamylacée* (299). Les *Houppes de l'Hygiène Moderne* se font en *Duvet de cygne* et en 9 numéros, avec manches en os, qui se vendent de 0.50 c. à 1 fr. 50 la pièce.

**191**. — HOVENIA. — Plante originaire du Japon qui exhale une odeur qui n'a rien d'agréable. Elle a cependant donné son nom à des parfums, mais dans la composition desquels elle n'entre nullement.

*Extrait de Hovénia de l'Hygiène Moderne* (194). — Cet extrait d'odeur très agréable, sert pour le mouchoir et aussi pour parfumer des huiles, des pommades, de la glycérine, des poudres, etc. Il se vend en flacons du prix de 1 fr. 50; par la poste 0.50 c. en sus.

**192**. — HUILES. — On emploie les huiles, en parfumerie, à cause de la propriété qu'elles ont de se charger facilement des parfums et d'en conserver l'odeur. On emploie principalement les *Huiles d'Amandes douces*, — *d'Amandes amères*, — *de Ren*, — *d'Œillette*, — *d'Olives*, — *de Palme*, — *de Ricins*. Elles servent soit à extraire des parfums, soit à faire des *Savons*, soit à préparer des *Laits* (205), des *Pommades* (287) ou des *Huiles parfumées*.

*Huiles parfumées*. — On peut les préparer en laissant tremper dans de l'*Huile d'Olive*, les *Fleurs* des plantes dont on veut avoir le parfum. Pour 500 gram. d'huile, on met généralement 150 à 200 gram. de fleurs, telles que *Menthe*, *Thym*, *Serpolet*, etc. Au bout de 15 ou 20 jours, on passe et on filtre.

Un autre moyen plus simple consiste à ajouter des essences à l'huile; la proportion varie un peu selon la force de l'essence; par exemple, pour 500 gram. d'*Huile d'Olives*, on met 60 gram. d'*Essences de Ci-*

trons, ou de *Cédrat*, ou de *Bergamote*; ou 45 gram. d'*Essence de Portugal*; ou 10 à 15 gram d'*Essence de Petit-grain* ou de *Néroli*; ou encore 8 gram. d'*Essence de Lavande* ou de *Marjolaine*, etc., etc. Un point important, c'est d'employer des matières premières convenables; à ce point de vue, on donnera la préférence aux *Huiles de l'Hygiène Moderne* (194) et aux *Essences de l'Hygiène Moderne* (149).

On peut encore parfumer les huiles en leur ajoutant des *Extraits de l'Hygiène Moderne* (154), ce qui permet d'avoir des huiles à parfums composés, que l'on ne pourrait préparer soi-même comme le font les fabricants qui mélangent ensemble un plus ou moins grand nombre d'huiles déjà parfumées, et y ajoutent des esprits ou des teintures en nombre plus ou moins considérable.

Nous avons indiqué aux articles dont elles portent les noms, les principales huiles parfumées. Celles qui portent des noms de fantaisie comprennent principalement : l'*Huile Macassar*, l'*Huile Antique*, l'*Huile de Millefleurs*, l'*Huile de Mousseline*, l'*Huile Maréchale*, l'*Huile Athénienne*, etc., etc.

*Huiles parfumées de l'Hygiène Moderne* (194). — Ce sont des produits préparés avec des matières premières de premier ordre; elles comprennent toutes les huiles généralement usitées et se vendent à raison de 0.40 c. les 30 gram.; 1 fr. les 125 gram.; 1 fr. 75 les 250 gram., ou en flacons du prix de 0.75 c. et 1 fr. 25.

*Huile de Macassar de l'Hygiène Moderne* (194). — La formule primitive de cette huile a été complètement dénaturée et remplacée par des compositions très diverses qui, pour la plupart, sont contraires aux règles de l'hygiène. L'*Huile de Macassar de l'Hygiène Moderne* (194) est exempte d'un pareil reproche, et doit être employée de préférence; elle se vend en flacons du prix de 0.75 c. et 1 fr.

**193. — HUILE HYGIÉNIQUE DE TOILETTE** *du* D<sup>r</sup> *Sylvius*. — Les huiles d'origine végétale sont certainement préférables à la glycérine et à la vaseline pour l'entretien de la chevelure, parce qu'elles fournissent aux cheveux un aliment semblable à l'huile qu'ils renferment eux-mêmes naturellement, tandis que la vaseline et la glycérine sont des substances inertes incapables de nourrir les cheveux, et elles sont même très nuisibles si elles sont impures, parce qu'elles contiennent alors des substances corrosives. Il est donc préférable d'employer les huiles. Les huiles de toilette ordinaires, malheureusement, rancissent facilement et sont, le plus souvent, parfumées avec des essences mal choisies ou de mauvaise qualité ; dans ces conditions elles deviennent nuisibles. Il faut ne se servir que d'huiles ne pouvant rancir et parfumées avec des substances n'exerçant aucune action nuisible sur le cheveu ; dans ces conditions on procure à celui-ci un aliment convenable qui en assure la souplesse et la beauté. C'est pour remplir ce but que l'*Huile hygiénique de toilette du* D<sup>r</sup> *Sylvius* a été composée. Il suffit de l'étendre sur la chevelure en guise de pommade. Elle se vend à l'*Hygiène Moderne* (194) au prix de 3 fr. le flacon.

**194. — HYGIÈNE MODERNE.** — Les découvertes et les travaux scientifiques de ces dernières années, surtout en ce qui concerne l'antisepsie et ses applications à la médecine, à la chirurgie et à l'hygiène, ont créé de nouveaux besoins et de nouvelles exigences. On ne trouve pas toujours facilement ni à un prix raisonnable, les objets de pansement, les appareils et les articles d'hygiène tels que les veut la science moderne. Il n'est pas facile non plus de se procurer des articles de toilette et de parfumerie qui soient bienfaisants : la plupart de ceux que l'industrie déverse aujourd'hui dans le commerce sont, au contraire, des plus malfaisants, et il n'est pas possible pour le consommateur d'en contrôler les effets d'avance. J'ai fait connaître dans le cours de cet ouvrage tout ce que ces produits d'industrie ont de nuisible, à propos de chacun d'eux, et expliqué avec détails la nature de leurs effets sur la peau, les cheveux, les dents et la santé en général. La mode, la routine, l'ignorance, l'appât du gain, sont à peu près les seuls guides en pareille matière, et les règles de l'hygiène sont absolument méconnues et outrageusement viclées. Si l'on veut exécuter soi-même les préparations nécessaires à sa toilette, on se heurte à la difficulté de se procurer des matières premières de bonne qualité à un prix raisonnable ; il n'est pas en effet de substances qui soient plus impudemment et plus impunément falsifiées que les matières premières pour la parfumerie, parce que ce sont presque toutes des substances fort chères et dont il est difficile de reconnaître la qualité.

C'est pour combler ces diverses lacunes qu'ont été créés les grands magasins de l'*Hygiène Moderne*, 6, Avenue Tudaine, à Paris. C'est là qu'il faut s'adresser pour se procurer tous les appareils, les produits hygiéques, les articles d'hygiène et de parfumerie dont il est question dans cet ouvrage. Tous les renseignements, lettres et mandats, doivent être adressés à M^me Perrin, directrice des grands magasins de l'*Hygiène Moderne*. Comme il n'est pas possible, dans un ouvrage du genre de celui-ci, d'indiquer toutes les variétés d'appareils, articles d'hygiène et produits hygiéniques existants, il peut se faire que ce que l'on désire ne soit pas indiqué dans ce livre ; il n'en faudrait pas conclure que l'on ne peut pas le trouver à l'*Hygiène Moderne ;* cet établissement, au contraire, a pour but de mettre le public à même de se procurer tous ces genres d'articles et de produits. Il ne faut donc pas craindre d'y écrire ou de s'y adresser.

*Expéditions.* — Toutes les expéditions se font contre mandat postal ou contre remboursement. Les prix ayant été réduits autant qu'il a été possible de le faire, il faut toujours ajouter à ceux-ci celui de l'emballage quand il en faut un et celui du port, lorsque celui-ci doit être payé d'avance, comme c'est le cas pour les colis-postaux. Pour les objets expédiés par la poste, l'emballage n'est nécessaire que si l'objet est très fragile, en verre, par exemple, ou liquide, et n'excède pas 0,30 c. Mais il faut éviter, autant que possible, de se servir de la poste, à moins de faire recommander les objets, parce qu'elle égare ou détériore très souvent les objets qu'on lui confie sans cette précaution et elle n'en rembourse pas la valeur.

Les colis-postaux s'expédient par le chemin de fer, qui verse une indemnité en cas de perte. Ils comprennent cinq catégories :

1º Les colis-postaux pour la France de 0 à 3 kilos, qui paient 0.60 c. en gare, 0,85 c. à domicile, et 0,50 c. d'emballage lorsqu'une caisse est nécessaire ;

2º Les mêmes, de 3 à 5 kilos, qui paient 0,80 c. en gare, 1 fr. 05 à domicile, et 1 fr. d'emballage ;

3º Les mêmes, de 5 à 10 kilos, qui paient 1 fr. 25 en gare, 1 fr. 50 à domicile, et 1 fr. d'emballage ;

4º Les colis-postaux pour la Corse, l'Algérie, la Tunisie, les colonies ou établissements français qui paient de 0,95 à 1 fr. 80 de port, selon le poids et la destination, et 0,50 c. ou 1 fr. d'emballage, selon qu'ils sont de 3 ou de 5 kilogram, ;

5º Les colis-postaux pour l'étranger, qui paient un prix variable selon les pays, et 0,50 c. ou 1 fr. pour l'emballage, selon la grandeur.

Les frais de remboursement pour les trois premières catégories sont de 0,60 c. en gare et 0,85 c. à domicile. En cas de perte, il est remboursé 15 fr., 25 fr. ou 50 fr., selon la catégorie. Pour la quatrième catégorie, les frais sont les mêmes, sauf que l'on n'accepte pas de remboursements pour la Tunisie et l'Algérie. Pour les pays étrangers, le prix du remboursement est de 0,20 c. par 20 fr. ou fractions de 20 francs.

Les marchandises voyagent aux risques et périls des destinataires ; c'est à eux à vérifier le contenu du colis à l'arrivée, en présence des agents chargés de la livraison, pour se faire rembourser par le chemin de fer, en cas d'avaries.

**195.** — **HYSOPE**. — Plante de la famille des Labiées qui fournit une huile essentielle employée parfois pour les articles de parfumerie à bas prix.

*Esprit d'Hysope.* — On distille 6 kilogr. 250 gram. de *Sommités d'Hysope sèches* dans 26 litres d'*Alcool à 85°*, pour obtenir 25 litres de produit.

*Infusion d'Hysope.* — On laisse tremper pendant 15 jours, 1 kilogr. d'*Hysope* sèche dans 4 litres d'*Alcool à 85°*, en agitant de temps à autre. On passe, on exprime, et on filtre. C'est une teinture, et non une infusion (196).

**196.** — **INFUSION**. — Ce mot désigne une opération qui consiste à jeter de l'eau bouillante sur des substances végétales, et à passer le tout à travers un linge ou une étamine, après quelques instants de contact. Mais, en parfumerie, on a dénaturé le sens de ce mot pour l'appliquer à des macérations à froid, de substances végétales dans l'alcool ; ce sont des teintures, des alcoolatures, selon que la substance est sèche ou fraîche, mais non des infusions. Nous avons déjà signalé des aberrations semblables aux articles *Essences* (194), *Extraits* (154). Ces prétendues infusions ont été décrites aux articles des substances dont elles portent le nom.

**197.** — **INJECTEURS.** — Ce sont des appareils destinés à faire des injections vaginales ou des lavements. Ils se composent d'un réservoir cylindrique en métal avec pied ; vers la moitié de la hauteur se trouve un orifice muni d'un tube en caoutchouc avec canule. Ils sont surmontés soit d'une boule en caoutchouc, soit d'un piston. Ils se placent debout dans une cuvette ou autre vase contenant le liquide à injecter. En pressant et relachant alternativement la boule en élastique, ou en faisant fonctionner le piston, on fait successivement monter dans le réservoir et sortir par la canule, le liquide à injections. Ces appareils ont l'avantage de faire durer l'injection autant que l'on veut.

Les *Injecteurs de l'Hygiène Moderne* (194) se font :

1° En *métal nickelé, avec balle* grise, rouge ou vernie, au prix de 1 fr. 25 à 3 fr. 50 pièce, selon la grandeur et le conditionnement ;

2° En *métal nickelé avec pompe* à ressort, au prix de 2 fr. 50. Port en sus.

**198.** — **INJECTIONS.** — Elles consistent dans l'action d'envoyer ou lancer un liquide dans la cavité d'un organe creux ou dans l'épaisseur d'une tumeur ou d'un tissu.

Les *Injections vaginales* sont celles qui sont destinées à la cavité vaginale. Elles se pratiquent soit avec des *Seringues* (335), soit avec des *Clysoirs* ou *Enémas* (144), soit avec des *Clysopompes* (91), soit avec des *Injecteurs* (197), soit avec des *Irrigateurs* (200), soit enfin avec la *Douche d'Esmarck* (127).

Les *Injections utérines* se pratiquent dans l'intérieur de l'utérus, et les *Injections vésicales* dans la vessie. Ces sortes d'injections, ainsi que les *Injections médicamenteuses* dans les tumeurs ou avec des substances actives, comme les sérums, doivent être pratiquées par le médecin à l'aide de seringues spéciales.

Les injections ou médicaments sous la peau sont dites *Injections sous-cutanées* ou *Hypodermiques* et se pratiquent à l'aide d'une *Seringue de Pravaz* (335).

Les *Injections uréthrales*, chez l'homme, se pratiquent au moyen d'une petite *Seringue* (335) en verre ou en cristal, ainsi que les injections du conduit auditif externe ou *Injections auriculaires*.

Les précautions à prendre d'une façon générale pour prendre ou administrer les injections, consistent : 1° à ne pas injecter le liquide avec violence ; 2° à lui don-

ner une température se rapprochant le plus possible de
celle du corps humain, à moins d'indications contraires ou que le liquide injecté soit en minime quantité ;
3° à ne pas employer d'appareils pouvant être attaqués
ou détériorés par le liquide de l'injection ; 4° à nettoyer
avec le plus grand soin l'appareil et ses accessoires,
chaque fois qu'ils ont servi, et aussi avant de s'en
servir.

**199.** — **IRIS DE FLORENCE.** — Le rizhôme ou
tige souterraine de cette plante de la famille des Iridées
est employée en parfumerie sous le nom impropre de
*Racine d'Iris*, à cause de son odeur de violettes, et
sous celui encore plus inexact de *Racine de Violettes*.
On l'emploie souvent en morceaux que l'on met au
milieu du linge dans les armoires ou dans la lessive.
On s'en sert aussi comme masticatoire pour parfumer
l'haleine, pour hochets, et pour faire des pois à cautères.

La *Racine d'Iris de Florence* véritable se trouve
à l'*Hygiène Moderne* (194) au prix de 0.10 c. les
30 gram. ; 0.35 c. les 125 gram. ; 1 fr. 25 les 500
gram. ; taillée en petits cubes pour la bouche, au prix
de 0.40 c. les 30 gram. ; 1 fr. 50 les 125 gram. ; et en
hochets au prix de 0.10 c. à 0.40 c. la pièce; 0.75 c. les
30 gram.

*Infusion d'Iris.* — On laisse macérer pendant quinze
jours, 125 grammes de *Poudre d'Iris* dans 1 litre d'*Alcool à 85°* ; on agite de temps à autre, et on filtre.

*Extrait d'Iris.* — On fait macérer pendant un mois
3 kilogr. 175 gram. de *Racine d'Iris concassée* dans
4 litres et demi d'*Alcool rectifié*; on presse et on filtre.
Entre dans la composition d'extraits composés et de
bouquets pour le mouchoir.

*Essence d'Iris.* — On l'obtient en distillant la racine
d'Iris avec de l'eau. Elle a l'aspect d'une substance
grasse appelée *Beurre d'Iris*, et renferme un camphre,
un acide, l'acide myristicique, et un liquide brunâtre
qui paraît être le principe odorant.

*Poudre d'Iris.* — Elle sert à faire des sachets, et entre dans la composition d'autres poudres odorantes. On s'en sert aussi pour faire de la *Poudre de Riz*. Cette préparation est mauvaise car la poudre d'Iris est irritante et peut causer des rougeurs, des dartres et des démangeaisons. La *Poudre Hygiénique Alcalinoamylacée* (299) et la *Poudre de Riz de l'Hygiène Moderne* (317) sont ce qui convient le mieux, parce qu'elles ne sont composées que de substances inoffensives.

La *Poudre d'Iris de Florence de l'Hygiène Moderne* (194), première qualité, se vend à raison de 0,30 c. les 30 gram., 1 fr. 10 les 125 gram., 3 fr. 75 les 500 gram.

*Poudre d'Iris contre la sueur.* — On ajoute à 6 kilogr. de *Poudre d'Iris* : *Poudre d'Écorce de Bergamote,* 250 gram. ; — de *Fleurs de Cassie,* 250 gram. ; — de *Clous de Girofles,* 15 gr. On passe au tamis. Cette préparation est encore plus irritante que la poudre de Riz ; pour éponger la sueur, il faut se servir de la *Poudre Hygiénique Alcalinoamylacée* (299) qui neutralise l'effet irritant de la sueur et en détruit l'odeur et l'acidité.

Les autres préparations à base d'Iris portant d'autres noms et principalement celui de la *Violette* (382), sont décrites aux articles qui les concernent.

**200.** — IRRIGATEURS. — Ce sont des appareils pour injections vaginales ou lavements, qui se composent d'un réservoir cylindrique dans lequel circule à frottement doux un piston plat à soupape munie d'une tige à crémaillère que l'on peut faire monter à l'aide d'une clef à ressort placée dans le haut de l'appareil. A l'état de vacuité, le piston reste au fond du cylindre. Celui-ci étant rempli du liquide voulu, on tourne la clef et le liquide passe à travers la soupape au-dessous du piston, qui finit par monter jusqu'à la partie supérieure et s'y maintient, la pression du liquide faisant équilibre au ressort. Mais si on vient à ouvrir le robinet placé au bas du cylindre, le liquide s'écoule et la soupape descend, chassant devant elle le liquide avec une certaine force qui lui est communiquée par le déroulement du ressort. Au robinet se trouve adapté un tube en caoutchouc muni d'une canule à lavements ou à injections.

Les *Irrigateurs de l'Hygiène Moderne* (194) se font : 1° En *Etain*, d'un demi-litre, au prix de 5 fr. 50, complet ; 2° en *Etain fin*, d'un demi-litre, au prix de 8 fr., et d'un litre, au prix de 12 fr., complet ; 3° en *Porcelaine*, aux prix de 15, 18 et 20 fr., selon grandeur, complet ; 4° en *Etain nickelé*, aux prix de 10 et 12 fr., selon qualité, complet. Port en sus.

Les *Tuyaux de rechange*, sans monture ni canule, se vendent 1 fr. et 1 fr. 20, et avec monture et canule, 2 fr. 25 recouverts en laine, et 3 fr. recouverts en crin.

Ces instruments doivent être entretenus avec soin, pour éviter les détériorations ; on ne doit pas y introduire de substances capables d'attaquer les métaux. En cas de détérioration, on peut remplacer ou réparer les diverses pièces qui les composent.

**201.** — **JABORANDI.** — Plusieurs plantes de l'Amérique du Sud fournissent des feuilles de ce nom, qui ont la propriété de faire saliver et transpirer. Elles renferment plusieurs alcaloïdes, entre autres la *Pilocarpine*, et une essence.

La *Teinture de Jaborandi* a été essayée, mais sans succès, pour empêcher la chute des cheveux.

**202.** — **JACINTHE.** — Plante de la famille des Liliacées, dont les fleurs ne sont pas usitées en parfumerie, mais dont on imite l'odeur avec le *Terpinol*, produit chimique dérivé de l'Essence de térébenthine, et qui sert aussi à imiter l'odeur du lilas. Les produits vendus sous les noms de ces plantes n'ont rien de commun avec elles.

**203.** — **JASMIN.** — On cultive dans le midi de la France plusieurs plantes de la famille des Jasminées, pour l'usage de la parfumerie. L'odeur des fleurs est extraite au moyen de la Graisse ou de l'Huile, et reprise ensuite par l'Alcool ; ces trois produits forment la *Pommade au Jasmin*, l'*Huile antique au Jasmin*, et l'*Extrait de Jasmin*. On peut obtenir par distillation l'*Essence de Jasmin*.

*Eau odorante de Jasmin.* — *Extrait de Jasmin*, un demi-litre ; *Alcool à 85°*, un demi-litre ; *Teinture de Benjoin*, 8 gram. Pour le mouchoir.

*Esprit de Jasmin.* — *Alcool à 85°*, 25 lit. ; *Extrait de Jasmin*, 500 à 1000 gram.

*Extrait de Jasmin de l'Hygiène Moderne* (194). — Ce produit, de qualité supérieure, s'emploie pour la toilette et le mouchoir ou pour parfumer des Huiles, des Pommades, de la Glycérine, etc. Il se vend en flacons du prix de 1 fr. 50 ; par la poste 0.50 c. en plus.

**204. — JONQUILLE.** — Plante de la famille des Amaryllidées, dont on extrait le parfum des fleurs au moyen de la Graisse ou de l'Huile, et on a la *Pommade à la Jonquille* et l'*Huile à la Jonquille*. On peut extraire de la pommade, au moyen de l'Alcool, l'*Extrait de Jonquille*. On peut faire, à la Jonquille, les mêmes préparations qu'au *Jasmin* (203).

*Extrait de Jonquille de l'Hygiène Moderne.* — Mêmes qualité, usage et prix que celui de *Jasmin* (203).

*Vinaigre de Jonquille.* — Se prépare comme celui d'*Œillet* (246).

**205. — LAITS.** — Ce sont des cosmétiques d'aspect laiteux composés d'une *Émulsion* aromatisée avec une ou plusieurs odeurs. On appelle émulsion, de l'eau contenant en suspension des substances grasses divisées en particules extrêmement fines. Nous avons décrit les principaux laits aux articles des substances dont ils portent le nom. Voici les formules de ceux qui portent des noms arbitraires :

*Lait de fraîcheur.*—*Eau de Roses*, 250 gram. ; *Teinture de Benjoin*, 15 gram. ; *Baume de la Mecque*, 15 gram.

*Lait Antéphélique.* — *Camphre,* 50 gram. ; *Sel am-moniac,* 20 gram. ; *Sublimé Corrosif,* 10 gram. ; *Blanc d'œuf,* 100 gram. ; *Eau de Roses,* 1000 gram. Contre les taches de rousseur. Préparation dange-reuse. Mieux vaut employer le *Lait Hygiénique du Dr Sylvius* (206), beaucoup plus efficace et inoffensif.

Les laits de toilette sont censés adoucir la peau, mais ils font généralement l'effet contraire parce qu'ils se conservent mal, rancissent, et deviennent irritants, et qu'en outre ils renferment des essences aromatiques. Lorsque l'on veut être certain d'adoucir la peau, il faut employer, soit la *Poudre Hygiénique Alcalinoamyla-cée* (299), soit la *Crème Hygiénique* (110), et si l'on préfère un produit parfumé, le *Lait Hygiénique du Dr Sylvius* (206), ou le *Lait Virginal de l'Hygiène Moderne.*

*Lait Virginal de l'Hygiène Moderne* (194). — Ce lait constitue un produit agréable et hygiénique tout en même temps ; on peut l'employer pur ou étendu d'eau. Il se vend en flacons du prix de 1 fr. 50.

**206.** — **LAIT HYGIÉNIQUE DE TOILETTE** *du Dr Sylvius.* — Les laits de toilette ordinaires renferment fort sou-vent du bichlorure de mercure ou sublimé corrosif ; cette substance a pour effet d'enlever les parties super-ficielles de l'épiderme, et c'est à cause de cette pro-priété qu'on la fait entrer dans la composition des eaux destinées à combattre les taches de rousseurs. Mais c'est un poison violent qui peut causer des accidents. Cependant il existe des substances inoffensives qui réussissent tout aussi bien, mais qui sont moins con-nues. C'est avec celles-ci qu'est composé le *Lait Hy-giénique de Toilette du Dr Sylvius.* Cette préparation peut être employée en toute sécurité pour laver la peau du visage et des autres parties du corps, principale-ment lorsque l'on veut éclaircir le teint, rendre la peau douce, et faire disparaître les taches de rousseur. Elle s'emploie pure ou étendue de moitié d'eau ; il suffit d'en humecter le linge destiné à faire la lotion. On la trouve à l'*Hygiène Moderne* (194) en flacons du prix de 3 fr. Port en sus.

**207**. — **LAMPES A ALCOOL**, *Lampes à Esprit-de-vin*. — Le chauffage à l'alcool présente l'avantage d'être propre, sans odeur, et de ne pas salir les objets chauffés ; aussi s'en sert-on pour les analyses d'urine et autres, pour les opérations de chimie et pour faire chauffer dans une cuillère une petite quantité de liquide, etc. On les alimente avec l'*Alcool à brûler* (7).

Les *Lampes à Alcool de l'Hygiène Moderne* (194) se font :

1° En *Verre*, avec *Couvercle en verre, garniture en cuivre*, et mèche en coton, trois grandeurs, aux prix de 1 fr., 1 fr. 25 et 1 fr. 50 la pièce.

2° Les mêmes avec *Réchauds*, aux prix respectifs de 3 fr., 4 fr. et 5 fr. la pièce.

3° En *Verre*, avec *Couvercle en cuivre*, pour réchauds, au prix de 1 fr. 50 la pièce.

4° Les précédentes avec *Réchauds*, au prix de 4 fr. la pièce. Port en sus pour tous ces articles.

**208**. — **LANIÈRES A FRICTIONS**. — Ce sont des espèces de sangles munies d'une poignée à chaque extrémité et qui servent à faire soi-même des frictions autour de la taille et des reins, soit sèches, soit avec de l'Eau de Cologne ou autre liquide hygiénique ou médicamenteux, en cas de faiblesse, douleurs, rhumatismes, etc.

Les *Lanières à frictions* de l'*Hygiène Moderne* (194) se font :

1° en *Crin tricoté*, trois grandeurs aux prix de 3 fr. 50, 4 fr. et 4 fr. 50 la pièce ;

2° en *Crin tissé*, trois grandeurs, aux prix de 4 fr. 50, 5 fr. 50, et 6 fr. 50.

3° en *Crin sur sangle rouge* et *blanche*, avec anneaux, crin blanc, crin et laine rouge ou crin et laine rouge rayés, trois grandeurs, aux prix respectifs de 3 fr., 3 fr. 60 et 4 fr. 60 ;

4° en *Crin sur Huckaback* avec anneaux, crin noir rayé blanc, grande, au prix de 4 fr. ;

5° en *Crin sur Huckaback* avec anneaux, crin blanc, crin et laine rouge ou crin et laine rouge rayés, trois grandeurs, aux prix respectifs de 2 fr. 60, 3 fr., et 4 fr. 20 ;

6° en *Crin sur toile* avec tirants cuir blanc ou noir, tricoté ou non, en crin et laine rouge, au prix de 2 fr. 80 ;

7° en *Crin blanc* dite *Cambridge*, au prix de 4 fr. ;

8° en *Laine blanche*, avec anneau, au prix de 2 fr. 50. Port en sus pour tous ces articles.

**209**. — **LAURIER**. — Sous le nom de *Lauriers*, on désigne des plantes appartenant à des familles différentes et qui toutes renferment des Camphres ou des Essences odorantes d'odeur souvent agréable. Quelques-unes, comme le Sassafras, s'emploient en parfumerie, mais la plupart, comme le Laurier d'Apollon, le Laurier-Cerise, sont à peu près inusitées, malgré leur odeur agréable.

**210**. — **LAVANDES**. — Plantes de la famille des Labiées dont deux espèces principalement, la *Lavandula spica* ou *Lavande mâle*, et la *Lavandula vera*, ou *Lavande femelle*, sont employées à la fabrication d'une essence fort usitée en parfumerie. On cultive la seconde en Angleterre avec beaucoup de succès, principalement à Mitcham, dans le comté de Surray.

*Eau distillée de Lavande*. — On distille dans un alambic 10 kilogr. de sommités fraiches de *Lavande vraie* avec 40 litres d'*Eau* et 250 gram. de *Sel*, pour retirer 20 litres de produit.

*Essence de Lavande*. — On l'obtient en distillant la plante à une température très douce. Celle qui vient d'Angleterre est beaucoup plus estimée et d'un prix plus élevé. Rectifiée, elle est incolore, d'une odeur et d'une saveur fortes. Elle s'améliore en vieillissant. Elle est sujette à falsifications.

*Essence de Lavande de l'Hygiène Moderne* (194). — C'est de l'essence surfine, pure, qui se vend à raison de 0,05 c. le gram.; 0,50 c. les 10 gr. ; 1 fr. 25 les 125 gram. Ne pas la confondre avec l'*Essence de Lavande ordinaire* qui ne vaut que 0,30 c. les 10 gr., 0,75 c. les 30 gram., ni avec l'*Huile de Spic* ou *Huile d'Aspic* qui est l'essence de la Lavande spic ou Lavande mâle et qui se vend 0,40 ou 0,50 c. les 30 gr. ; selon la qualité.

*Eau de Lavande, Infusion de Lavande, Eau-de-vie de Lavande.* — Très employée comme eau de toilette, cette eau a généralement une composition très compliquée ; pour la préparer soi-même, il faut recourir à l'*Essence concentrée de l'Hygiène Moderne pour Eau de Lavande*, ou se procurer l'*Eau de Lavande de l'Hygiène Moderne* (194), indiquées ci-dessous.

*Eau de Lavande Ambrée de l'Hygiène Moderne* (194). — Cette préparation est faite avec des substances de choix, et ne peut être comparée avec les eaux de Lavande ordinaires. Elle sert comme eau de toilette, et se vend en flacons du prix de 1 fr. 50.

*Essence de Lavande de l'Hygiène Moderne, pour l'eau de Lavande.* — C'est un mélange préparé d'avance pour faire soi-même, rapidement et économiquement, l'*Eau-de-vie de Lavande*. Il suffit de verser le contenu d'un flacon dans 1 litre d'*Alcool à 80º*. Le prix du flacon est de 2 fr. 50 ; par la poste 0,50 c. en sus.

*Lavande aux Herbes.* — Alcool à 85º, 24 lit. ; *Essence de Lavande*, 1 kilogr. ; — *de Bergamote*, 250 gram. ; — *de Romarin*, 60 gram. ; — *de Thym*, 60 gram. On filtre au bout de quinze jonrs.

*Huile à la Lavande.* — On ajoute 8 gram. d'*Essence de Lavande* à 500 gram. d'Huile. On laisse déposer ou on filtre.

*Vinaigre infusé à la Lavande.* — On laisse macérer en vase clos pendant six jours, 500 gr. de *Fleurs fraîches de Lavande* dans 6 kilogram. de *Vinaigre blanc*; puis on filtre.

*Vinaigre distillé à la Lavande.* — On distille à feu doux au bain-marie, 1500 gram. de *Fleurs fraîches de Lavande*, avec 12 litres de *Vinaigre d'Orléans*, après quinze jours de macération, pour retirer 8 litres de produit.

**211.** — **LAVE-OREILLES.** — Ce sont de petites éponges de forme conique, assujetties à l'extrémité d'un manche et qui sont très commodes pour procéder au lavage et au nettoyage du conduit auditif externe. Les *Lave-oreilles de l'Hygiène Moderne* (194) se font avec manche en os et se vendent au prix de 0,25, 0,40 et 0,60 c. la pièce ; par la poste, 0,10 c. en sus.

**212.** — **LÈVRES.** — Lorsqu'elles sont gercées, enflammées, on y met généralement du *Cold-Cream* ou de la *Pommade Rosat*. Mais ces préparations ne sont pas absolument adoucissantes, à cause des odeurs qu'elles renferment, et, de plus, les corps gras qui les composent rancissent facilement au contact des lèvres, surtout si elles ne sont pas absolument fraîches et de bonne qualité. On obtient des résultats beaucoup plus satisfaisants avec la *Crème Hygiénique Alcalinoamylacée* (110) qui ne rancit pas, et est véritablement adoucissante. En cas de gerçure ou fissure profonde, on peut aussi employer avec succès la *Teinture de Benjoin de l'Hygiène Moderne* (41) qui, appliquée à l'aide d'un petit pinceau, forme vernis et amène une prompte guérison.

J'ai indiqué aux articles *Alloxane* (10), *Fards* (155), *Vinaigres* (380), les préparations usitées pour rendre les lèvres roses ou vermeilles ; mais ces préparations sont loin d'être salutaires, et si elles amènent de l'irritation, il faut se hâter de recourir à la *Crème Hygiénique Alcalinoamylacée* (110).

**213.** — **LILAS.** — Plante de la famille des Jasminées dont le parfum des fleurs peut être extrait au moyen de la graisse ou de l'huile, puis repris par l'alcool. On vend généralement sous ce nom des produits artificiels.

*Extrait de Lilas de l'Hygiène Moderne.* — Cet extrait sert pour le mouchoir et pour parfumer des huiles, de la pommade, de la glycérine, etc. Il se vend à raison de 1 fr. 50 le flacon ; par la poste 0.50 c. en plus.

*Poudre au Lilas de l'Hygiène Moderne* (194). — Cette poudre sert à faire des sachets d'odeur ; elle est composée avec des substances de premier chix et se vend à raison de 1 fr. 50 les 30 gram. ; 4 fr. 50 les 125 gram.

**214.** — **LIMES A CORS.** — Comme leur nom l'indique, elles servent à user par frottement, les cors et durillons. Les *Limes à Cors de l'Hygiène Moderne* (194) se vendent à raison de 1 fr. la pièce ; 0.10 c. en sus par la poste.

**215.** — **LIMES A DENTS.** — Les dents cariées ou cassées présentent souvent des bords coupants ou des pointes qui blessent les gencives, la langue et peuvent causer des accidents ; il faut alors les limer. Les *Limes à dents de l'Hygiène Moderne* (194) se vendent 1 fr. la pièce ; 0.10 c. en sus par la poste.

**216.** — **LIMES A ONGLES.** — Ces petits instruments sont indispensables pour adoucir et unir l'extrémité des ongles, principalement après qu'on vient de les couper. Les *Limes à ongles de l'Hygiène Moderne* (194) sont montées : 1° sur *Os* et se vendent 0.40 c. pièce, avec brosse, 0.75 c. ; 2° sur *Ivoire*, avec cure-oreilles, et se vendent 0.50 c. pièce.

**217.** — **LIMONS.** — Ce sont les fruits d'un citronnier qui croît en Sicile et dans la Calabre, et de l'écorce desquels on extrait par expression l'*Essence de Limons*, d'odeur analogue à celle de l'*Essence de Citrons* (87) et de l'*Essence de Bergamote* (44) et qu'on emploie aux mêmes usages.

*Extrait de Limons.* — *Essence de Limons*, 200 gram. ; *Alcool*, 5 lit.

**218.** — **LOTIONS.** — Préparations destinées à humecter, laver. Elles s'emploient surtout pour la chevelure, mais composées par des personnes dépourvues des connaissances nécessaires, elles sont plus nuisibles qu'utiles, à cause de l'alcool et des essences qu'elles contiennent. En voici deux exemples :

*Eau Nutritive pour l'entretien des cheveux.* — On ajoute à 10 litres d'*Alcool à 90°*, 250 gram. d'*Essence de Portugal* ; au bout de quinze jours, on ajoute 0.50 centigr. d'*Essence saponifiée*, et on filtre. Elle s'emploie pure à l'aide d'une brosse ou d'une éponge.

*Lotion pour la chevelure.* — On mélange : *Ammoniaque liquide, Huile d'Amandes douces*, 4 gram. de chaque ; on ajoute : *Essence de Macis*, 2 gram. ; *Esprit de Roses*, 4 gram., on agite, et on verse peu à peu 5 gram. d'*Eau de Roses*.

Pour nettoyer la tête, et entretenir la chevelure d'une façon conforme à sa nature et à ses besoins, il faut s'abstenir de ces produits malfaisants et faire usage de la *Lotion Hygiénique du D<sup>r</sup> Sylvius* (219), ou de l'*Eau de Quinine de l'Hygiène Moderne* (309).

**219**. — **LOTION HYGIÉNIQUE** *du D<sup>r</sup> Sylvius*. — Les lotions capillaires ont surtout pour but de nettoyer la tête en la débarrassant des matières grasses et des pellicules, et aussi de fortifier la racine des cheveux. Les lotions ordinaires sont tout simplement des alcools parfumés, et par suite des préparations malfaisantes ; il ne faut pas mettre d'alcool pur sur les cheveux, sous peine de les altérer ; les cheveux ainsi traités deviennent secs, cassants, blanchissent et tombent. Il est sans doute plus agréable d'employer de l'alcool que des solutions aqueuses, mais c'est au détriment de la chevelure. La *Lotion Hygiénique du D<sup>r</sup> Sylvius* est une solution de principes alcalins antiseptiques alcoolisée et aromatisée d'une façon normale ; elle nettoie parfaitement sans nuire, et procure au contraire la vie et la santé aux cheveux parce qu'elle est tonique et antiseptique. On l'emploie pure, et on l'étend à l'aide d'une brosse ou d'une éponge ; il n'y a nul inconvénient à en faire un aussi fréquent usage que l'on veut. Elle se vend à l'*Hygiène Moderne* (194) au prix de 3 fr. le flacon.

**220**. — **LYS**. — Cette plante, qui a donné son nom à la famille des Liliacées, n'est pas utilisée en parfumerie, malgré la suave odeur de sa fleur, ce qui n'empêche pas qu'on fabrique et qu'on vend sous son nom des produits qui n'ont absolument rien d'elle. En voici un exemple :

*Extrait de Lys.* — *Essence de Cassie*, 1 lit. et demi ; — *de Jasmin*, 0,40 centilit. ; — *de Fleurs d'Orangers*, 8 lit. ; — *de Roses*, 1 lit. et demi ; — *de Tubéreuse*, 3 lit. ; — *de Vanille*, 1 lit. 20 centilit. ; — *d'Amandes amères*, 2 gram.

**221**. — **MACIS**. — C'est la seconde écorce de la *Noix muscade* (237). Elle est jaune orange, tirant sur le rouge, après dessication. Distillée avec de l'eau, elle donne une huile essentielle abondante d'odeur aromatique, qui sert à parfumer le savon, et à composer quelques parfums.

**222**. — **MAGNÉSIE**. — La *Magnésie Carbonatée* ou *Carbonate de magnésie* est une substance blanche très légère qui sert, en parfumerie, à filtrer les préparations à base d'Alcool pour les éclaircir ; il suffit de la mettre en poudre fine et de la placer dans l'intérieur du filtre en papier. Pour pulvériser la magnésie, il suffit de la râper sur un tamis métallique. Elle s'emploie aussi pour nettoyer et blanchir les gants de peau blanche. Elle entre aussi dans la composition de quelques poudres dentifrices et de quelques poudres de toilette.

La *Magnésie Carbonatée de l'Hygiène Moderne* (194) se vend :

1° En *Pains*, au prix de 0.10 c. les 30 gram. ; 0.35 c. les 125 gram. ; 1 fr. 10 les 250 gram.

2° En *Poudre*, au prix de 0.15 c. les 30 gram. ; 0.40 c. les 125 gram. ; 1 fr. 25 les 250 gram.

**223**. — **MAGNOLIA**. — Les plantes de la famille du Magnoliacées ne sont pas employées en parfumerie, malgré l'odeur suave de leurs fleurs. On vend cependant sous le nom de Magnolia, des parfums qui ont une origine purement artificielle.

*Extrait de Magnolia de l'Hygiène Moderne.* — Il s'emploie comme parfum de mouchoir ou pour aromatiser des huiles, des pommades, de la glycérine, etc. Voyez *Extraits* (154).

**224.** — **MAINS.** — La propreté, et par suite la beauté et la santé des mains, sont subordonnées aux soins que l'on en prend et à la profession que l'on exerce ; mais il est d'autant plus nécessaire de s'en occuper qu'elles servent davantage et sont plus exposées à être salies ; or c'est souvent le contraire qui a lieu. La propreté des mains est surtout indispensable lorsque l'on manie des substances malsaines et qui peuvent nuire non seulement à soi-même, mais encore aux autres ; les médecins, les sages-femmes sont obligés aux précautions les plus minutieuses pour ne pas transmettre de maladies infectieuses, et l'on a vu des maladies vénériennes communiquées par des poignées de mains trop chaleureuses ; la gale se communique aussi de cette façon.

Dans les professions où l'on manipule des poisons, du plomb, du mercure, par exemple, un nettoyage parfait est de rigueur après le travail, pour éviter les intoxications.

Enfin, d'une manière générale, on doit tenir les mains propres, parce que l'on ne sait jamais de quelle nature sont les poussières ou autres impuretés qui les souillent, et que même les plus inertes en apparence, peuvent par leur simple qualité de corps étrangers, causer de l'inflammation, des furoncles et des panaris. L'exposition des mains au froid et à la chaleur, les transitions brusques de température, en hiver surtout, causent des rougeurs et de l'irritation. Le contact des poussières, des acides, et de tous les produits chimiques en général, produit les mêmes résultats.

Pour nettoyer les mains convenablement, il faut se servir de savon, et au besoin les brosser. Mais il importe de faire attention que beaucoup de savons sont nuisibles par l'excès d'alcali qu'ils renferment, ou par la nature et la mauvaise qualité des substances qui les parfument, en sorte que les personnes dont la peau est fine, délicate, susceptible ou maladive, doivent apporter la plus grande attention dans le choix de leurs savons de toilette : si même les mains sont rouges ou irritées, il faut s'abstenir pendant quelque temps, de tout savon ou pâte, et se laver les mains avec de l'eau et de la *Poudre Hygiénique Alcalinoamylacée*, (299) qui nettoie parfaitement, adoucit les mains et les rend blanches. Dans les cas ordinaires donner la préférence au *Savon Hygiénique du* D<sup>r</sup> *Sylvius* (329) ou aux *Savons de l'Hygiène Moderne* (328) qui réunissent l'agrément du parfum à la plus complète innocuité. Enfin, lorsque l'on a des doutes sur la qualité du savon que l'on emploie, il faut, en se savonnant les mains, ajouter un peu de *Poudre Hygiénique Alcalinoamylacée* (299) qui neutralise les principes irritants qui peuvent exister, fait mousser l'eau davantage et rend le nettoyage plus complet.

Comme désinfectant, ajouter à l'eau une ou deux cuillerées de *Phénol de l'Hygiène Moderne* (274) ou le *Vinaigre Hygiénique de* D<sup>r</sup> *Sylvius* (381).

Les engelures étant une des manifestations du tempérament lymphatique, nécessitent, pour guérir radicalement, un traitement dépuratif spécial ; je ne puis, pour cet objet, que renvoyer le lecteur au manuel *La Médecine Nouvelle* (227) par le D<sup>r</sup> O. Dubois. Comme traitement local, c'est bien à tort que l'on recommande l'usage de la Glycérine qui, outre qu'elle rend les mains poisseuses, fait plus de mal que de bien, à cause de son acidité. La *Crème Hygiénique Alcalinoamylacée* (110) est le vrai remède en pareil cas, et son effet est aussi prompt que salutaire, même et surtout lorsqu'il existe des crevasses ou des gerçures. On peut lui adjoindre avec succès, lorsque les engelures sont très fortes, les manuluves à la *Poudre Hygiénique astringente* (300) ; les mêmes bains ont une grande efficacité contre la transpiration des mains.

L'usage des gants a son utilité pour préserver les mains du soleil, du froid et les garantir contre les poussières ou autres impuretés. Mais il faut noter que, si on s'en sert constamment, les mains deviennent plus délicates et supportent moins bien les effets de l'air et des variations de température. Si elles sont sujettes à rougir ou s'enflammer, on se trouve bien de saupoudrer l'intérieur des gants avec la *Poudre Hygiénique Alcalinoamylacée* (299).

Lorsque les poils viennent à croître d'une façon disgracieuse sur la face dorsale des mains et des doigts, le meilleur moyen de les faire disparaître, c'est de les arracher avec une *Pince à épiler* (280) ; il est parfois nécessaire de recommencer l'opération plusieurs fois.

Voyez *Doigts* (125), *Gants cosmétiques* (165), *Ongles* (247).

**225**. — **MARJOLAINE**. — Plante de la famille des Labiées dont la tige et les feuilles fournissent, par distillation, une essence d'odeur très forte qui rappelle celle du camphre, et qui sert à parfumer les savons de toilette à bas prix. Elle possède des propriétés irritantes pour la peau. Voyez *Mains* (224).

**226**. — **MARMITES AMÉRICAINES**. — Ce sont des ustensiles destinés à extraire le jus de viande. Ils ont la forme d'une petite marmite munie d'un couvercle à fermeture hermétique et sont surmontées d'une anse portant une vis de pression pour assujettir le couvercle pendant la cuisson. Pour s'en servir, on met à l'intérieur de la viande de bœuf, sans graisse, coupée en menus morceaux, sans ajouter d'eau. On visse le couvercle, et on fait cuire au bain-marie pendant cinq heures environ. On peut alors retirer le jus.

Les *Marmites américaines de l'Hygiène moderne* (194) se font :

1° En *Porcelaine*, trois grandeurs, aux prix de 7, 8 et 9 fr. ;

2° En *Étain fin*, trois grandeurs, aux prix de 8, 9 et 10 fr. Port en sus.

**227.** — **MÉDECINE NOUVELLE.** — Le manuel *La Médecine Nouvelle*, par le Dr O. Dubois, est un traité théorique et pratique de Médecine et de Pharmacie usuelle, d'Hygiène et de Médecine légale, réunissant les connaissances que chacun doit posséder sur ces matières, et indiquant la manière de pouvoir se traiter d'une manière simple et efficace toutes les fois qu'il est possible de le faire soi-même. Il renferme, entre autres innovations, une méthode aussi sûre que facile pour pouvoir se guérir des maladies de l'estomac et du foie, du diabète, et de leurs conséquences, affections si fréquentes aujourd'hui, et qui sont traitées sans succès par les autres méthodes.

Cet ouvrage, parvenu à sa trente-quatrième édition, forme un gros volume in-18 jésus de près de 800 pages. Il se divise en quatre parties, comprenant environ 1200 articles.

La Première partie comprend quatre chapitres consacrés : le premier, à la Description et au Fonctionnement du corps humain ; le second aux Maladies en général ; le troisième, au Traitement des maladies ; le quatrième, aux Précautions à prendre pour traiter les maladies d'une manière efficace et inoffensive.

Les trois parties suivantes présentent la disposition d'un dictionnaire, dans lequel les articles sont rangés par ordre alphabétique. La Deuxième partie contient la description et le traitement de chaque maladie, infirmité ou incommodité en particulier ; la Troisième, la Description, les Propriétés et les Usages des médicaments et autres moyens de traitement ; la Quatrième, l'Hygiène et la Médecine légale.

Cet ouvrage dont la vogue considérable montre l'utilité et les services qu'il rend, se vend à l'*Hygiène Moderne*, au prix très réduit de 0.60 c. l'exemplaire ; par la poste, 1 fr. 05, franco.

**228.** — **MÉLILOT.** — Plante de la famille des Légumineuses. Elle renferme de la *Coumarine* (105) qui préparée artificiellement, sert à faire les parfums dits : *Odeur de foin fraichement coupé* (162).

**229.** — **MÉLISSE.** — Plante de la famille des Labiées qui entre dans la composition de plusieurs liqueurs et eaux spiritueuses. Elle fournit, par distillation, une très petite quantité d'essence, qui par suite est très chère, et s'emploie pour la fabrication de quelques parfums particuliers.

*Alcoolat de Mélisse composé, Eau de Mélisse spiritueuse dite des Carmes.* — Cette préparation très répandue dans le commerce est d'un usage dangereux lorsqu'elle est fabriquée avec des alcools de mauvaise qualité, comme c'est souvent le cas. L'*Eau de Mélisse de l'Hygiène Moderne* (194) est une marque supérieure qui se vend à raison de 0.60 c. le flacon, et en détail 0.20 c. les 30 gram. ; 0.75 c. les 125 gram. ; 5 fr. 25 le litre verre compris ; 2 fr. 65 le demi litre, d°.

**230.** — **MENTHE.** — Les menthes sont des plantes de la famille des Labiées qui fournissent, par distillation, une huile essentielle très employée en confiserie, en liquoristerie et en parfumerie. On cultive à cet effet la *Menthe verte*, la *Menthe crépue*, et la *Menthe poivrée*. Cette dernière est la plus estimée. Cultivée d'abord en Angleterre, elle donnait dans ce pays une essence (*Pipermint*) qui passait pour supérieure à toutes les autres. Mais aujourd'hui on fait des cultures en grand dans l'Amérique du Nord, en France dans la Provence, et jusque près de Paris dans la plaine de Gennevilliers, dont les produits semblent rivaliser avec ceux de l'Angleterre.

L'*Essence de menthe* donne à la bouche une sensation de fraîcheur absolument trompeuse, mais qui la fait rechercher pour la fabrication des pastilles et la préparation des eaux dentifrices. Cette essence, en effet, est excessivement irritante, et bien que son odeur forte puisse masquer parfois la mauvaise haleine, il n'en est pas moins vrai qu'elle est très nuisible aux gencives, lorsque celles-ci sont enflammées ou irritées. La plupart des eaux dentifrices, qui, pour obéir à la mode ou à la routine contiennent de l'essence de menthe, sont donc des préparations plus propres à faire du mal qu'à entretenir la bouche en bon état. Si les gencives sont malades ou sur le point de l'être, il faut faire usage de la *Poudre Dentifrice savonneuse* (298), qui est le seul dentifrice véritablement hygiénique, parce qu'il est composé d'une manière scientifique. Si les gencives sont normales, il faut employer l'*Eau Dentifrice Hygiénique du D*<sup>r</sup> *Sylvius* (136), qui réunit l'utile à l'agréable, sans faire courir le moindre risque.

*Essence de Menthe de l'Hygiène Moderne* (194). — Cette essence, produit pur, se vend à raison de 0.10 c. le gram. ; 1 fr. les 10 gram. ; 2 fr. 50 les 30 gram.

L'*Essence de Menthe Anglaise* véritable, vaut 0.20 c. le gram. ; 1 fr. 50 les 10 gram. ; 4 fr. 25 les 30 gram.

*Vinaigre de Menthe.* — Se prépare comme celui de *Lavande* (210) avec les feuilles de telle ou telle espèce de Menthe que l'on veut.

*Eau distillée de Menthe poivrée.* — On distille 10 kilogr. de *Menthe poivrée fraîche en fleurs*, avec 40 litres d'*Eau* et 250 gram. de *Sel.*

**231**. — **MERCURE.** — J'ai signalé la présence du mercure dans certains produits de parfumerie. On s'est servi notamment du *Cinabre* ou *Vermillon*, qui est du sulfate de mercure, comme matière colorante, pour les fards principalement ; c'est une substance très vénéneuse. On voit par là qu'il ne faut donner sa confiance en matière de toilette qu'aux produits qui offrent les garanties nécessaires.

**232**. — **MIEL.** — Produit de fabrication des abeilles presque entièrement composé de sucre ; il a une réaction acide et une odeur assez agréable. On s'en sert pour faire des *Pâtes dentifrices* (265) et on ne pouvait guère employer de substance plus malfaisante, car le sucre et l'acide acétique du miel attaquent et détruisent l'émail des dents ; il en est de même de la glycérine, ce à quoi n'ont pas pensé sans doute les inventeurs de ces préparations ; il est plus probable encore qu'ils n'en savaient absolument rien. Les pâtes dentifrices ordinaires contenant toutes soit du miel, soit du sirop de sucre, soit de la glycérine, sont donc des préparations antihygiéniques au premier chef ; il ne faut se servir que de la *Pâte Dentifrice Hygiénique du Dr Sylvius* (264), parce que c'est la seule qui soit composée d'une manière conforme aux besoins et à la nature des dents.

L'odeur spéciale du miel est sans doute ce qui lui a valu d'être choisi pour donner son nom à certains produits qui n'en renferment pas d'ailleurs la moindre trace. En voici deux exemples :

*Extrait de Miel d'Angleterre*, — On verse dans 5 litres d'*Alcool à 85°* : *Essence de Roses*, 20 gram.; — de *Girofles*, 15 gr.; — de *Bergamote*, 30 gram. ; on agite et on ajoute : *Infusion de Vanille*, 1 lit. ; — d'*Iris*, 1 lit. ; — de *Benjoin*, 125 gram.; on agite de nouveau et on ajoute : *Infusion de Musc*, 30 gram. ; — d'*Ambre*, 30 gram.; — de *Civette*, 10 gr., et enfin : *Extrait de Jasmin*, 3 lit. ; — de *Tubéreuse*, 3 lit. On expose à la chaleur, on agite de temps à autre et au bout de quinze jours, on filtre.

*Savon au Miel d'Angleterre*. — *Pommade à la Tubéreuse*, 15 kilogr. ; — au *Jasmin*, 10 kilogr. ; — *Huile au Jasmin*, 5 kilogr.; *Corps de Vanille* à l'axouge, 5 kilogr. ; — d'*Iris* d°, 5 kilogr ; — de *Benjoin*, 1 kilogr. ; *Cire Vierge*, 1 kilogr. ; *Lessive caustique*, 20 kilogr. ; — *Gomme Adragante*, 150 gr. On parfume avec : *Extrait de Miel d'Angleterre*, 0,60 centil.; — *Teinture de Musc*, 60 gram.; — d'*Ambre*, 60 gram.; — de *Civette*, 20 gram.; *Essence de Roses*, 40 gram.; — de *Girofles*, 30 gram.; — de *Bergamote*, 60 gram. On opère comme pour le *Savon aux Fleurs d'Italie*.

**233**. — **MILLEFLEURS**. — On vend sous ce nom des préparations composées en associant ensemble un assez grand nombre de substances odorantes, dix à douze généralement, et dont les formules varient selon le caprice de chaque fabricant.

On trouve, dans le commerce des *Extraits de Millefleurs*, pour le mouchoir, de l'*Eau de Millefleurs*, pour la toilette, de la *Pommade aux Millefleurs*, de l'*Huile aux Millefleurs*, du *Savon aux Millefleurs*, de la *Poudre aux Millefleurs*, pour sachets, du *Vinaigre aux Millefleurs*. Ces produits sont souvent composés avec des essences à bas prix et de mauvaise qualité.

*Extrait de Millefleurs de l'Hygiène Moderne* (194). — C'est un produit de premier choix qui s'emploie, soit à l'état pur pour le mouchoir, soit pour parfumer soi-même des pommades, des huiles, du vinaigre, de la glycérine, ou l'eau de la toilette. Il se vend en flacons du prix de 1 fr. 50 ; par la poste, 0,50 c. en sus, Voyez *Extraits* (154).

*Poudre aux Millefleurs de l'Hygiène Moderne* (194). — Elle sert à faire des sachets d'odeur et se vend à raison de 1 fr. 50 les 30 gram. ; 4 fr. 50 les 125 gram. Port en sus.

**234. — MOELLE DE BŒUF.** — On se la procure généralement chez le boucher. Elle sert à donner de la consistance aux pommades à base d'*Axonge* (183) ou *Graisse de porc*. Souvent on vend, sous le nom de *Pommade de moelle de bœuf*, des préparations qui n'en renferment aucune trace et qui sont faites tout simplement avec de la graisse de bœuf, beaucoup moins chère, et moins saine pour les cheveux. Il faut, en moyenne, 2 kilogr. de *Moelle de bœuf*, 3 kilogr., de *Graisse de porc*, et 1 kilogr. de *Graisse de bœuf*, pour avoir une pommade de consistance convenable. Pendant l'été, on peut ajouter un peu de *Cire jaune*, pour donner de la consistance, et pendant l'hiver, mettre un peu plus de graisse de porc. Avant d'employer la moelle de bœuf, on la fait fondre, et on la passe à travers un linge ou un tamis.

*Pommade à la moelle de bœuf.* — On fait fondre ensemble : *Moelle de bœuf*, 350 gram ; *Axonge*, 250 gram. ; *Huile d'olive*, 30 gram. ; *Cire blanche*, 30 gram.; et on ajoute le *Jus d'un citron.*

**234**<sup>bis</sup>. — **MOUSSELINE.** — Ce que j'ai dit des *Millefleurs* (233) s'applique entièrement à ce parfum. Pour l'avoir de bonne qualité, on se sert de l'*Extrait de Mousseline de l'Hygiène Moderne* (194), qui s'emploie, soit pur, pour le mouchoir, soit pour préparer soi-même des pommades, huiles, glycérines, vinaigres et eaux de toilette parfumées, ainsi qu'il a été expliqué à l'article *Extraits* (159). Il se vend en flacons du prix de 1 fr. 50; par la poste, 0,50 c. en sus.

**235.** — **MUGUET.** — Plante de la famille des Asparaginées, dont les fleurs exhalent un parfum suave. En les distillant à la vapeur ou bain-marie, dans la proportion de 20 kilogr. de fleurs, pour 40 litres d'eau, on obtient une *Eau distillée de Muguet.* En raison du faible parfum de ces fleurs, on leur associe généralement des fleurs de *Cassie* (71), pour cette préparation.

On trouve dans le commerce des produits soi-disan au Muguet, mais qui n'en renferment aucune trace, et sont préparés avec des essences de qualité inférieure. L'*Extrait de Muguet de l'Hygiène Moderne* (194), qui peut aussi s'employer pur pour le mouchoir, et permet de préparer soi-même des pommades, huiles, glycérines, en procédant comme il a été expliqué à l'article *Extraits* (154), est un produit de premier ordre. Il se vend en flacons du prix de 1 fr. 50; 0,50 c. en sus par la poste.

**236.** — **MUSC.** — Produit de sécrétion du *Chevrotain musqué*, animal de l'ordre des ruminants qui vit au Thibet, au Tonkin et dans la Tartarie. Le musc est contenu dans une petite poche, chez le mâle seulement, qui est placée entre le nombril et les organes sexuels. A l'état sec, il est grumeleux, de couleur brun rougeâtre, et répand une odeur forte et persistante, même en quantité des plus minimes. Cette odeur, qui ne plaît pas à tout le monde, se dégage sans faire perdre au musc une partie appréciable de son poids. Elle provoque les désirs sexuels, et agit puissamment sur le système nerveux ; c'est ce qui fait qu'on l'emploie en médecine.

Le prix du musc est très élevé ; aussi est-il sujet à un nombre infini de falsifications. On prépare en Allemagne, au moyen de l'*Huile de succin* et de l'*Acide azotique*, un *Musc artificiel*, d'un prix beaucoup moins élevé, et qui s'emploie souvent en parfumerie, au lieu du musc véritable.

*Musc de l'Hygiène Moderne* (194). — Ce produit est pur et de première qualité. Il se vend à raison de 0,80 c. les 10 centigram., 7 fr. le gram.

*Teinture de Musc.* — On fait macérer pendant quinze jours, en agitant de temps à autre, 7 gr. 50 c. de *Musc* dans 1 litre d'*Alcool à 85°*; puis on filtre au papier.

Autre formule : On pulvérise ensemble 30 gram. de *Musc* avec 15 gram. de *Sucre* dans un mortier de porcelaine préalablement échauffé, ainsi que son pilon, avec de l'eau bouillante. On ajoute peu à peu 500 gram. d'*Alcool à 90°;* on verse dans un bocal, et on laisse macérer pendant quinze jours.

*Teinture de Musc composée.* — On laisse macérer pendant un mois dans 400 gram. d'*Alcool à 85°* : *Musc*, 30 gr. ; *Teinture d'Ambre*, 50 gr. ; — de *Vanille*, 50 gr. On filtre, et on ajoute quelques gouttes d'*Essence de Roses.*

*Extrait de Musc de l'Hygiène Moderne* (94). — On vend sous le nom d'*Extrait de Musc*, des mélanges de composition très variée, qui ne sont pas préparés le plus ordinairement avec des substances de premier choix. On peut avoir un produit de premier ordre, en se servant de l'*Extrait de Musc de l'Hygiène Moderne* (194), soit pour le mouchoir, soit pour préparer soi-même des huiles, glycérines, pommades, poudres, eaux, etc..., à odeur de musc, selon les indications contenues à l'article *Extraits* (154). Il se vend à raison de 1 fr. 50 le flacon ; 0,50 c. en sus par la poste.

*Huile au Musc et à l'Ambre.* — On broie ensemble dans un mortier 2 gram. de *Musc* et 8 gram. d'*Ambre*; on délaie dans un peu d'*Huile d'Amandes douces*, et on ajoute ensuite peu à peu 500 gram. de la même huile; on verse dans un flacon, et on laisse macérer pendant douze jours en agitant souvent, puis on filtre.

*Vinaigre au Musc.* — Se fait comme celui d'*Ambre* (13), avec 16 gram. de *Musc*, 8 gram. d'*Ambre* et 8 litres de *Vinaigre*.

**237**. — **MUSCADE**, *Noix Muscade.* — C'est la semence d'un arbre de la famille des Myristicées, le *Muscadier*, qui est cultivé aux Iles Moluques. Elle se présente sous forme d'une petite noix, d'odeur et de saveur aromatique, qui renferme une huile grasse, solide, ou *Beurre de Muscade*, et une huile essentielle ou *Essence de Muscade*, que l'on retire par distillation et qui ne s'emploie en parfumerie que mélangée à d'autres odeurs.

La Noix Muscade est recouverte, au moment où on la récolte, de deux enveloppes, dont la seconde, appelée *Macis*, se présente sous forme d'une peau jaunâtre, qui rougit en se desséchant et contient aussi une huile essentielle employée principalement pour parfumer les savons.

Les *Noix Muscades de l'Hygiène Moderne* (194), se vendent à raison de 0,10, et 0,15 la pièce, selon la grosseur, et de 0,60 c. les 30 gram.; 2 fr. les 125 gram.

**238**. — **MYRRHE**. — C'est une gomme résine d'un arbre de la famille des Térébinthacées, qui croît dans l'Arabie et l'Abyssinie. Elle renferme une huile essentielle que l'on extrait par distillation avec l'eau, et qui entre dans la composition de plusieurs dentifrices et des pastilles fumantes.

La *Myrrhe de l'Hygiène Moderne* se vend à raison de 0,40 c. les 30 gr.; 1 fr. 20 les 125 gram.

**239. — MYRTE.** — Arbrisseau de la famille des Myrtacées, originaire des pays chauds, et cultivé dans les jardins, dont les feuilles renferment une huile essentielle ou *Essence de Myrte*, que l'on remplace ordinairement par le mélange suivant : *Extrait de Vanille*, 0,50 centil. ; — *de Roses*, 1 lit. ; — *de Fleurs d'oranger*, 0,50 centil. ; — *de Tubéreuse*, 0,50 centil. ; — *de Jasmin*, 60 gr.

En distillant les fleurs de myrte avec de l'eau, on obtient une préparation analogue à celle connue sous le nom d'*Eau d'Ange*.

*Esprit de Myrte*. — *Essence de Myrte*, 600 gram.; *Alcool à 85°*, 25 litres.

**240. — NAPHTALINE.** — C'est une substance d'odeur forte et goudronneuse, volatile, que l'on peut obtenir par la distillation de la houille.

On en trouve dans le commerce sous forme de boules que l'on place dans les étoffes et les effets de laine, pour les préserver des mites. Les *Boules de Naphtaline de l'Hygiène Moderne* (194) se vendent à raison de 0,10 c. les 30 gram. ; 0,20 c. les 125 gram. ; 0,60 c. les 500 gr. ; 1 fr. le kilo.

**241. — NARCISSE.** — Plante de la famille des Narcissées cultivée aux environs de Nice, et dont les fleurs ont une odeur suave et pénétrante. Cependant la plupart des parfums de Narcisse, ne sont que des produits artificiels qui n'ont aucun rapport d'origine avec cette plante, tel est le suivant.

*Extrait de Narcisse*. — *Extrait de Tubéreuse*, 171 centil. ; — *de Jonquille*, 113 cent. ; *Extrait de Styrax*, 14 centil. ; — *de Tolu*, 14 centil.

**242. — NEZ.** — Cette partie du visage est sujette à rougir et à s'enflammer sous l'influence de diverses maladies, principalement celles qui mettent obstacle à la circulation du sang, telles que les maladies de cœur, les maladies du foie et de l'estomac. En pareil cas, les remèdes locaux ne servent à rien ; il faut avant tout rendre la circulation du sang plus libre, et à cet effet, le mieux est de suivre la Médication Alcalinophosphatée et le Régime Sédatif, tels qu'ils se trouvent expliqués dans le manuel *La Médecine Nouvelle* (227) par le D^r O. Dubois. Dans ce même ouvrage, on trouve la manière de guérir les engelures, les boutons d'acné, et les points noirs qui se développent souvent sur cet organe, ainsi que les diverses sortes de coryza et d'ulcérations qui en occupent l'intérieur. Les rougeurs qui sont accompagnées d'inflammation ou de démangeaison seront toujours traitées avec succès par la *Crème Hygiénique Alcalinoamylacée* (110), et si elles siègent à l'intérieur, avec des prises de *Poudre Hygiénique Alcalinoamylacée* (299).

Pour faire disparaître les poils disgracieux qui se développent sur le nez, ou ceux qui se montrent d'une façon trop apparente à l'orifice des narines, le moyen le plus sûr est de les arracher un à un avec une *Pince à épiler* (280). S'ils repoussent, on réitère l'opération autant de fois qu'il est nécessaire, et ils finissent par disparaître.

Dans le traitement des maladies du nez, il est parfois nécessaire de faire des douches d'eau ou de liquides médicamenteux dans les fosses nasales. On se sert à cet effet du *Siphon de Weber* (340) ou des *Douches Nasales* (128).

On doit éviter d'introduire les doigts dans les narines, non seulement pour éviter de les élargir, mais surtout pour ne pas y porter des impuretés qui peuvent y déterminer des maladies. Les coups d'ongles déterminent souvent un épaississement de la muqueuse qui peut causer une obstruction de la narine correspondante.

**248. — ODEURS.** — Ce ne sont pas toujours les plus désagréables qui sont les plus malsaines ; beaucoup d'odeurs agréables sont dangereuses à respirer et peuvent causer la mort ; aussi doit-on se méfier des fleurs et des fruits odorants. Il ne faut pas laisser de bouquets dans les chambres à coucher, ni dormir dans celles où se trouvent des fruits en certaine quantité ; faute d'avoir observé cette précaution, certains dor meurs ne se sont plus réveillés.

Les odeurs peuvent provenir de substances fort diverses, mais qui doivent nécessairement émettre des vapeurs ou des principes volatils, c'est-à-dire susceptibles de se répandre dans l'air, puisque c'est celui-ci qui en est le véhicule. Tantôt elles proviennent d'une huile essentielle ou *Essence* (149) ; d'autres fois, d'un *Alcool* (6), d'un *Ether* (153), ou de quelque autre composé de nature organique ; d'autres fois d'une substance minérale, telle que le Soufre, le Phosphore, l'Iode ; l'origine et la nature de certaines odeurs, celle du Musc, principalement, ne sont pas nettement connues. Certaines odeurs en détruisent d'autres : l'essence d'amandes amères, par exemple, détruit celle du musc.

Les substances poreuses, spongieuses, telles que les étoffes, les papiers, s'imprègnent facilement des odeurs ambiantes et les conservent pendant un temps plus ou moins long.

Les odeurs ne sont pas toujours appréciées de la même façon : pour les uns, telle odeur est agréable, qui, au contraire, répugne à d'autres. Enfin, certaines maladies peuvent causer des perversions du sens de l'odorat qui font considérer comme agréables des odeurs répugnantes et réciproquement. Voyez *Essences* (149), *Parfums* (259).

**244**. — **OLIBAN**, *Encens*. — C'est une gomme-résine qui provient d'un arbre de l'Inde ; il en vient aussi d'Afrique. Elle se présente sous forme de grains arrondis, de volume variable, de couleur jaune pâle, se ramollissant sous la dent ; elle renferme une essence à odeur faible de citron. Projeté sur des charbons ardents, elle brûle en répandant une odeur agréable, et c'est pour cela qu'on l'emploie de temps immémorial dans les cérémonies religieuses.

*L'Encens de l'Hygiène Moderne* (194) se vend à raison 0.20 c. les 30 gram., 0.60 c. les 125 gram.

*Extrait d'Encens.* — *Encens*, 500 gram.; *Alcool*, 5 lit.

**245.** — **ŒILLÈRES.** — Ce sont de petits vases destinés à pouvoir baigner le globe de l'œil ; à cet effet, leurs bords sont disposés de manière à pouvoir s'adapter sur les contours de la cavité orbitaire, de façon à ce qu'une fois renversés, le liquide qu'ils contiennent ne puisse se répandre au dehors ; pendant le bain, il faut tenir l'œil ouvert, de façon à ce que le liquide se trouve en contact avec la conjonctive.

Les *Œillères de l'Hygiène Moderne* (194) se font en *Verre de couleur*, en *Cristal* et en *Porcelaine* et se vendent respectivement 0.40 c., 0.60 c. et 30 c. la pièce ; 0.15 c. en sus par la poste.

**246.** — **ŒILLET.** — Plante de la famille des Caryophyllées, dont on imite le parfum des fleurs au moyen d'un mélange de diverses substances parmi lesquelles l'*Essence de Girofles* (174) joue le principal rôle. Pour faire soi-même des préparations convenables à odeur d'œillet, on se sert avec avantage de l'*Extrait d'Œillet de l'Hygiène Moderne* (194), qui est un produit de qualité supérieure, et se vend à raison de 1 fr. 50 c. le flacon ; 0.50 c. en sus par la poste. Voyez *Extraits* (154).

*Vinaigre à l'Œillet.* — On fait macérer pendant six jours 500 grammes de *Pétales d'Œillets rouges* dans 6 litres de *Vinaigre blanc* ; on passe et on filtre.

*Poudre à l'Œillet de l'Hygiène Moderne* (194). — Elle sert à faire des sachets d'odeurs, et se vend à raison de 1 fr. 50 les 30 gram. ; 4 fr. 50 les 125 gram. Port en sus.

*Eau distillée d'Œillet.* — Se prépare en distillant 10 kilogr. de *Fleurs d'Œillets mondées* avec 40 kilogr. d'*Eau* et 250 gram. de *Sel*.

*Philocôme à l'Œillet.* — On fait fondre au bain-marie 500 gram. d'*Axonge*, et 500 gram. d'*Huile d'Œillette ;* on passe et on ajoute 8 gram. d'*Essence de Girofles* et 2 gram. d'*Essence de Géranium.*

**247.** — **ONGLES.** — Ce sont des parties cornées de même nature que les poils et les cheveux, et qui prennent naissance dans un repli de la peau qui recouvre la dernière phalange des doigts des pieds et des mains. Leur intégrité et leur vitalité sont sous la dépendance de l'état de santé général, et dans toutes les maladies qui affaiblissent la constitution ou qui vicient le sang, ils sont eux-mêmes plus ou moins atteints, comme dans l'anémie, la scrofule, la syphilis, etc. Leurs maladies exigent donc la plupart du temps un traitement général, pour lequel nous renvoyons le lecteur au manuel *La Médecine Nouvelle* (227) par le D^r O. Duboix, et il faut y recourir toutes les fois que les ongles deviennent faibles, cassants, se déforment, se tachent, ou qu'il s'accumule dessous des amas de pellicules.

Les ongles doivent être tenus très proprement ; on ne doit pas laisser s'accumuler sous leur partie libre d'impuretés ni de substances étrangères, et à cet effet, on les nettoie avec un *Cure-ongles* (59) et une *Brosse à ongles* (117), une fois par jour au moins. Cette précaution est indispensable pour ceux qui manient du plomb, du mercure, ou autres substances capables de déterminer des empoisonnements, car elles peuvent être absorbées par la peau lorsqu'elles séjournent sous les ongles.

Les ongles doivent être taillés de temps à autre au moyen de ciseaux appropriés (86), ou mieux d'un canif pour éviter de les casser ; on polit ensuite l'extrémité coupée avec la *Lime à ongles* (216) ou la *Pierre-ponce* (277). Enfin, on les rend brillants et polis au moyen de la *Poudre à polir les ongles* (302) et du *Polissoir* (288). C'est à tort que l'on considère l'habitude de couper les ongles en rond comme la cause de l'*ongle incarné*; cette maladie provient d'une mauvaise constitution, le lymphatisme ou la scrofule, et doit se traiter comme il est dit dans le manuel *La Médecine Nouvelle* (227) par le D᷾ O. Dubois.

**248.** — OPOPONAX. — Plante de la famille des Ombellifères qui croît en Perse et en Turquie, et dont la tige souterraine renferme une résine d'odeur âcre et aromatique, qui n'est guère utilisée en parfumerie que de nom. Les préparations à l'Opoponax sont des produits de fantaisie, dont la composition est des plus variables, et qui ne sont pas toujours de bonne qualité. On se servira avec plus d'avantage de l'*Extrait d'Opoponax de l'Hygiène Moderne* (194) qui est un produit de qualité supérieure, soit pour le mouchoir ou la toilette, soit pour parfumer de l'huile, de la glycérine, de la pommade, etc. Il se vend à raison de 1 fr. 50 le flacon; 0.50 c. en sus par la poste. Voyez *Extraits* (154).

**249.** — ORANGER. — Arbrisseau de la famille des Aurantiacées, cultivé dans le Sud-Est de la France, en Espagne, en Portugal, en Algérie, dont les fleurs, les feuilles et l'écorce des fruits, renferment une forte proportion d'huile essentielle d'odeur suave, qui fait l'objet d'un commerce important.

*Essence de Fleurs d'Oranger, Néroli, Huile de Néroli, Essence de Néroli.* — Ce produit provient des fleurs de l'Oranger amer ou de celles de l'Oranger bigarade; ce dernier plus estimé; on l'obtient soit par distillation des fleurs avec l'eau, soit par macération des fleurs dans la graisse, que l'on traite ensuite par l'alcool, lequel cède l'essence par distillation. On la fabrique aussi au moyen des fleurs de l'Oranger doux ou Oranger de Portugal, mais elle est moins fine. Elle s'altère à l'air et à la lumière; elle est fort sujette à falsifications.

*Essence de Néroli de l'Hygiène Moderne* (194). — Ce produit, de qualité supérieure, se vend à raison de 1 fr. 25 le gram.; 10 fr. les 100 gram. Le *Néroli ordinaire* ne vaut que 0.70 c. le gram., et 6 fr. les 10 gram.

*Eau distillée de Fleurs d'Oranger.* — Elle se pré-pare, soit par la distillation des fleurs, soit en faisant dissoudre l'Essence de Néroli dans de l'eau; mais ce dernier procédé donne un produit moins fin. L'*Eau de fleurs d'Oranger double* est celle qui est obtenue en distillant la fleur de manière à retirer en eau distillée le double du poids de la fleur employée; elle est dite *quadruple* si on retire poids pour poids; *triple*, si on retire 1 kilogr. et demie pour 1 kilogr. de fleurs; et *simple*, lorsque l'eau double est étendue de son poids d'eau. Cette eau, comme on le voit, offre de nombreux degrés comme qualité, et aussi comme pureté, car elle est fort sujette à falsifications.

*Eau de Fleurs d'Orangers de l'Hygiène Moderne* (194). — C'est de l'eau distillée triple supérieure. Elle se vend à raison de 0.10 c. les 30 gram.; 0.30 c. les 125 gram.; 2 fr. 25 le litre, verre compris, et en flacons du prix de 0.50 c.

*Essence d'Écorce d'Orange.* — On l'extrait soit de l'orange amère, soit de l'orange douce de Portugal, celle-ci moins estimée. Il suffit, pour l'obtenir, de presser l'écorce pour en faire sortir le jus que l'on recueille sur une éponge, soit de la déchirer au moyen d'instruments appropriés, pour qu'il coule dans un vase. On peut ensuite distiller le résidu des écorces pour obtenir encore une nouvelle quantité d'essence. On se sert aussi des oranges Mandarines, d'où trois sortes d'essences d'oranges : l'*Essence d'Oranges amères*, l'*Essence de Portugal*, et l'*Essence de Mandarines*. Elles servent principalement à parfumer les savons, les eaux dentifrices et quelques autres produits.

*Essence de Petit-grain.* — Elle s'obtient par la distillation des feuilles et des petits fruits verts de l'Oranger bigarade. Il ne faut pas la confondre avec le Néroli, épithète qu'on lui donne souvent. Elle ne vaut que 0.25 c. le gram.; 2 fr. les 10 gram.

*Alcool à l'Orange.* — On fait macérer pendant

quinze jours 100 gram. de *Zestes d'Oranges* dans 500 gram. d'*Alcool à 85°*. On passe et on filtre.

*Vinaigre à l'Orange.* — On mêle ensemble *Néroli*, 20 gram.; *Alcool à l'Orange*, 100 gram.; *Vinaigre de bois*, 1 litre.

**250.** — **ORCANETTE**, *Alkanna*. — Plante de la famille des Borraginées dont la racine renferme une matière colorante rouge qui jouit d'une grande fixité et donne une teinte variant du pourpre au rose, selon son état de concentration. On l'emploie surtout pour colorer des pommades et les huiles pour les cheveux; il suffit de l'ajouter à la graisse fondue ou à l'huile et de laisser digérer à chaud pendant quelque temps, puis on passe avant refroidissement. On peut aussi faire une teinture rouge avec 125 gram. d'*Orcanette* mis à macérer dans 1 litre d'*Alcool*. On filtre au bout de quelques jours. L'orcanette ne cède pas à l'eau son principe colorant.

L'*Orcanette de l'Hygiène Moderne* (194) se vend à raison de 0.10 c. les 30 gram.; 0.25 c. les 125 gram.; port en sus.

**251.** — **OREILLES.** — Ces organes demandent à être tenus très proprement, car la poussière et les impuretés en s'y accumulant, peuvent former avec le cérumen ou produit de sécrétion de l'oreille, une sorte de mastic qui en se durcissant et se desséchant peut amener la surdité; voyez, sur ce sujet, le manuel *La Médecine Nouvelle* (227) par le D<sup>r</sup> O. Dubois. Il faut donc les laver avec soin, à l'eau tiède ou à l'eau de savon, chaque matin, et comme les linges ne pénètrent pas assez avant au moyen du doigt, se servir du *Lave-Oreille* (211), chez les enfants principalement, et, si le lavage est insuffisant, on fait des nettoyages avec le *Cure-Oreille* (118).

Lorsque l'ouïe est dure, on fait usage des *Cornets et des Conques Acoustiques* (101).

Si l'oreille est sensible au froid, on y introduit un

petit tampon d'*Ouate rose* (103) qui peut également servir à y porter des pommades ou des huiles médicamenteuses.

Enfin, pour faire des injections dans le conduit auditif externe, on se sert de *Seringues à oreilles* (335).

**252. — OUVRE-BOUCHES.** — Ce sont de petits instruments destinés à écarter les mâchoires lorsque le malade ne peut ou ne veut ouvrir la bouche, comme en cas de délire, de paralysie, de contracture, ou encore chez les noyés, les asphyxiés, les enfants indociles, les aliénés. Ils doivent se trouver dans toutes les *Boîtes de secours*.

Les *Ouvre-Bouches de l'Hygiène Moderne* (194) se vendent à raison de 5 fr. la pièce ; par la poste 5 fr. 50.

**253. — PANSEMENTS.** — Les progrès de la science ont, dans ces dernières années, modifié complètement les pratiques de la chirurgie et les appareils de pansement. Pour pratiquer l'antisepsie et l'asepsie, il est nécessaire d'avoir des substances préparées d'une façon spéciale et sur lesquelles on puisse compter. A ce point de vue, on trouve à l'*Hygiène Moderne* (194) tous les articles usités en pareil cas, préparés d'une façon toute spéciale, et donnant toute garantie et toute sécurité, tels qu'*Amadou, Bandes* (33), *Baudruche* (39), *Catgut, Charpie* (79), *Crin de Florence, Drains, Douches d'Esmarck* (127), *Gaze, Lint* (79), *Soie, Tarlatane* (357), etc.

**254. — PAPIER BROUILLARD.** — C'est un papier mince et léger, mais ayant une certaine résistance. On l'emploie pour faire des papillotes et panser les plaies, les brûlures, les vésicatoires. Pour ce dernier usage, il ne doit contenir aucune substance malfaisante, ni impuretés, sous peine de déterminer des accidents ; on doit donc le purifier préalablement au moyen des antiseptiques. C'est de cette façon que sont préparés les *Papiers Brouillards de l'Hygiène Moderne* (194) qui se vendent à raison de 0,10 c. les 6 feuilles, et doivent être employés de préférence aux papiers ordinaires qui n'offrent aucune sécurité.

**255. — PAPIER HYGIÉNIQUE.** — Le *Papier de Garde-robe de l'Hygiène Moderne* (194) est un papier purifié au moyen des antiseptiques, et qui ne renferme aucune impureté ni germes malfaisants. Il faut s'en servir de préférence, car avec le premier papier venu, on s'expose à contracter des maladies contagieuses, ou à déterminer des rougeurs, des démangeaisons et des abcès à l'anus. Ce papier se vend à raison de 1 fr. le rouleau.

**256. — PAPIERS ODORANTS.** — Ce sont des bandes de papier léger et un peu poreux, que l'on a préalablement trempées dans une solution de *Sel de nitre*, à 10 gram. de sel pour 100 gram. d'eau, puis fait sécher, et ensuite plongées dans une dissolution de *Myrrhe* (238), *Encens* (144), ou *Benjoin* (41), dans *Alcool à 85°*, puis fait sécher de nouveau. Pour l'usage, on les allume, on éteint la flamme, et le papier continue à brûler sans flamme, grâce au sel de nitre, en répandant des vapeurs odoriférantes.

On prépare d'une manière analogue les *Rubans de Bruges*, en remplaçant le papier par du ruban de coton sans apprêt ; mais ils sont moins hygiéniques, parce que le coton donne davantage de fumée.

Enfin on prépare des papiers qui dégagent leurs parfums sans brûler, lorsqu'on les chauffe. A cet effet, on plonge le papier dans une solution de 10 gram. d'*Alun* dans 100 gram. d'*Eau chaude*, on fait sécher et on plonge dans la teinture suivante : *Benjoin, Baume de Tolu, Extrait de Tonka*, — de *Vétiver*, 20 gram. de chaque ; *Alcool*, 0,06 centilitres. On peut se contenter de plonger le papier aluné dans du *Benjoin* ou de l'*Encens* fondus à une douce chaleur.

**257. — PAPIER DE TOURNESOL.** — Le *Tournesol* est une substance de couleur bleue, qui passe au rouge lorsqu'elle est en contact avec un liquide acide, elle reprend sa couleur bleue, si on la met ensuite en contact avec un liquide alcalin, les alcalins étant les contraires des acides. C'est pourquoi on fait du *Papier de Tournesol bleu* pour reconnaître l'acidité des liquides, et du *Papier de Tournesol rouge*, pour reconnaître leur alcalinité.

Le *Papier de Tournesol de l'Hygiène Moderne* (194) se vend à raison de 0,30 c. le carnet.

**258**. — **PARAFFINE**. — C'est une substance blanche, de la consistance de la cire, sans odeur, fondant entre 42° et 61°, brûlant avec une flamme claire, que l'on peut extraire des lignites, des schistes, du pétrole, et qui s'emploie pour la fabrication des cierges, et pour remplacer la cire, le blanc de baleine, qui sont beaucoup plus chers, lorsqu'on veut donner de la consistance aux pommades. Elle est inattaquable par la plupart des agents chimiques et empêche les pommades de rancir. La *Paraffine de l'Hygiène Moderne* (194) est un produit de premier choix qui se vend à raison de 0,25 c. les 30 gr. ; 0,75 c. les 125 gram. ; 1 fr. les 500 gram.

**259**. — **PARASITE**. — On appelle ainsi tout être qui vit ou se nourrit aux dépens d'un autre. Les parasites du corps humain vivent soit à la surface de la peau, soit à l'intérieur du corps. Parmi les premiers, sont les poux, les puces, les punaises, le sarcopte de la gale, et diverses sortes de parasites végétaux, entre autres ceux qui produisent la teigne, l'herpès tonsurant, etc. Parmi les seconds sont les vers. Enfin les microbes qui déterminent la plupart de nos maladies contagieuses et infectieuses, vivent tantôt au dedans, tantôt au dehors. Pour plus de détail sur ce sujet. nous renvoyons le lecteur au manuel *La Médecine Nouvelle* (227) par le Dr O. Dubois. Nous ne voulons ici qu'indiquer les moyens hygiéniques propres à prévenir le développement des parasites et à s'en préserver.

D'une manière générale, le défaut de soins, de propreté, le manque de précautions, est la cause principale du développement des parasites ; d'où la nécessité de se laver, de se baigner, de changer et de nettoyer les vêtements, le linge, d'enlever les poussières, les impuretés des chambres et des habitations, de renouveler l'air, de veiller au choix et à la préparation des aliments et des boissons, d'éviter tout contact avec les choses ou les personnes pouvant porter des germes de maladies, et enfin de détruire les parasites ou leurs germes, lorsqu'on n'a pu les éviter.

Pour détruire les punaises, il faut se servir d'insecticides appropriés, tel que la *Poudre de Pyrèthre* (308), par exemple, en ayant soin d'employer un produit pur et non falsifié, sous peine d'insuccès ; on peut aussi badigeonner les bois de lit où se trouvent les œufs, les boiseries et fentes des murs, avec l'*Essence de Térébenthine* (360) ou même le *Pétrole*.

On chasse ou on détruit les puces, soit en saupoudrant la literie et les vêtements avec de la *Poudre de Pyrèthre*, soit en plaçant entre les matelas une certaine quantité de la plante d'*Absinthe*. Il faut aussi balayer avec soin les planchers et le parquet, les laver à l'*Eau de Javelle*, et faire disparaitre tous les nids de poussières qui servent de refuge et de lieu de ponte à ces animaux.

Pour détruire les poux, quel que soit leur siège, on se sert soit d'une macération de tabac dans l'eau, soit de *Staphysaigre en poudre*, d'*Onguent gris*, soit de *Précipité rouge*.

Pour éviter de contracter certaines maladies de peau telles que l'herpès tonsurant et autres du genre de la teigne, qui font tomber la barbe et les cheveux, il ne faut pas se servir de blaireaux à barbe, ni de brosses à cheveux et autres objets de toilette, même neufs, sans qu'ils aient été purifiés au moyen des antiseptiques. Cette précaution étant toujours observée à l'égard des articles de l'*Hygiène Moderne* (194), c'est à ceux-ci que l'on devra donner la préférence sur les articles ordinaires.

Quant au traitement et aux précautions concernant les vers et les microbes, ces questions étant du ressort de la médecine, nous renvoyons le lecteur au manuel *La Médecine nouvelle* (227) par le Dr O. Dubois.

**260**. — **PARFUM DU LÉTHÉ** *du Dr Sylvius*. — Cette préparation, d'une odeur suave, n'est pas seulement un produit d'agrément. Les parfums qu'elle renferme ont été choisis parmi ceux qui exercent sur le système nerveux une action bienfaisante, aussi est elle indispensable aux personnes délicates et impressionnables, dont le cerveau et les nerfs sont fatigués ou ébranlés. Après une émotion, une contrariété, une surexcitation quelconque, des chagrins, de l'ennui, de l'insomnie, il est précieux de pouvoir en quelques instants, dissiper le malaise physique et moral. A cet effet, il suffit, à une ou plusieurs reprises, de verser sur un mouchoir quelques gouttes du *Parfum du Léthé du Dr Sylvius*, et d'en respirer l'odeur, ou plus simplement de la respirer directement à l'orifice du flacon débouché. Ce produit, dont l'usage est inoffensif, se vend à l'*Hygiène Moderne* (194), à raison de 5 francs le flacon ; port en sus.

**261**. — **PARFUMS**. — On désigne sous ce nom les substances d'odeur agréable. J'ai indiqué à l'article *Odeurs* (243) leurs particularités principales ; il ne me reste ici qu'à ajouter que l'usage des parfums est aussi ancien que l'homme lui-même, parce que celui-ci recherche toujours ce qui flatte ses sens, ce qui ne veut pas dire pour cela que tout ce qui lui est agréable lui soit bon, car le contraire est plus souvent vrai. Si donc l'usage des parfums est pratiqué sans discernement, et si ceux-ci sont préparés par des personnes qui n'ont pas une instruction suffisante, comme c'est le cas ordinaire, il peut en résulter des dangers pour la santé et pour la vie même. Nous avons, dans le cours de cet ouvrage, signalé les **préparations dangereuses** et indiqué les précautions à prendre, afin que chacun puisse concilier l'utile avec l'agréable ; la première à prendre, c'est de ne pas faire usage des premiers produits venus, et de donner la préférence à ceux qui sont préparés par des personnes compétentes et ayant les connaissances nécessaires. Tous les produits indiqués dans ce livre comme émanant de l'*Hygiène Moderne* (194) réalisent ces conditions d'une manière absolue, et on peut en faire usage avec la plus complète sécurité.

**262**. — **PASTILLES ODORIFERANTES**. — Sous le nom de *Pastilles fumantes, Clous fumants*, on prépare soit de petites tablettes découpées à l'emporte-pièce, soit de petits cônes que l'on peut peut faire brûler dans des cassolettes ou des réchauds, pour en parfumer l'air des appartements. Leur composition, généralement compliquée, ne permet guère de les préparer soi-même avec facilité ni avantage ; elle a pour base ordinaire du *Charbon* en poudre fine associé avec de la *Gomme* et du *Sel de nitre*, associés avec des substances odorantes, parmi lesquelles l'*Encens*, le *Storax*, le *Benjoin*, la *Myrrhe*, le *Musc*, l'*Ambre* jouent le principal rôle. Les vapeurs que dégagent ces produits en brûlant ne sont pas toujours hygiéniques ; cependant, on peut sans inconvénient faire usage des *Pastilles fumantes de l'Hygiène Moderne* (194) qui ont de réelles vertus pour assainir l'air.

On fabrique aussi des pastilles pour faire des colliers odorants. On mêle ensemble, par exemple, 60 gram. de *Pétales de Roses* pilées dans un mortier avec 6 gram. de *Noir de fumée*, 30 gram. de *Colle de poisson* et 15 gram. de *Gomme adraganthe*, de manière à former une pâte dont on forme des boules de grosseur égale que l'on perce d'un trou pour pouvoir les enfiler, une fois sèches.

**263**. — **PATCHOULY**. — Plante de la famille des Labiées qui croît aux Indes et en Chine, et dont les feuilles exhalent une odeur forte et aromatique. On s'en sert pour préserver les vêtements de la teigne et des mites. A cet effet, on en forme de petits sachets que l'on place dans les tiroirs. Le *Patchouly de l'Hygiène Moderne* (194), se vend à raison de 0.25 c. les 30 gram.; 0.75 c. les 125 gram.

*Essence de Patchouly.* — On la retire des feuilles sèches au moyen de la distillation. Son odeur est très forte et n'est agréable qu'à l'état de dilution. Elle est sujette à être falsifiée avec l'*Essence de bois de Cèdre.* L'*Essence de Patchouly de l'Hygiène Moderne* (194) est un produit pur et se vend à raison de 0.15 c. le gram.; 2 fr. les 10 gram. ; 5 fr. 50 les 30 gram.

*Extrait de Patchouly.* — On peut le préparer soi-même, en mélant ensemble : *Essence de Patchouly,* 50 gram.; — *de Bergamote,* 25 gram.; — *Teinture de Benjoin,* 20 gram.; — *Alcool à 85°,* 1 litre. Pour le mouchoir. Il existe d'autres formules plus compliquées. Pour plus de facilités on peut se servir de l'*Extrait de Patchouly de l'Hygiène Moderne* (194) qui est un produit de choix, et se vend à raison de 1 fr. 50 le flacon ; 0.50 c. en sus par la poste.

**264.** — **PATE DENTIFRICE HYGIENIQUE** *du D<sup>r</sup> Sylvius*. — Ainsi qu'on le verra dans l'article suivant (265), cette pâte est destinée à éviter l'emploi des pâtes dentifrices ordinaires qui sont malfaisantes pour les dents, parce qu'elles renferment des substances sucrées ou acides qui attaquent l'émail et qu'en outre elles sont aromatisées avec des essences trop fortes ou trop irritantes. Celle-ci, au contraire, est salutaire et bienfaisante parce qu'étant composée avec des substances de même nature que le tissu dentaire, elle ne peut, par conséquent l'attaquer ni l'user, mais de plus elle le conserve et l'assainit grâce à son pouvoir antiacide et antiseptique. Il suffit de l'étendre sur les dents à l'aide du doigt, puis de frotter avec une *Brosse à dents* (59) humectée d'eau. On peut en faire usage aussi souvent qu'on le veut sans aucun inconvénient. Elle se vend à l'*Hygiène Moderne* (194), au prix de 2 francs la boîte ; port en sus.

**265**. — **PATES DENTIFRICES**, *Opiats Dentifrices*.— Ce sont des préparations de consistance molle que l'on fabrique au moyen d'une *Poudre Dentifrice* (295) additionnée de *Miel*, de *Sucre* ou de *Glycérine*, et qui servent à frotter les dents. Or, il n'y a rien de plus pernicieux pour celles-ci que ces substances, en sorte que les propriétés déjà si nuisibles que j'ai signalées à propos des *Poudres Dentifrices* (295), se trouvent encore augmentées ici ; nouvelle preuve d'ignorance de la part de ceux qui se livrent à l'industrie du parfumeur. Toutes les pâtes et tous les opiats dentifrices ordinaires renferment des substances sucrées, astringentes ou acides ; ce sont des produits absolument malfaisants et qu'il faut rejeter sans hésitation. On peut au contraire, sans le moindre inconvénient, se servir de la *Pâte Dentifrice Hygiénique du D<sup>r</sup> Sylvius* (264) qui ne contient ni sucre, ni miel, ni autre principe susceptible d'attaquer les dents et jouit au contraire de propriétés bienfaisantes, parce que, comme la Poudre Dentifrice du même auteur, elle est composée avec les mêmes éléments que la substance dentaire, auxquels on a ajouté, pour leur donner une consistance molle, une substance absolument neutre, sans action sur le tissu des dents et sur les gencives.

**266**. — **PEAU**. — Il ne suffit pas d'entretenir avec soin la propreté de la peau au moyen des bains et des lavages, il faut encore s'abstenir de l'irriter. C'est cependant ce que l'on fait tous les jours par l'emploi de tous ces articles de parfumerie que l'industrie moderne déverse à flots dans le commerce, sans nul autre souci que celui de vendre le plus possible. Sans parler des falsifications et des produits de mauvaise qualité, il suffit de mentionner tous ces produits chimiques que la science moderne a su découvrir et qui viennent remplacer, en les imitant plus ou moins, les parfums naturels des végétaux. On arrive ainsi, par l'usage habituel de ces produits, à enlever à la peau sa finesse et sa douceur ; des rougeurs, des boutons, des démangeaisons, l'eczéma et d'autres maladies surviennent sans qu'on sache pourquoi. D'autres fois, ce sont les poisons les plus violents tels que le plomb, le mercure, l'arsénic, les sels d'argent, qui, masqués sous des noms d'emprunt, viennent s'étaler sur la peau qui les absorbe et les fait passer dans le sang. De là des maladies graves dont il n'est pas toujours possible de trouver l'origine. Il ne faut donc se servir que de *produits hygiéniques* dans toute l'acceptation scientifique de ce mot, et non de produits qui n'en ont que le nom ; nous avons signalé dans le cours de cet ouvrage les uns et les autres ; c'est donc au consommateur lui-même à faire son choix. Voyez *Hygiène Moderne* (194).

Lorsque la peau est très susceptible ou bien rouge, enflammée, atteinte de boutons ou d'éruptions, il ne faut se servir uniquement que de la *Poudre Hygiénique Alcalinoamyliacée* (294) et de la *Crème Hygiénique Alcalinoamylacée* (110), ou, s'il s'agit de la tête, de la *Pommade Alcalinoboratée* (290). Dans les autres circonstances, c'est aux produits du *D^r Sylvius* (305) ou à ceux de l'*Hygiène Moderne* (305) qu'il faut recourir de préférence.

En cas de *Taches de rousseur, Masques, Ephélides*, on emploie avec succès le *Lait Hygiénique de Toilette du D^r Sylvius* (206), ou le *Lait Virginal de l'Hygiène Moderne* (205).

**267**. — **PEAU D'ESPAGNE**. — Ce sont des morceaux de peau d'agneau, de chamois, de daim ou autres, préparées, que l'on a parfumés au moyen d'une opération assez longue en les malaxant et laissant tremper dans des parfums liquides composés d'un assez grand nombre de substances. Elles se portent comme sachet, ou pour parfumer le linge, les cassettes, les boîtes à ouvrage, etc. On fait aussi une *Pâte de Peau d'Espagne* qui se met en petites boules pour garnir les cassolettes.

*Extrait de Peau d'Espagne de l'Hygiène Moderne* (194). — Ce produit s'emploie soit pour le mouchoir, soit mélangé à des huiles, des pommades, des poudres, de la glycérine, pour les aromatiser. Il se vend en flacons du prix de 1 fr. 50 ; par la poste 0.50 c. en sus. Voyez *Extraits* (154).

*Poudre à la Peau d'Espagne de l'Hygiène Moderne* (194). — Elle sert à faire des sachets d'odeur, et se vend à raison de 1 fr. 50 les 30 gram. ; 4 fr. 50 les 125 gram. Port en sus.

**268. — PEAUX DE CHATS.** — La peau du chat en général, et celle du chat sauvage en particulier, a pour propriété de développer une assez grande quantité d'électricité par le frottement. C'est donc avec raison qu'on s'en sert pour frictionner la peau en cas de douleurs, névralgies, rhumatismes, faiblesse musculaire et paralysie, mais il ne faut se servir que de peaux véritables. Les *Peaux de chats de l'Hygiène Moderne* (194) présentent cette garantie et se vendent depuis 2 fr. 50 jusqu'à 6 fr., selon la grandeur ; port en sus.

**269. — PÊCHER.** — Plante de la famille des Rosacées dont les fleurs ont une odeur assez agréable que l'on imite, en parfumerie, de la façon suivante :

*Extrait de Fleurs de Pêchers.* — A 1 litre d'*Alcool à 90º*, on ajoute 1 gram. d'*Essence d'Amandes amères* et 4 gram. d'*Essence de Citron* ; on agite et on ajoute 10 gram. de *Teinture de Baume du Pérou* ; et après nouvelle agitation, 500 gram. d'*Esprit de Fleurs d'Oranger*. On laisse passer quinze jours avant de s'en servir.

**270. — PEIGNES.** — Il ne faut pas se servir, pour la tête, de peignes trop durs ou à dents trop pointues. Le démêloir est d'un usage indispensable, mais le peigne fin est plutôt nuisible ; s'il casse ou arrache les cheveux, il irrite le cuir chevelu. J'ai déjà parlé des dangers que l'on court à se servir d'objets de toilette en commun ; cette observation s'applique aussi aux peignes à cheveux et à barbe, qui peuvent transmettre la teigne et l'herpès tonsurant, lorsqu'ils ont servi à des personnes ou à des animaux atteints de ces maladies.

L'usage des *Peignes en plomb*, dont on se sert pour teindre les cheveux en noir, peut causer des empoisonnements, le plomb étant susceptible d'être absorbé par la peau.

On trouve à l'*Hygiène Moderne* (194), toutes les variétés de peigne usitées pour l'hygiène et la toilette.

**271. — PELLICULES.** — Les pellicules du cuir chevelu, connues en médecine sous le nom de *Pityriasis*, sont le plus ordinairement l'expression d'un état général tel que le rhumatisme, le lymphatisme, la scrofule, la syphilis; on les rencontre aussi dans les maladies du foie ou de l'estomac. Il est donc presque toujours nécessaire, pour les faire disparaître, de s'attaquer à la cause qui les produit, et pour cela, je ne puis que renvoyer le lecteur au manuel *La Médecine Nouvelle* (227) par le Dr O. Dubois. Les lotions et frictions ne servent le plus souvent qu'à irriter davantage le cuir chevelu et à éterniser la maladie; il faut donc s'en abstenir avec soin. On fera usage exclusivement de la *Pommade Hygiénique Alcalinoboratée* (290) pour lisser les cheveux, parce qu'elle ne contient rien d'irritant, et renferme au contraire des principes alcalins qui peuvent suffire à eux seuls pour faire disparaître les pellicules qui ne dépendent pas d'une maladie générale. Pour nettoyer la tête, il faut se servir de la *Lotion Hygiénique du Dr Sylvius* (219), à l'exclusion de toute autre, parce qu'elle ne renferme non plus aucun principe irritant, et qu'elle peut aussi amener la guérison dans les cas ordinaires. Mais les lotions ordinaires, que l'on trouve dans le commerce, ont le plus souvent un effet tout opposé à celui qu'on en attend.

**272. — PESSAIRES.** — Ce sont des appareils destinés à redresser et à maintenir l'utérus dans ses chutes et ses déplacements. Les plus simples consistent en de simples bourrelets circulaires ou ovales, laissant au centre un espace libre. Pour introduire le pessaire, on l'enduit de cérat, de cold-cream, ou d'huile, on le fait pénétrer de façon à ce que le plus grand diamètre soit placé suivant l'axe du corps, et une fois introduit dans la cavité vaginale, on passe l'extrémité de l'index dans l'ouverture centrale, afin de retourner le pessaire de manière à ce que cette ouverture réponde au col de la matrice. Pendant ce temps, la patiente doit rester couchée, les cuisses écartées, les jambes légèrement fléchies sur celles-ci. Avec un peu d'habitude, elle arrive facilement à faire elle-même cette petite opération, qui devra se renouveler chaque jour, car il est bon de retirer le pessaire tous les soirs pour le nettoyer ; on peut ne le remettre en place que le lendemain matin au sortir du lit. Ces sortes de pessaires conviennent dans les cas de déplacement ordinaires et de chute de matrice au premier degré. Mais lorsque la matrice descend très bas, surtout si les parties sont très relâchées, il faut un pessaire en forme de pelote creuse qui se gonfle, une fois introduit, à l'aide d'un tube à robinet et d'un réservoir en caouchouc. Dans certains cas, cet appareil même ne suffit pas : il faut alors se servir d'un pessaire en forme de bilboquet maintenu en place à l'aide de sous-cuisses ou cordons, qui viennent se fixer à une ceinture entourant la taille.

Les *Pessaires de l'Hygiène Moderne* **(194)** comprennent tous les appareils que l'on peut faire en ce genre. On y trouve :

1º Les *Pessaires ronds* ou *ovales*, *en caoutchouc*, à air fixe, du prix de 2 fr. ; 2 fr. 20 par la poste.

2º Les mêmes en *gomme noire*, du prix de 1 fr. ; par la poste, 1 fr. 10.

3º Les *Pessaires forme pelote*, en caoutchouc, avec tubes et robinets, du prix de 3 fr. et 3 fr. 50, selon la grandeur ; port en sus.

4º Les *Pessaires avec tiges*, sous-cuisses et ceintures, de modèles variés, de prix variant entre 4 et 10 fr. ; port en sus.

    L'HYGIÈNE MODERNE

**273.** — **PHARMACIES PORTATIVES** *de l'Hygiène Moderne* (194). — Elles comprennent :

1º Les *Pharmacies de poche*, que l'on peut porter sur soi et qui affectent la forme d'une trousse ou d'un porte-cigare. Elles permettent de porter avec soi les premiers secours à donner en cas de malaise ou d'accident. Leur prix varie entre 10 et 25 francs, selon le modèle ;

2º Les *Pharmacies de voyage*, ayant la forme d'un nécessaire qui peut être facilement placé dans une malle ou une valise. Elles se vendent au prix de 30 francs.

3º Les *Pharmacies de campagne* qui se composent de boîtes portatives de dimensions diverses et dont les prix varient entre 20 et 300 francs, selon la composition.

4º Les *Boîtes de secours*, pour poste de secours et pour usines, pensions, mairies, etc., qui se vendent 60 et 150 francs, selon le modèle et la composition.

Port en sus pour tous ces articles.

**274.** — **PHÉNOL** *de l'Hygiène Moderne* (194). — Les *Phénols* sont des combinaisons d'*Acide phénique* avec un alcali tel que la *Soude* ou la *Potasse*. On les prépare ordinairement en traitant les huiles de goudron de houille par la soude ; mais ces produits, vendus sous le nom de *Phénols sodiques*, n'ont pas une composition bien nette ni bien définie, et qui n'est pas constante, à cause de la multiplicité des substances qui composent le goudron et des variations de composition de celui-ci.

Le *Phénol de l'Hygiène Moderne* (194) est un produit titré, toujours le même et doué d'un pouvoir antiseptique considérable. Il s'emploie, à la dose d'une cuillerée à bouche par verre d'eau, pour lotions, injections, etc., comme désinfectant et préservatif. Il se vend en flacons du prix de 0.60 c.

**275.** — **PHILOCOMES.** — Ce sont des cosmétiques pour les cheveux, qui se préparent en faisant fondre au bain-marie parties égales d'*Axonge* et d'*Huile d'Œillette*; on passe à travers une étamine ou un linge, et un peu avant que le mélange soit complètement figé, on ajoute des essences ou des extraits. En été, on met deux tiers d'axonge et un tiers d'huile.

Il est facile de préparer soi-même des philocômes au moyen des *Essences de l'Hygiène Moderne* (149) ou des *Extraits de l'Hygiène Moderne* (154), à toutes les odeurs que l'on veut, par le procédé que je viens d'indiquer.

*Philocôme d'Huile cristallisée.* — *Huile parfumée*, 500 gram.; *Cire blanche*, 75 gram. ou *Blanc de Baleine*, 50 gram.

Les principaux philocômes ont été indiqués aux articles dont ils portent les noms.

**276.** — PIEDS. — Les bains de pieds ne sont pas seulement indispensables au point de vue de la propreté, ils constituent encore le moyen le plus sûr de prévenir certaines infirmités, telles que les cors, les durillons, les ongles incarnés. L'épiderme étant ramolli par l'eau et la chaleur du bain, il devient facile d'enlever ce qui, plus tard, en s'agglomérant, formerait des parties dures.

En cas d'engelures, il faut prendre, matin et soir, un bain de pieds avec la *Poudre Hygiénique astringente* (300); le même moyen convient très bien aussi pour raffermir la peau et empêcher la transpiration et la mauvaise odeur.

Lorsque les pieds sont rouges, enflammés, atteints de plaies, écorchures ou démangeaisons, il faut les saupoudrer, une ou deux fois par jour, avec la *Poudre alcalinoamyladée* (299) ou les panser avec la *Crème Hygiénique* (110). Pour plus de détails sur les maladies de cette partie du corps, consulter le manuel *La Médecine Nouvelle* (227) par le Dr O. Dubois.

Les *Cors aux pieds, Durillons, Œils-de-Perdrix, Oignons*, etc., nécessitent l'usage des *Corn-Plasters*

(100) ou des *Bunions-Plasters* (60) pour les isoler de la chaussure. On les use avec une *Lime à Cors* (214), ou avec une *Pierre-ponce* (277) taillée. On peut aussi les extraire et les détruire par les cautérisations ; voyez à ce sujet l'article *Cor* du manuel *La Médecine Nouvelle* (227), par le Dr O. Dubois.

**277**. — **PIERRE-PONCE**. — C'est un produit d'origine volcanique qui se présente sous forme de petites masses grises, légères et spongieuses.

La *Pierre-ponce* taillée s'emploie pour user les cors et polir les ongles ; on la vend à *l'Hygiène Moderne* (194) au prix de 0,10 c., 0.15 c. et 0.20 c., selon la grosseur.

La *Pierre-ponce* en poudre fait partie de plusieurs poudres dentifrices, mais à tort, parce qu'elle use l'émail des dents. Elle se vend à *l'Hygiène Moderne* (194) à raison de 0.20 c. les 30 gram.; 0.60 c. les 125 gram.; 1 fr. 75 les 500 gram.

**278**. — **PIMENTS**. — Les feuilles et les fruits du *Piment de la Jamaïque*, de la famille des Myrtacées, donnent, par distillation, une essence dont l'odeur rappelle celle de Girofles, et s'emploie, mélangée à d'autres, pour parfumer les savons et faire des extraits d'odeurs à bas prix.

**279**. — **PIN**. — On extrait des graines du sapin une essence qui se vend sous le nom d'*Essence de Pin* et sert à préparer des essences pour parfumer les appartements sous forme de pulvérisation.

**280**. — **PINCES**. — On se sert pour l'hygiène et la toilette de pinces destinées soit à arracher les poils, soit à enlever les échardes, épines, pointes d'aiguille, etc., qui se sont introduites sous la peau, soit à saisir des épingles des ligatures, etc., pour faire des pansements, soit à pincer des artères en cas d'hémorrhagies. Les *Pinces de l'Hygiène Moderne* (194) répondent à ces divers besoins et comprennent :

1° Les *Pinces en fer poli* ordinaires, du prix de 1 fr. 50 ;

2° Les *Pinces à échardes*, du prix de 1 fr. 50 ;

3° Les *Pinces à épiler*, du prix de 1 fr. 50 ;

4° Les *Pinces à pansements*, du prix de 2 fr. 50 et 3 fr. 50 ;

0.20 c. en sus par la poste pour ces divers articles.

Les pinces doivent êtres tenues très proprement, parfaitement nettoyées, lavées et essuyées chaque fois qu'on s'en est servi.

Il faut, pour les pinces à épiler, préférer celles qui ont des extrémités larges et arrondies s'appliquant l'une contre l'autre par toutes leurs surfaces, à celles dont les extrémités ne s'appliquent entre elles que par leurs bords, ce qui les rend coupantes et fait que le poil se casse au lieu de s'arracher.

Pour que la pince à échardes puisse saisir le corps étranger, il est parfois nécessaire de pratiquer une petite incision sur la peau avec la pointe d'un *Bistouri* ; si ce corps étranger siège sous l'ongle, il peut être nécessaire de gratter celui-ci avec un canif, pour mettre à jour l'extrémité de l'écharde que l'on veut saisir.

**281. — PINCEAUX.** — On emploie, pour faire des badigeonnages et des cautérisations dans la gorge, la bouche, etc., des pinceaux droits ou courbes, montés sur bois, baleine ou fil de fer ; d'autres, plus petits, montés sur plume d'oie, pour faire des badigeonnages sur la peau ou pour les yeux. Après s'être servi du pinceau, il faut le laver, puis l'essuyer avec soin, et le faire sécher ; s'il a servi pour quelque maladie contagieuse, le brûler.

Les *Pinceaux de l'Hygiène Moderne* (194) se font :

1° En *Éponge* montée sur rotin ou fer, droits ou courbes, au prix de 0.40 c. ; — sur baleine, au prix de 1 fr. ; — sur imitation de baleine, au prix de 0.50 c.

2° En *Blaireau*, sur plume d'oie, trois grosseurs, aux prix respectifs de 0.10, 0.15 et 0.20 c. ; — sur manches longs, droits ou courbes, au prix de 0.30 c. ; — sur *Fil métallique*, au prix de 0.50 c.

3° En *Charpie*, montés sur jonc, au prix de 0.10 c.
Pour tous ces articles, 0.10 c. en sus par la poste.

**282**. — PISTACHES. — Ce sont les semences d'un ar
bre originaire d'Asie, que l'on cultive dans le midi de la
France. Elles se présentent sous forme d'amandes, de
la grosseur d'un haricot, rouges en dehors, vertes en
dedans.

On s'en sert en parfumerie pour faire des pâtes pour
les mains, et des laits pour la toilette. Avant de les
employer, on les plonge dans l'eau bouillante, et au
bout de quelques instants on les retire pour enlever la
pellicule qui les recouvre.

*Pâte de Pistaches pour les mains.* — On mêle ensemble 500 gram. de *Pistaches mondées*, 500 gram.
de *Poudre d'Iris*, 2 gram. d'*Essence de Néroli* et 15
gram. d'*Essence de Citron*.

*Lait de Pistaches.* — On pile dans un mortier de
porcelaine ou de marbre, 100 gram, de *Pistaches mondées;* on ajoute peu à peu, 500 gram. d'*Eau de fleurs
d'Oranger;* puis on passe à travers une étamine ou
un linge fin. D'autre part, on fait fondre ensemble *Savon blanc, Huile d'Amandes douces, Cire blanche,
Blanc de Baleine,* de chaque 30 gram. On verse le
tout dans un mortier de porcelaine et on ajoute peu à
peu, en battant vivement, le liquide précédent.

Cette préparation ne peut se conserver longtemps.
Mieux vaut employer le *Lait Hygiénique de Toilette
du D*r* Sylvius* (206).

**283**. — PLASTRONS HYGIÉNIQUES. — Ce sont des
plastrons qui s'appliquent sur la poitrine pour préserver celle-ci des refroidissements, et favoriser la transpiration de la peau.

Les *Plastrons de l'Hygiène Moderne* (194) se font:

1° En *Feutre Anglais simples*, du prix de 1 fr. 50,
3 fr. et 4 fr.;

2° En *Feutre Anglais doubles*, du prix de 6 fr. et
9 fr. Port en sus.

**284**. — **PLOMB**. — Le plomb et ses sels entrent dans la composition d'un certain nombre de produits de parfumerie, notamment les eaux de teinture pour les cheveux, et les fards, où ils se trouvent dissimulés sous des noms de fantaisie, en sorte que l'on s'empoisonne assez souvent sans s'en douter le moins du monde. C'est pourquoi il ne faut employer que des produits dont on soit sûr et portant une marque qui vous garantisse de leur innocuité. Les produits de l'*Hygiène Moderne* (194) offrent, à cet égard, toute la sécurité possible.

**285**. — **POCHE A ÉCOULEMENTS**. — Ce sont des poches en caoutchouc destinées à préserver le linge des taches possibles en cas d'écoulement blennorrhagique.

Les *Poches à écoulement de l'Hygiène Moderne* (194) se font :

1° Avec *pattes et boutons*, au prix de 1 fr. la pièce ; par la poste, 0.40 c. en sus, cacheté et recommandé ;

2° Avec *ceinture*, au prix de 3 fr. la pièce ; par la poste, 0.50 c. en sus, cacheté et recommandé.

**286**. — **POILS**. — Ce sont des dépendances de la peau dans l'épaisseur de laquelle sont logées leur racine ou bulbe avec les glandes qui les nourrissent. Ils prennent différents noms (cheveux, cils, sourcils), selon la région qu'ils occupent. Lorsqu'ils deviennent trop longs, qu'ils blanchissent, ou se développent dans un endroit où ils n'existent pas d'habitude, il peut être nécessaire de les faire disparaître. Nous avons indiqué aux articles *Dépilatoires* (122), *Pinces* (280), les moyens d'y parvenir.

**287**. — **POIS DE SENTEUR**. — L'odeur agréable des fleurs de cette plante, qui appartient à la famille des Légumineuses, est imitée en parfumerie, par une composition dite *Extrait de Pois de senteur*, que l'on ne pourrait facilement préparer soi-même. On peut avoir ce produit au prix de 1 fr. 50 le flacon, 0.50 c. en sus par la poste, en s'adressant à l'*Hygiène Moderne* (194). Il sert pour le mouchoir et la toilette.

**288**. — **POLISSOIR A ONGLES**. — Ce petit instrument, dont le nom indique l'usage, se trouve à l'*Hygiène Moderne* (194), soit en *Bois*, au prix de 0.75 c.; soit en *Ivoire*, au prix de 3 fr.; 0.20 c. en sus par la poste.

**289**. — **POMMADES**. — Les *Pommades pour la toilette* sont des substances grasses parfumées, de consistance molle, que l'on étend sur les cheveux et quelquefois sur le bord des lèvres. Les pommades pour les cheveux se désignent sous le nom de *Pommades Capillaires*. Les plus employées sont la *Graisse de porc ou Axonge* (183), la *Moelle de bœuf* (234), la *Graisse de bœuf*, la *Graisse de mouton*; quant à la *Graisse d'ours*, elle n'est guère usitée que de nom. Lorsqu'on veut leur donner de la consistance, on leur associe la *Cire* (85), le *Blanc de baleine* (48), la *Paraffine* (258). Lorsqu'au contraire on veut les rendre plus fluides, on leur ajoute de l'*Huile d'Amandes douces*, ou des *Huiles parfumées*; lorsque leur consistance se rapproche de celle de l'huile, elles prennent le nom de *Pommades Romaines*.

Avant de préparer la pommade, on commence par purifier la graisse qui doit servir à la préparer. Pour la graisse de porc, par exemple, on coupe la panne en morceaux et on la pile au mortier, pour déchirer les membranes. On fait fondre au bain-marie, on écume et on passe à travers un canevas. Il faut éviter de laver la graisse avant de la faire fondre, parce qu'elle retient toujours une certaine quantité d'eau qui la dispose à rancir. Il ne faut pas non plus lui ajouter du sel ou de l'alun, parce que ces substances rendent la pommade irritante. Pour les autres graisses, on les fait fondre aussi à une douce chaleur et on les passe de même. Seulement je dois dire que la graisse de bœuf et surtout celle de mouton, ne doivent faire partie d'aucune pommade de bonne qualité; on les emploie dans l'industrie des pommades par mesure d'économie, parce qu'elles donnent de la consistance sans coûter aussi cher que la moelle de bœuf, le blanc de baleine, ou la paraffine. Normalement, on ne doit se servir, pour faire une pommade de bonne qualité, que de Graisse de porc, de Moelle de bœuf et d'Huile d'Amandes douces, cette dernière n'étant nécessaire que si on veut donner une consistance plus molle. Il faut bien se garder d'ajouter du jus de citrons, comme on le fait trop souvent, ou du jus de Pommes, comme on le faisait jadis, d'où vient le nom de Pommade.

Pour obtenir le parfum désiré, quatre procédés sont en usage :

1° On fait fondre la graisse et on y laisse digérer pendant une journée, en remuant souvent la masse, les fleurs ou les substances odorantes dont on veut avoir le parfum ; on renouvelle cette opération autant de fois qu'il est nécessaire pour obtenir une intensité d'odeur suffisante. Après chaque opération, les fleurs sont retirées, égouttées et pressées. C'est ce que les parfumeurs appellent le procédé de l'*Infusion*.

2° On implante les fleurs sur la surface de la graisse étendue en couche mince sur des châssis que l'on superpose les uns sur les autres. Au bout de vingt-quatre heures, on remplace ces fleurs par d'autres et on réitère cette opération autant de fois qu'il est nécessaire pour parfumer la graisse suffisamment. Celle-ci ne doit pas être fondue ; on se contente de l'enlever avec une spatule pour la mettre en pots. Ce procédé se nomme *Enfleurage*.

3° On mélange ensemble plusieurs pommades parfumées à l'aide des procédés précédents de façon à obtenir une pommade composée de plusieurs odeurs. Les parfumeurs appellent *Corps de pommade*, les pommades parfumées ou non qui servent à composer la pommade définitive telle qu'elle sera livrée à la consommation. Ces pommades dites de *composition*, sont ordinairement très compliquées.

4° On fait fondre les substances grasses ensemble,

on les mélange bien, on les retire du feu, et lorsqu'elles sont sur le point de se figer, on y ajoute les essences ou les substances odorantes destinées à donner le parfum. C'est le procédé *par les Essences.*

Ce dernier procédé est le plus simple et donne de très bons résultats : c'est le seul qui puisse être employé par les personnes qui veulent préparer leurs pommades elles-mêmes. Voici la manière de procéder : On fait fondre soit de l'*Axonge* seule, soit 500 gram. d'*Axonge*, 100 gram. d'*Huile d'Œillette* ou d'*Huile d'Amandes douces*, et 50 gram. de *Blanc de Baleine* ou de *Cire blanche*, ensemble ; soit encore 450 gram d'*Axonge* et 150 gram. de *Moelle de Bœuf*, on passe dans un linge fin, et lorsque la masse commence à se figer, on ajoute quelques grammes d'essences ou d'un mélange d'essences, par exemple 4 ou 5. gram. d'*Essence de Néroli*, ou d'*Essence de Citron*, ou d'*Essence de Géranium*, ou bien un des mélanges suivants : A. *Essence de Géranium*, 5 gram. ; — *de Rose*, 1 gram. ; — *de Cannelle*, 0.25 centigr ; — B. *Essence de Géranium*, 3 gram. ; — *de Verveine*, 1 gram. 0.50 centigr. ; — *de Girofles*, 2 gram. ; — C. *Essence de Bergamote*, 3 gram. ; — *de Girofles*, 2 gram. ; — D. *Essence d'Amandes amères*, 3 gram. ; — *de Portugal*, 3 gram., etc. Nous avons indiqué les diverses pommades aux articles qui portent le nom de chaque parfum en particulier. Avec les *Essences* de l'*Hygiène Moderne* (150) et les *Extraits* de l'*Hygiène Moderne* (154), il est facile de parfumer soi-même la pommade que l'on prépare.

Je dois ajouter que, suivant la saison, il faut donner une consistance plus ou moins grande à la pommade et par conséquent mettre un peu plus ou moins de cire, de blanc de baleine ou de moelle de bœuf, un peu plus ou moins d'huile. On peut remplacer la cire et le blanc de baleine par la *Paraffine* (258) qui est beaucoup moins chère.

Pour colorer les pommades en rose ou en rouge, il

faut bien se garder d'employer le cinabre, ainsi que le conseillent souvent les ouvrages de parfumerie, car c'est un sel de mercure très vénéneux ; on emploie sans inconvénient la racine d'*Orcanette* (250) dont on met quelques grammes digérer dans la graisse fondue qui doit servir à préparer la pommade ; il suffit de passer à travers un linge pour séparer le résidu une fois la couleur obtenue. Pour le jaune, on met 1 ou 2 grains de *Rocou* (318) ; pour le vert, des feuilles de *Morelle* pilées dans un mortier de marbre.

On se sert beaucoup, aujourd'hui, de *Vaseline* (373) et de *Lanoline* pour remplacer les graisses animales dans la confection des pommades pour les cheveux ; ces substances donnent de beaux produits qui ne rancissent pas, mais qui n'ont peut-être pas pour les cheveux le même pouvoir nutritif. D'un autre côté, les pommades ordinaires ont l'inconvénient de rancir, surtout à la chaleur du cuir chevelu ; elles sont toutes plus ou moins irritantes et peuvent causer des pellicules et amener la chute et le blanchiment des cheveux. Pour se mettre à l'abri de pareils risques, il faut se servir uniquement de la *Pommade Hygiénique Alcalinoboratée* (290) qui ne renferme aucun parfum et devient indispensable lorsqu'on a des pellicules, boutons, rougeurs ou démangeaisons du cuir chevelu, ou lorsque les cheveux veulent blanchir ou tomber. Dans les autres circonstances, on peut faire usage de la *Pommade de toilette du Dr Sylvius* (290 *bis*) qui ne rancit pas et offre un agréable parfum.

Pour les pommades en particulier, consulter l'article dont elles portent le nom. On peut se les procurer à l'*Hygiène Moderne* (194) préparées avec des matières de premier choix. Voyez *Philocômes* (275).

**290. — POMMADE HYGIÉNIQUE ALCALINOBORATÉE** *du Dr O. Dubois*. — Cette pommade sert pour les soins et l'entretien de la chevelure. Les pommades du commerce sont irritantes, parce qu'elles contiennent des parfums et des substances grasses, comme l'axonge, la moelle de bœuf, etc, qui rancissent à la chaleur de la tête et donnent naissance à des acides gras ; il en résulte des inflammations du cuir chevelu, des boutons, des pellicules, et finalement le blanchiment et la chute des cheveux.

Pour éviter ces graves inconvénients, on se sert de la *Pommade Hygiénique Alcalinoboratée*, qui ne contient rien d'irritant et qui est antiseptique ; par conséquent, elle adoucit, assouplit et conserve la chevelure, parce qu'elle la préserve de toute maladie ou altération et qu'elle fait disparaître celles-ci quand elles existent.

Pour s'en servir, il suffit de l'étendre sur les cheveux à l'aide des mains, chaque matin, comme la pommade ordinaire.

Cette pommade est de couleur jaune, sans odeur, et incorruptible. On la délivre en flacons du prix de 3 francs ; elle doit être demandée et délivrée sous le nom de *Pommade Hygiénique Alcalinoboratée* ; ce dernier mot, qui constitue la marque de fabrique, doit se trouver sur les étiquettes, avec la signature *O. Dubois*. Cette pommade se trouve à l'*Hygiène Moderne* (194), au prix réduit de 2 fr. 25 ; par la poste, 2 fr. 50

**290** *bis*. — **POMMADE HYGIÉNIQUE DE TOILETTE** *du Dr Sylvius*. — Cette pommade est composée d'après les mêmes principes que la *Pommade Alcalinoboratée du Dr Dubois* (290) ; seulement elle est parfumée. Les substances odorantes qu'elle renferme ont été choisies de telle sorte qu'elles ne puissent avoir aucune action malfaisante sur le cuir chevelu et sur les cheveux, ni faire rancir ou altérer la pommade. Celle-ci est douée d'une conservation parfaite, qui la rend préférable aux pommades ordinaires, et à cause de ses propriétés nutritives et antiseptiques, elle mérite la préférence sur la vaseline. Elle se vend à l'*Hygiène Moderne* (194) à raison de 3 francs le flacon ; port en sus.

**291**. — **PORTE-NITRATES**. — Ce sont de petits

étuis dans lesquels on renferme un crayon de *Nitrate d'argent* (26) fondu ; celui-ci est fixé sur une des moitiés de l'étui, soit par simple adhérence, soit au moyen d'une pince. Ces étuis sont indispensables pour préserver le nitrate d'argent de l'humidité de l'air, qui les ferait fondre, et contre les chocs qui pourraient les briser. Il faut avoir soin de bien essuyer le crayon avant de le remettre dans l'étui, de façon à enlever toute humidité de sa surface. Ces étuis se placent soit dans la poche, soit dans des porte-feuilles, soit dans des trousses.

Les *Porte-nitrates de l'Hygiène Moderne* (193), comprennent :

1º Le *Porte nitrate* dit *Anglais*, de petite dimension, *en Palissandre*, dont le crayon, taillé en pointe, est collé à l'une des moitiés de l'étui. Il se vend, avec son crayon, 0,25 cent. pièce ; par la poste, 0,30 cent. ;

2º Le *Porte-nitrate en Ebène*, ordinaire, avec *pince*, au prix de 0,30 cent. ; par la poste, 0,35 cent. (sans le crayon) ;

3º Le même dont les deux extrémités se vissent l'une sur l'autre, au moyen d'une *vis de rallonge*, au prix de 0,50 cent. ; par la poste, 0,60 cent. (sans le crayon) ;

4º Le *Porte-nitrate en Ebène* avec *pince en argent* et *anneau* pour le serrer ; trois grandeurs aux prix respectifs de 0,90 cent., 1 fr. et 1 fr. 50 ; par la poste, 0,05 cent. en sus (sans le crayon).

**292. — POUDRES ABSORBANTES.** — Ces poudres sont destinées principalement à absorber l'humidité et la moiteur de la peau, tout en la parfumant. Elles sont assez à la mode, mais la plupart sont irritantes parce qu'elles renferment de l'alun, du bismuth, etc., et peuvent altérer la douceur de la peau ; presque toutes renferment de l'amidon ou des farines, ce qui les rend sujettes à former pâte au contact de la sueur.

Mieux vaut se servir de la *Poudre Hygiénique Alcalinoamylacée* (299) qui n'offre aucun de ces inconvénients, et est bienfaisante, parce qu'elle neutralise les acidités de la sueur, où, si l'on préfère une poudre parfumée, la *Poudre de Toilette Hygiénique du Dr Sylvius* (301), ou la *Poudre de Riz de l'Hygiène Moderne* (317).

Pour raffermir la peau des pieds et des mains lorsque ces organes sont atteints de sueurs excessives, il faut employer la *Poudre Hygiénique astringente au Krameria* (300).

**293. — POUDRE POUR LES CHEVEUX.** — Ces poudres dites *à poudrer*, ne sont plus guère employées aujourd'hui, si ce n'est au théâtre ou pour les déguisements. Elles se composent toutes d'*Amidon* (15) en poudre fine, que l'on parfume soit en y mélangeant des substances odorantes réduites en poudre fine, telles que le *Benjoin*, le *Musc*, l'*Ambre*, l'*Ambrette*, la *Vanille*, ou des poudres composées de plusieurs substances odorantes et préparées à l'avance ; ces poudres, que les parfumeurs appellent *Corps de poudre*, *Poudres de composition*, sont d'une fabrication généralement compliquée.

On peut facilement parfumer soi-même de la *Poudre d'Amidon* au moyen de fleurs telles que celles de *Fleurs d'Oranger*, d'*Œillet*, de *Giroflée*, de *Réséda*, etc. A cet effet, on dispose l'amidon et les fleurs par lits alternatifs, et au bout de vingt-quatre heures on remue le tout ensemble ; au bout de vingt-quatre heures encore, on passe au tamis, pour séparer les fleurs.

Enfin l'amidon peut se parfumer plus aisément encore en y ajoutant quelques gouttes ou quelques grammes de l'essence ou de l'extrait dont on désire le parfum. Pour cet usage, les *Essences de l'Hygiène Moderne* (149) et les *Extraits de l'Hygiène Moderne* (154) sont particulièrement convenables.

On emploie aussi des *Poudres de couleur* pour donner aux cheveux une teinte particulière : la *Poudre noire* s'obtient en mélangeant parties égales de *Char-bon* en poudre fine et de *Noir d'Ivoire*; la *Poudre blonde*, avec de l'*Ocre jaune* et de l'*Amidon*; la *Poudre brune* et la *Poudre châtaine*, avec de l'*Amidon brûlé* et du *Bois d'Ébène* en poudre fine. On parfume à volonté.

**294.** — **POUDRES COSMÉTIQUES.** — Ce sont des poudres que l'on étend sur la peau pour donner au teint de la fraîcheur et une carnation rose ou blanche, et pour dissimuler les rides. Leur composition est des plus variées, mais leur usage est le plus souvent nuisible, parce que l'on y fait entrer des substances capables d'irriter et d'altérer la peau, telles que le *Bismuth*, l'*Oxyde de zinc*, et même de véritables poisons, comme le *Carbonate de plomb*; enfin on les aromatise sans discernement avec des poudres odorantes ou des essences malfaisantes pour la peau. Comme poudre de toilette, ce qui convient le mieux, c'est la *Poudre Hygiénique Alcalinoamylacée* (299), surtout si la peau est très délicate et sujette aux rougeurs, boutons et démangeaisons, ou, si l'on préfère une poudre parfumée, la *Poudre de Toilette Hygiénique du D* Sylvius* (301) ou la *Poudre de Riz de l'Hygiène Moderne* (317). Enfin on peut préparer soi-même des poudres de toilette en aromatisant de la *Poudre d'Amidon* avec des *Essences de l'Hygiène Moderne* (150) ou des *Extraits de l'Hygiène Moderne* (154).

Nous avons indiqué aux articles des substances dont elles portent les noms, la composition des diverses poudres de toilette.

**295.** — **POUDRES DENTIFRICES.** — De même que les autres dentifrices que l'on trouve dans le commerce, ces poudres sont composées sans le moindre souci de l'hygiène; elles renferment toutes des substances nuisibles, et leur composition atteste l'ignorance de ceux qui les fabriquent. On y rencontre, la *Crème de Tartre*, l'*Alun*, le *Chlorure de chaux*, le *Sel ammoniac*, le

*Sucre*; toutes ces substances attaquent l'émail dentaire; la *Pierre ponce*, le *Corail*, l'usent à cause de leur dureté trop grande; le *Charbon* et le *Quinquina* ont l'inconvénient de laisser, entre les dents et les gencives, des particules insolubles qui jouent le rôle de corps étrangers et amènent l'inflammation des gencives et la carie des dents. Enfin, toutes ces poudres sont en général aromatisées trop fortement ou avec des essences trop irritantes. Il ne faut employer, pour composer des poudres dentifrices, que des substances de même composition et de même nature que le tissu dentaire, c'est-à-dire qui ne puissent l'attaquer chimiquement, ni le détruire par le frottement, et dont les particules ne puissent amener par leur présence ni inflammation ni carie. Il faut en outre que ces substances soient plus ou moins alcalines, afin de neutraliser les acides de la bouche si funestes aux dents. C'est ce qui a été fait pour la *Poudre Dentifrice Savonneuse Alcalinoboratée* (290) que l'on doit toujours employer lorsque les dents ou les gencives sont malades ou susceptibles, et pour la *Poudre Dentifrice Hygiénique du D<sup>r</sup> Sylvius* (297). On peut aussi, pour l'usage ordinaire, se servir de la *Poudre Dentifrice de l'Hygiène Moderne* (296).

**296.— POUDRE DENTIFRICE DE L'HYGIÈNE MODERNE.** — Cette poudre, de couleur rose, est composée avec des substances hygiéniques propres à purifier les gencives et l'intérieur de la bouche. Elle est d'un emploi agréable et parfaitement inoffensive. On s'en sert comme de toute autre poudre dentifrice; il suffit de la faire adhérer à la brosse humectée d'eau, au moment de s'en servir. Elle se vend en boîtes du prix de 1 fr., et demi-boîtes du prix de 0.60 c.; 0.10 en sus par la poste.

**297.— POUDRE DENTIFRICE HYGIÉNIQUE** *du D<sup>r</sup> Sylvius.* — Ainsi qu'on le verra à l'article suivant, cette poudre est composée d'après les mêmes principes que la *Poudre Dentifrice savonneuse*, c'est-à-dire qu'elle ne renferme que des substances de même nature que le tissu dentaire et qu'elle jouit de propriétés alcalines et antiseptiques. Elle ne peut donc nuire à l'émail ni aux gencives ; elle les préserve, au contraire, de toute altération. Elle diffère de la suivante en ce qu'elle est parfumée, mais d'une façon rationnelle et conforme aux règles de l'hygiène. Pour s'en servir, il suffit d'en saupoudrer une brosse à dents humectée d'eau, ou d'en délayer une petite portion dans un verre avec un peu d'eau, puis d'en frotter les dents au moyen de la brosse pendant quelques instants ; on se rince ensuite la bouche avec de l'eau pure ou aiguisée d'*Eau Dentifrice Hygiénique du D*r *Sylvius* (136), ou d'*Eau Dentifrice de l'Hygiène Moderne* (135). Cette poudre se trouve à l'*Hygiène Moderne* (194) en boîtes du prix de 3 fr. ; 3 fr. 30 par la poste.

**298. — POUDRE DENTIFRICE SAVONNEUSE ALCALINO-BORATÉE,** *du D*r *O. Dubois*. — Beaucoup de personnes perdent leurs dents pour s'être servi d'eaux, de poudres et de pâtes dentifrices malfaisantes : nous avons indiqué aux articles *Eaux Dentifrices* (134), *Poudres Dentifrices* (295), *Pâtes Dentifrices* (265) quelles sont ces substances et expliqué leur action nuisible. Si les dents sont déjà malades, si les gencives sont sensibles, douloureuses, ou enflammées, saignantes, il ne faut se servir d'aucun autre dentifrice que de la *Poudre Dentifrice Savonneuse du D*r *O. Dubois*, à l'exclusion de tout autre ; dans les circonstances ordinaires, on peut faire usage des *Dentifrices du D*r *Sylvius*, (297), (136), (264), et des *Dentifrices de l'Hygiène Moderne* (296), (135), qui sont composés d'après les mêmes principes, et joignent l'utile à l'agréable.

La *Poudre Dentifrice Savonneuse Alcalinoboratée* est blanche, inodore, presque sans saveur, nettoie parfaitement les dents et les préserve, parce qu'elle ne renferme que des substances adoucissantes et antiseptiques, de même nature que le tissu dentaire, et dont aucune n'est capable d'altérer l'émail, ni d'irriter les gencives. C'est le seul dentifrice normal. Elle se vend en boîtes rectangulaires du prix de 8 francs sous le nom de *Poudre Dentifrice Savonneuse Alcalinoboratée*; ce dernier mot, qui constitue la marque de fabrique, doit se trouver sur la boîte avec la signature *O. Dubois*.

Pour faire usage de cette poudre il suffit d'en mettre une petite quantité dans un verre avec un peu d'eau ; on agite avec la brosse à dents, puis on frictionne les dents pendant quelques minutes avec celle-ci, et on se rince la bouche ensuite avec de l'eau pure ; ne pas se servir d'une eau trop froide. Si la quantité d'eau ajoutée à la poudre n'est pas trop forte, celle-ci mousse légèrement sous l'action de la brosse, et nettoie parfaitement les dents et les gencives. Les acidités de la bouche sont neutralisées et les principes septiques sont détruits : la conservation des dents est donc ainsi parfaitement assurée. S'il existe une dent cariée douloureuse, il faut remplir la cavité de cette dent avec de la poudre un peu tassée et la douleur cesse au bout de quelques instants ; on réussit souvent, par ce moyen, à faire disparaître une rage de dents.

La brosse à dents ne doit être ni trop dure, ni trop molle ; il faut la laver soigneusement à l'eau pure après s'en être servi, et l'essuyer avec un linge propre.

Lorsque les dents ont été négligées depuis longtemps, et qu'elles sont très encrassées, on arrive plus rapidement à les nettoyer en se servant, pour les frotter, d'un linge humide imprégné de poudre ; on frictionne chaque dent une à une pendant quelques instants, puis on se rince la bouche avec de l'eau pure.

Le nettoyage des dents avec la *Poudre Dentifrice Savonneuse* doit être fait une fois par jour au moins, le matin de préférence.

On trouve ce produit à l'*Hygiène Moderne* (194) au prix réduit de 2 fr. 25 ; par la poste 2 fr. 55.

**299. — POUDRE HYGIÉNIQUE ALCALINOAMYLACÉE** *du Docteur O. Dubois.* — Cette poudre n'est pas un médicament ; c'est un produit hygiénique, au même titre que l'amidon, la fécule, la poudre de riz, et elle s'emploie pour la toilette et pour l'entretien de la peau qu'elle maintient dans son état normal, et préserve d'un grand nombre de maladies, à cause de ses propriétés à la fois adoucissantes et antiseptiques.

Les Poudres de toilette ordinaires, et notamment la Poudre de riz, qui ne contient généralement aucune trace de riz, sont irritantes pour la peau ; elles renferment généralement du Bismuth, du Carbonate de plomb, de l'Oxyde de zinc, etc., et des parfums de mauvaise qualité ; aussi déterminent-elles assez souvent par elles-mêmes des maladies de la peau ou favorisent celles qui existent déjà. De plus, elles n'ont aucune action sur les acides que laisse sur la peau la sécrétion sébacée et qui sont, eux aussi, une cause puissante d'irritation. La *Poudre Hygiénique adoucissante*, au contraire, ne contient ni parfums ni substances irritantes ; elle a la propriété de neutraliser les acides de la peau et de s'opposer au développement des affections contagieuses et infectieuses, à cause de ses principes alcalins ; enfin elle est adoucissante, au même titre que l'amidon, la fécule, et n'a pas, comme ces substances, l'inconvénient de former un mélange pâteux, lorsque la peau est en moiteur. Elle s'oppose, par conséquent, au développement de tous boutons, rougeurs, éruptions, ou inflammations quelconques. Elle convient parfaitement pour les soins de la peau, lorsque celle-ci est malade ou présente quelques plaie, écorchure ou ulcération. C'est en somme un produit composé d'après les seules données de la science, en conformité des besoins naturels de la peau.

La *Poudre Hygiénique adoucissante* est blanche, impalpable, sans aucune odeur ; on peut la parfumer avec telle essence ou substance odorante que l'on veut.

mais mieux vaut s'en abstenir si on craint d'irriter la peau, si peu que ce soit. Elle se délivre en boîtes rectangulaires du prix de 3 francs, sous le nom de *Poudre Hygiénique adoucissante Alcalinoamylacée* ; ce dernier mot, qui constitue la marque de fabrique du produit doit se trouver sur l'enveloppe avec la signature *O. Dubois*.

Voici les diverses manières de l'employer :

Après s'être débarbouillé, ou s'être rasé, on l'étend sur le visage à l'aide d'une houppe, ou simplement avec la main. Elle adoucit la peau, éclaircit le teint, et fait cesser toute cuisson, y compris celle du rasoir. On peut de même l'étendre sur le cou, la poitrine, les bras, après avoir lavé ces parties. On n'en laisse adhérer que la quantité que l'on veut.

Le savon de toilette renferme des substances qui le rendent irritant ; il ne nettoie pas toujours la peau convenablement. On remédie à ces deux inconvénients à l'aide de quelques pincées de *Poudre Hygiénique adoucissante*, que l'on ajoute au savon au moment où l'on s'en sert, soit pour les mains, soit pour la barbe, ou toute autre région de la peau. Cette poudre neutralise l'irritation causée par le savon, elle fait mousser celui-ci davantage, et procure un nettoyage parfait de la peau.

La *Poudre Hygiénique adoucissante* sert aussi à saupoudrer les parties sujettes à se couper et à s'enflammer, soit pendant les mouvements, soit par la transpiration, telles que les pieds, la partie supérieure des cuisses, l'anus, le dessous des seins, les aisselles ; elle est préférable pour saupoudrer les rougeurs des cuisses et des fesses, chez les nourrissons, au lycopode et au liège, parce que ceux-ci ne sont que des poussières irritantes, sans action contre les acidités de la sueur, de l'urine, et des matières fécales ; à la fécule et à l'amidon, parce que ceux-ci forment pâte sur la peau en moiteur, et ne neutralisent pas non plus les acidités.

Toutes les fois que la peau est le siège d'une rougeur, d'une cuisson, d'une démangeaison, d'une plaie, d'une écorchure, d'un ulcère, il ne faut y appliquer que des substances siccatives, antiacides, adoucissantes, antiseptiques. A ce point de vue, la *Poudre Hygiénique adoucissante* est ce que l'on peut employer de plus parfait, aussi réussit-elle admirablement dans ces divers cas.

Elle sert encore pour les soins des muqueuses des parties sexuelles, pour prévenir et dissiper toute cuisson, démangeaison, inflammation, écorchure, et préserver des maladies contagieuses. Après avoir lavé ces parties convenablement, il suffit de les saupoudrer avec la *Poudre Hygiénique adoucissante*.

Cette poudre sert encore à recouvrir les fissures, gerçures, crevasses de la peau, en quelque endroit qu'elles se produisent, et son action, en pareil cas, est des plus bienfaisantes.

*Lotions adoucissantes*. — Deux ou trois cuillerées à café de *Poudre Hygiénique adoucissante* dans un demi-verre d'eau, constituent un excellent moyen pour laver et adoucir la peau, lorsqu'il en est besoin.

*Gargarisme adoucissant*. — On ajoute à un verre d'eau tiède, trois cuillerées à café de *Poudre Hygiénique adoucissante*, pour rincer la gorge, la bouche en cas d'irritation ou d'inflammation de ces parties.

*Injections adoucissantes*. — Quatre cuillerées à café de *Poudre Hygiénique adoucissante* dans un verre et demi d'eau tiède ou fraîche, selon la saison, s'emploient comme injection vaginale de propreté, comme préservatif contre l'inflammation et les maladies contagieuses.

*Lavements adoucissants*. — On délaie deux cuillerées à bouche de *Poudre Hygiénique adoucissante* dans 500 grammes ou deux verres d'eau tiède, pour avoir un lavement adoucissant ; on diminue ces proportions de moitié ou d'un quart, si l'on ne veut qu'un demi ou un quart de lavement. Ces lavements ont, sur ceux d'amidon, de son, de guimauve, etc., l'avantage de détruire les acidités de l'intestin, qui sont souvent la cause principale de ces maladies.

La *Poudre Hygiénique Alcalinoamylacée du D*<sup>r</sup> O. Dubois se trouve à l'*Hygiène Moderne* (194), au prix réduit de 2 fr. 25 ; par la poste 2 fr. 55.

**300.— POUDRE HYGIÉNIQUE ASTRINGENTE AU KRAMERIA** *du D*<sup>r</sup> *O. Dubois*. — Cette poudre est de couleur rose. Elle ne s'emploie qu'à l'extérieur. Elle a pour propriétés de raffermir la peau et les muqueuses, de resserrer les parties relâchées, de tarir les suintements et écoulements, d'empêcher les pertes de sang et les hémorrhagies, et de préserver des maladies contagieuses et virulentes. Elle se délivre en boîtes rectangulaires du prix de 3 francs, portant la signature *O. Dubois*.

Voici les différentes manières d'en faire usage :

*Eau astringente.* — Elle se prépare en mettant deux cuillerées à café de *Poudre Hygiénique* dans un verre d'eau et agitant pendant quelques minutes. On l'emploie en lotions sur la peau pour raffermir celle-ci ou sur les parties sexuelles comme préservatif.

*Injections astringentes.* — On ajoute une forte cuillerée à café de *Poudre Hygiénique astringente* à un verre et demi d'eau tiède ou froide selon la saison, pour injections vaginales, contre les flueurs blanches, les écoulements, les pertes de sang, comme préservatif et pour raffermir et resserrer les parties. On peut répéter les injections plusieurs fois par jour s'il est nécessaire. Les femmes qui désirent avoir des enfants ne devront pas faire usage de ces injections après, ni aussitôt avant les rapports sexuels, parce que l'astringence de cette poudre détruit les spermatozoïdes, comme d'ailleurs la plupart des autres germes ; par conséquent ces injections prises aux moments que j'indique, s'opposeraient à la fécondation, mais cet effet n'est à craindre que pendant deux ou trois heures avant comme après l'acte sexuel.

Chez l'homme, les injections astringentes pour le canal de l'urèthre, doivent être beaucoup plus faibles ; le tiers d'une cuillerée à café de *Poudre Hygiénique astringente* dans un verre d'eau ordinaire suffit parfaitement. On les répète une ou deux fois par jour au plus.

*Gargarisme astringent.* — On met une demi-cuillerée à café de *Poudre Hygiénique astringente* dans un demi-verre d'eau tiède, pour se gargariser au début ou à la fin des angines et autres maux de gorge.

*Pédiluves astringents.* — On ajoute deux cuillerées à bouche de *Poudre Hygiénique astringente* à un litre d'eau chaude et on y laisse séjourner les pieds une demi-heure matin et soir, pour raffermir la peau en cas de transpirations excessives ; ces bains de pieds sont très efficaces contre les engelures. Le même bain peut servir plusieurs fois. On peut faire de même pour les mains et dans les mêmes cas.

On trouve la *Poudre Hygiénique astringente* au *Krameria* (194), à l'*Hygiène Moderne* (194), au prix réduit de 2 fr. 25 ; par la poste 2 fr. 60.

**301. — POUDRE HYGIÉNIQUE DE TOILETTE** *du Dr Sylvius.* — Il est très important de ne pas appliquer sur la peau de substances capables de l'irriter, sous peine de lui faire perdre sa douceur et sa finesse, d'en altérer le teint et l'éclat, et d'y faire venir des rougeurs, boutons, dartres et éruptions. Il ne faut pas non plus y étendre de substances vénéneuses, comme le plomb, par exemple, qui peuvent y être absorbées et causer des accidents graves d'empoisonnements aigus, ou chroniques. Cependant ces précautions ne sont nullement observées dans la préparation des poudres de toilette du commerce ; nous avons vu déjà qu'elles renferment soit des substances irritantes telles que la poudre d'Iris, des essences malfaisantes ou de mauvaise qualité, soit des substances vénéneuses comme le carbonate de plomb, l'oxyde de zinc, etc. Pour se mettre à l'abri de pareilles éventualités, on n'a qu'à employer la *Poudre Hygiénique de Toilette du D* Sylvius*, qui est composée d'après les mêmes principes que la *Poudre Hygiénique Alcalinoamylacée* (299); elle est par conséquent adoucissante et antiseptique, c'est-à-dire qu'elle donne à la peau de la souplesse et de la fraîcheur, et la préserve des maladies auxquelles elle est sujette. Elle est de couleur rose, et parfumée d'une manière normale, de façon à ne rien perdre de ses propriétés hygiéniques. Elle s'emploie comme les poudres de riz ordinaires ; on l'étend sur la peau à l'aide d'une houppe ou d'une brosse à poudre, ou simplement avec la main, et on n'en laisse subsister que ce que l'on veut. Elle se trouve à *l'Hygiène Moderne* (194) en boîtes du prix de 3 fr. ; par la poste, 3 fr. 30.

**302. — POUDRE A POLIR LES ONGLES.** — Cette poudre, de couleur rose, s'étend sur les ongles à l'aide d'un *Polissoir* (288) ; elle leur donne du poli, du brillant et une belle teinte rosée. On la trouve à *l'Hygiène Moderne* (194), au prix de 0 fr. 50 la boîte ; 0 fr. 10 en sus par la poste.

**303. — POUDRES POUR SACHETS.** — La composition de ces poudres, généralement assez compliquée, ne permet guère de les préparer soi-même ; mieux vaut acheter les sachets tout préparés, tels que les *Sachets de l'Hygiène Moderne* (322), composés non-seulement de manière à parfumer l'air, mais encore à le purifier et à l'assainir. On peut aussi préparer soi-même des sachets de papier et d'étoffe dans lesquels on enferme soit de la *Poudre d'Iris* (199), soit du *Camphre* (64), soit de la *Poudre de Santal* (325), soit du *Vétiver* (379), soit des *Pétales de Roses* (321), soit de la *Lavande* (210), soit toute autre fleur ou plante odorante ; on peut mélanger ensemble ces diverses substances ou y ajouter des *Essences de l'Hygiène Moderne* (149) ou des *Extraits de l'Hygiène Moderne* (154). Nous avons indiqué, aux articles des substances qui les concernent, la composition des poudres dont elles portent les noms. Voici celles qui portent des noms de fantaisie :

*Poudre de Ceylan.* — *Macis*, 650 gram.; *Patchouly*, 800 gram.; *Vétiver*, 1 kilogr.; *Essence d'écorces d'O-range*, 50 gram.; — *de Menthe*, 100 gram.

*Poudre de Chypre.* — *Bois de Cèdre;* — *de Roses;* — *de Santal* 1 kilogr. de chaque; *Essence de Bois de Roses*, 15 gram.

*Bouquet des Grâces.* — *Poudre d'Iris; Fleurs de Roses sèches; Essence de Bergamote;* — *d'Oranges de Portugal*, 185 gram. de chaque; *Fleurs d'Oranges sèches*, 30 gram.; *Borax en poudre*, 60 gram. On pile et on tamise.

On peut varier ces compositions à l'infini. Mais il est plus facile et plus expéditif de se procurer des pou-dres toutes préparées.

*Poudres pour Sachets de l'Hygiène Moderne* (194). — Ces poudres, composées avec des substances de premier choix, se font à toutes les odeurs, et elles ont été indiquées pour la plupart, à chacun des articles dont elles portent les noms, sauf les *Poudres Jockey-Club*, les *Poudres à la Maréchale*, qui se vendent 2 fr. 50 les 30 gram., 4 fr. 50 les 125 gram., et la *Pou-dre de Chypre* qui vaut 2 fr. les 30 gram., et 6 fr. les 125 grammes; port en sus.

**304.** — **PRÉSERVATIFS.** — Les *Préservatifs de l'Hygiène Moderne* (194) comprennent les articles sui-vants :

1º Les *Préservatifs en Baudruche*, ordinaires, pour hommes, du prix de 0,20 cent. la pièce et 2 fr. la dou-zaine;

2º Les mêmes, qualité fine, la pièce, 0,30 cent.; la douzaine, 3 francs;

3º Les mêmes, qualité extra-fine, la pièce, 0,75 cent.; la douzaine, 8 francs;

4º Les *Préservatifs en Caoutchouc*, roulés en rond, pour hommes, qualité ordinaire, au prix de 0,20 cent. la pièce, et 2 fr. la douzaine.

5° Les *Préservatifs fantaisie*, pour hommes, du prix de 2 fr. à 2 fr. 25 la douzaine.

6° Les *Préservatifs pour femmes*, avec bourrelets du prix de 2 fr. 50 la pièce ;

7° Les *Préservatifs éponges* ou *Éponges mignonnettes*, pour femmes, du prix de 0,60 cent. la pièce et 6 fr. la boîte de 12.

Ajouter aux prix ci-dessus, 0,30 cent. pour envois par la poste, cachetés et recommandés.

**305. — PRODUITS HYGIÉNIQUES.** — Beaucoup de préparations ainsi dénommées n'ont rien d'hygiénique que le nom. C'est qu'il ne suffit pas, pour composer des produits véritablement utiles à la santé, d'être simplement industriel ou commerçant, il faut aussi posséder à fond la connaissance du corps humain, des maladies et des infirmités auxquelles il est sujet, des conditions dans lesquelles la vie doit s'exercer, et aussi l'action que peuvent exercer sur l'organisme les substances que l'on emploie, ce qui suppose des études assez complètes en chimie, en pharmacie et en toxicologie. Il est facile de voir combien ces diverses conditions se trouvent rarement réalisées par la même personne. C'est ce qui a déterminé l'auteur de ce livre à faire profiter le public de son expérience, et à lui faire distinguer les *Produits véritablement hygiéniques*, scientifiquement parlant, de ceux qui ne le sont pas. On peut ranger dans cette catégorie les produits suivants :

1° *Produits Hygiéniques du D<sup>r</sup> Dubois.* — Ces produits qui comprennent la *Poudre Hygiénique adoucissante Alcalinoamylacée* (299) ; la *Poudre Dentifrice savonneuse Alcalinoboratée* (298) ; la *Poudre Hygiénique astringente au Krameria* (300) ; la *Crème Hygiénique Alcalinoamylacée* (110), et la *Pommade Hygiénique Alcalinoboratée* (290), ont été composés dans le but d'offrir au public, sous les diverses formes de préparations qui répondent aux besoins ordinaires de la toilette, des compositions d'où sont exclues d'une manière absolue toute substance irritante ou simplement excitante, quelle qu'elle soit, et ne pouvant non plus donner naissance à celle-ci, soit en vieillissant, soit après avoir été mise en contact avec la peau ou les muqueuses ; de plus, ces produits sont antiseptiques et neutralisent les acides qui irritent la peau ou les muqueuses et y sont la cause ordinaire des inflammations qui s'y développent. Ce sont donc des substances éminemment adoucissantes, et qui conviennent particulièrement aux personnes qui veulent avoir toute sécurité, ou qui sont sujettes aux rougeurs, demangeaisons, pellicules, boutons, éruptions, dont les cheveux, le cuir chevelu, les dents et les gencives sont malades ou susceptibles. Ces préparations ne tardent pas à mettre un terme à toutes ces affections, qui n'ont souvent d'autre cause que l'usage habituel de produits malfaisants. Mais il ne faut pas les considérer comme des objets de luxe ; ils ne sont pas parfumés et n'offrent d'autre agrément que celui d'être très efficaces pour guérir ou pour préserver des maladies auxquelles sont sujets la peau, les dents et les cheveux. Tous ces produits doivent être demandés et délivrés sous le nom du D$^r$ O. Dubois, avec signature et cachets de garantie ; ils ne se détaillent pas et se vendent en boîtes ou flacons toujours préparés d'avance. On peut se procurer tous ces produits à l'*Hygiène Moderne* (294), au prix réduit de 2 fr. 25 l'un ; port en sus.

2° *Produits Hygiéniques du D$^r$ Sylvius.* — Ces préparations réunissent l'utile à l'agréable : on en a exclu tout ce qui pouvait nuire, et on leur a donné des propriétés bienfaisantes par le choix judicieux et la qualité première des parfums et autres substances qui les composent. Elles conviennent parfaitement à toutes les personnes qui, jouissant d'un état de santé à peu près normal, désirent le conserver, ou à celles qui, ayant fait usage des *Produits Hygiéniques du D$^r$ O. Dubois*, ont vu disparaître leurs incommodités. En voici la nomenclature :

*Fixateur Hygiénique* (159); *Dépilatoire Hygiénique* (122); *Eau Dentifrice Hygiénique* (136); *Eau de Toilette Hygiénique* (141); *Essence Olfactive* (152); *Huile Hygiénique* (193); *Lait Hygiénique* (206); *Lotion Hygiénique* (219); *Pâte Dentifrice* (264); *Poudre Dentifrice* (297); *Poudre de Toilette Hygiénique* (301); *Savon de Toilette Hygiénique* (329); *Sels Hygiéniques pour bains* (333); *Vinaigre de Toilette Hygiénique* (381).

Nous avons indiqué les propriétés et les avantages de tous ces produits aux articles qui les concernent. Afin de ne pas être trompé par des contrefaçons ou des imitations, on devra n'accepter que ceux qui portent sur les étiquettes et les cachets la signature du Dr Sylvius, avec la marque de fabrique. Tous ces produits se trouvent dans les magasins de l'*Hygiène Moderne* (194).

3° *Produits de l'Hygiène Moderne*. — Dans cette catégorie se trouvent tous les produits d'hygiène et de parfumerie connus pour leur utilité et leur emploi avantageux. Ils ne comprennent que des substances simples ou composées, de premier ordre et de premier choix, exemptes de toute fraude ou falsifications. Tout ce qui se vend sous la *marque de l'Hygiène Moderne* (194) peut être accepté avec confiance et sécurité, et c'est pour offrir au public le moyen de ne plus s'égarer au milieu des produits malfaisants que lui offrent par milliers l'industrie et la spéculation, que cette maison a été créée. On devra éviter avec soin toute fraude et imitation, et, à cet effet, exiger, sur les étiquettes et enveloppes, la marque de fabrique avec la dénomination de : l'*Hygiène Moderne*. Nous avons indiqué à leurs articles respectifs, toutes les substances et produits qui doivent être vendus ainsi.

**306**. — PSYLLIUM, *Plantain des sables*. — Plante de la famille des Plantaginées, dont les semences ressemblent assez à des puces; mises à tremper dans l'eau, elles communiquent à celle-ci des propriétés mucilagi-

neuses et peuvent ainsi servir à préparer une *Brillantine* (58) économique.

Les *Semences de Psyllium de l'Hygiène Moderne*
(194) se vendent à raison de 0.15 c. les 30 gram.;
0.50 c. les 125 gram.; 1 fr. 75 les 500 gram.

**307. — PULVÉRISATEURS.** — Ce sont des appareils
destinés à réduire l'eau ou les liquides médicamenteux
en une sorte de poussière ou de vapeur ténue qui va se
répandre sur la partie que l'on veut traiter. Les uns
fonctionnent au moyen de ballons en caoutchouc, les
autres au moyen d'une petite lampe placée au dessous
d'un réservoir contenant le liquide à vaporiser.

Les *Pulvérisateurs de l'Hygiène Moderne* (194) comprennent :

1° Le *Pulvérisateur à deux boules en caoutchouc*,
dit de *Richardson*, pour la gorge, qui se vend 2 fr.,
2 fr. 50, 3 fr., 3 fr. 50, 4 fr. et 4 fr. 50 pièce, selon le
modèle ; port en sus.

2° Les *Pulvérisateurs à vapeur* dont les prix varient
entre 4 fr. 50 et 18 fr. la pièce, selon le système adopté ;
port en sus.

**308. — PYRÈTHRE.** — Cette plante appartient à la
famille des Ombellifères. Sa racine, qui vient de Tunisie, est utilisée pour faire des préparations Dentifrices ;
mais elle est très irritante, et il faut rejeter absolument
les préparations qui en renferment ; voyez *Eaux Dentifrices* (134).

Sous le nom de *Pyrèthre du Caucase*, on emploie
comme insecticide contre les punaises, la poudre de
fleurs du Pyrèthre de Dalmatie. Elle est très efficace,
mais il faut qu'elle soit pure et d'origine véritable ; on
la falsifie beaucoup et on lui substitue d'autres poudres, celles de Camomille, entre autres. Pour être certain d'avoir un produit pur et véritable, il faut se servir
de la *Poudre de Pyrèthre de l'Hygiène Moderne* qui se
vend à raison de 0.25 c. les 30 gram. ; 0.75 c. les 125
gram.; 2 fr. 75 les 500 gram. et 5 fr. le kilo ; ou en

boîtes du prix de 0.30 c. et 0.60 c.; port en sus. Cette poudre se met dans les draps, et on l'insuffle dans les fentes et trous à punaises, au moyen de soufflets appropriés, tels que les *Soufflets insecticides de l'Hygiène Moderne* (194).

**309**. — **QUININE**. — Cette substance n'est employée en parfumerie que de nom. Sous le nom d'*Eau de Quinine*, on vend des décoctions de quinquina aromatisées d'essences diverses, et additionnées de Carbonate de potasse. Or, cette formule est absolument défectueuse et témoigne une fois de plus de l'ignorance des parfumeurs; le carbonate de potasse, en effet, précipite la quinine et les autres alcaloïdes du quinquina, en sorte que la préparation se trouve privée précisément des principes actifs qui la font rechercher et dont elle porte le nom, mais bien à tort, comme on le voit.

On vend aussi des préparation à l'*Ecorce de quinine* (!) comme si la quinine, qui est un produit chimique pouvait avoir une écorce; ceci montre, une fois de plus, le cas que les parfumeurs font de la science.

*Eau de quinine de l'Hygiène Moderne* (194). — Cette composition renferme réellement de la quinine, et elle est préparée scientifiquement. Ses propriétés toniques et antiseptiques la rendent très favorable à l'entretien de la chevelure principalement en cas de pellicules et de chute des cheveux; aussi en obtient-on les meilleurs résultats, Elle se vend en flacons du prix de 0.60 c. et 1 fr. Port en sus.

*Essence composée pour Eau de quinine, de l'Hygiène Moderne.* — Produit à l'aide duquel ou peut préparer en quelques instants de l'eau de quinine. Il suffit de verser la dose contenue dans le flacon, dans 1 litre d'*Alcool à 60°* ou d'*Eau-de-vie*. Le flacon se vend au prix de 2 fr.50; 0.50 c. en sus par la poste.

**310**. — **QUINQUINA**. — Les quinquinas sont des arbres originaires de l'Amérique centrale, que l'on cultive aujourd'hui à Java et aux Indes Anglaises. On emploie la *Poudre de quinquina gris* comme dentifrice, le plus souvent associée avec partie égale de charbon. Elle est sujette à falsifications et il en existe un grand nombre de qualités différentes. La *Poudre de quinquina gris de l'Hygiène Moderne* (194) est un produit de premier choix, qui se vend à raison de 0. 40 c. les 30 gram., 1 fr. 50 les 125 gram., 3 fr. 25 les 500 grammes.

La *Poudre de quinquina jaune*, ainsi que nous l'avons vu dans le paragraphe précédent, sert à préparer l'*Eau de quinine*, qui n'a de celle-ci que le nom, associée avec de l'Alcool et des Essences. Il vaut beaucoup mieux employer la décoction de quinquina pure, pour fortifier la chevelure et nettoyer la tête. A cet effet, on fait bouillir pendant un quart d'heure, 30 gram. de *Quinquina jaune* dans 1 litre d'eau; on ajoute 10 gram. de cristaux de soude, et on passe à travers un linge.

**311. — RASOIRS.** — Il faut éviter avec le plus grand soin de se servir de rasoirs en commun avec d'autres personnes, sous peine de s'exposer à contracter des maladies fort désagréables et fort difficiles à guérir, telles que l'herpès, la mentagre, le sycosis, le favus; voir pour le traitement de ces maladies, le manuel *La Médecine Nouvelle* (227) par le Dr O. Dubois. On n'est même pas toujours en sûreté après que le rasoir a été trempé dans une solution antiseptique ou dans l'eau bouillante, car beaucoup de microbes échappent à ces moyens de purification. Le mieux est donc d'avoir des rasoirs à soi. Lorsque on ne peut absolument faire autrement, il faut faire ajouter à l'eau de savon avec laquelle on doit se raser, quelques pincées de *Poudre Hygiénique Alcalinoamylacée* (299), et se poudrer le visage avec le même produit, aussitôt après avoir été rasé; cette poudre, outre qu'elle est antiseptique par elle-même, maintient aussi la surface de la peau dans un certain état d'alcalinité qui s'oppose au développement des microbes contagieux.

*Rasoirs de l'Hygiène Moderne* (194). — Il ne faut pas se raser avec des rasoirs de mauvaise qualité; un rasoir coupant mal ou sujet à s'ébrécher, nécessite des efforts plus considérables, plus répétés, qui causent de l'irritation, de la cuisson, des rougeurs, rendent la peau dure et rugueuse, et peuvent y développer des dartres et des éruptions, sans compter les coupures toujours plus fréquentes en pareil cas.

L'achat d'un rasoir de bonne qualité est affaire de confiance, car on ne peut apprécier celle-ci que par l'usage; c'est pourquoi on se trouvera bien de s'adresser à l'*Hygiène Moderne* (194) où l'on trouve des rasoirs irréprochables à partir de 5 fr. la pièce; port en sus.

*Cuirs à rasoirs.* — La conservation et le bon entretien du rasoir sont subordonnés aux soins que l'on en prend, et à la bonne qualité des cuirs sur lesquel on les repasse; pour avoir toute sécurité à cet égard, on peut se servir des *Cuirs à rasoirs de l'Hygiène Moderne* (194) qui se vendent à raison de 2 fr. la pièce; 0.20 c. en sus par la poste.

*Pâte à rasoir.* — On peut appliquer sur les cuirs un mélange à parties égales de *Graisse* et de *Sanguine* ou bien les enduire d'une pâte préparée en faisant fondre 250 gram. d'*Axonge* et 125 gram. de *Cire jaune*, ensemble, et ajoutant ensuite 250 gram. de *Sanguine* ou d'*Ardoise en poudre.* On aromatise avec un peu d'*Essence de Lavande.*

Il faut gratter les cuirs avec un couteau tous les mois pour enlever l'ancienne pâte, et les enduire à nouveau.

Ce que j'ai dit des cuirs s'applique aussi aux pâtes; il faut que celles-ci soient bien préparées et suffisamment fines, qu'il n'y entre aucune substance capable d'attaquer ou d'émousser l'acier, conditions rarement réalisées dans la pratique. On peut employer en toute sécurité la *Pâte à rasoirs de l'Hygiène Moderne* (194) qui se vend en pains du prix de 0.50 c.; 0.05 c. en sus par la poste.

**312**. — **RATANHIA**. — Plante de la famille des Rubiacées dont la racine fournit, au moyen de l'alcool, une substance rouge-brun qui sert principalement pour colorer les eaux dentifrices.

**313**. — **REINE DES PRÉS**, *Ulmaire*. — Plante de la famille des Ombellifères, très commune dans les prairies, et dont les fleurs exhalent une odeur très agréable. On remplace, dans l'industrie, le parfum naturel de cette plante par l'éther de l'acide Salycilique, produit artificiel qui présente une odeur analogue et est d'un prix beaucoup moins élevé.

**314**. — **RÉSÉDA**, *Mignonnette*. — Plante de la famille des Résédacées, originaire du sud de l'Afrique, et cultivée dans nos jardins, dont les fleurs exhalent une odeur fort agréable. Pour obtenir leur parfum, il faut faire une *Pommade au Réséda*, soit par enfleurage (289), soit par digestion dans la graisse fondue, et traiter ensuite la pommade ainsi obtenue, par de l'alcool ; on ajoute de la Teinture de Tolu pour fixer le parfum. Cet *Extrait de Réséda* sert à préparer des *Bouquets au Réséda* et des *Huiles au Réséda*, de composition assez compliquée.

*Extrait de Réséda de l'Hygiène Moderne* (194). — Cette préparation permet de faire soi-même des pommades, huiles, glycérines, eaux de toilette, etc., au Réséda, et s'emploie aussi pour le mouchoir. Elle se vend en flacons du prix de 1 fr. 50; 0.50 c. en sus par la poste.

*Esprit au Réséda*. — A 25 litres d'*Alcool à 85°*, on ajoute de 600 à 1200 gram. d'*Extrait de Réséda*, selon la force qu'on veut avoir.

*Poudre au Réséda*. — On met l'un sur l'autre plusieurs lits alternatifs de *Poudre d'Amidon* et de *Fleurs de Réséda*. Au bout de vingt-quatre heures, on agite le tout, et au bout de vingt-quatre autres heures on passe au tamis.

**315**. — **RHUM**. — On fait des lotions au rhum pour

empêcher la chute des cheveux, qui souvent ont un effet tout contraire : il ne faut pas oublier, en effet, que celle-ci peut avoir des causes bien différentes. Lorsqu'elle est due à une maladie générale, comme la syphylis, la scrofule, elle ne peut guérir qu'à l'aide d'un traitement dépuratif ; elle peut provenir aussi d'une maladie de foie ou de l'estomac. Dans toutes ces circonstances, les lotions ne sont qu'accessoires et plutôt nuisibles ; je ne puis, sur ce sujet, que renvoyer le lecteur au manuel *La Médecine Nouvelle* (227) du D<sup>r</sup> O. Dubois, où il trouvera les moyens de se traiter avec succès. D'autres fois la chute des cheveux provient d'une maladie du cuir chevelu, et alors il faut faire usage de la *Pommade Hygiénique Alcalinoboratée* (290). D'autres fois, enfin, elle est causée par la faiblesse, l'anémie, comme on l'observe dans la convalescence des maladies longues ou après la grossesse. Dans ce dernier cas seulement, les lotions au rhum peuvent avoir quelque effet favorable ; mais il est préférable encore de se servir de la *Lotion Hygiénique du D<sup>r</sup> Sylvius* (219), ou de l'*Eau de Quinine de l'Hygiène Moderne* (309), car le rhum, comme l'alcool d'ailleurs, a la propriété de faire blanchir les cheveux, et on ne pourrait sans inconvénient en prolonger l'usage.

**316.** — RIDES. — Les préparations vantées pour faire disparaître les rides de la peau n'ont en réalité aucune vertu. Ces plis, en effet, sont dus à ce que, avec le temps, la peau finit par garder l'empreinte que lui impriment les muscles dans les contractions les plus habituelles. Tout ce que l'on peut faire, c'est d'essayer de les rendre moins visibles au moyen d'un *Fard* (155), ou mieux en se poudrant, soit avec la *Poudre Hygiénique Alcalinoamylacée* (299), soit avec la *Poudre de Toilette Hygiénique du D<sup>r</sup> Sylvius* (301), soit enfin avec la *Poudre de Riz de l'Hygiène Moderne* (317). Je donnerai cependant, à titre de curiosité, la formule suivante, mais sans répondre aucunement de son efficacité.

*Pommade contre les rides.* — On fait fondre ensemble 60 gram. de *Suc d'oignons de Lys blanc* et 68 gram. de *Miel de Narbonne*, on ajoute ensuite 30 gram. de *Cire blanche.*

**347.** — RIZ. — Les semences de cette graminée donnent une poudre très fine et très adoucissante, qui est préférable à l'amidon pour la composition des poudres de toilette; cependant c'est ce dernier que l'on emploie le plus souvent, et les Poudres vendues sous le nom de *Poudres de Riz* n'en contiennent ordinairement aucune trace : on y met au contraire des substances malfaisantes, telles que, le Carbonate de plomb, l'Oxyde de zinc, le Bismuth. On peut se procurer du *véritable Riz en poudre* à l'*Hygiène Moderne* (194) au prix de 0,20 c. les 125 gram., et 0,75 c. les 500 gram.

*Poudre de Riz de l'Hygiène Moderne.* — Cette poudre est faite réellement avec de la poudre de riz et non avec de l'amidon; elle ne contient aucune substance nuisible et se fait remarquer par son très agréable parfum. Elle se vend soit blanche, soit colorée en rose :

1º En *Boîtes rondes forme basse*, au prix de 0,60 c. la boîte ; 0,15 c. en sus par la poste;

2º En *Boîtes carrées*, au prix de 1 fr. la boîte; 0,20 c. en sus par la poste.

3º En *Boîtes cylindriques*, modèle riche, pouvant contenir une houppe, au prix de 1 fr. 50; 0,20 c. en sus par la poste. Voyez *Houppes* (190).

**318.** — ROCOU. — C'est une matière colorante rouge, qui vient des Antilles et de Cayenne où elle est préparée avec les fruits d'un arbre de la famille des Tiliacées, et peut servir à colorer les produits de parfumeries en rouge orange.

**319.** — ROMARIN. — Plante de la famille des Labiées, qui croît dans le centre et le sud de l'Europe, et dont les feuilles et les fleurs renferment une assez forte proportion d'une huile essentielle ; on la retire de ces dernières par distillation. Elle s'emploie, mélangée avec d'autres, pour composer des parfums, et est souvent falsifiée avec l'Essence de Térébenthine.

*Essence de Romarin de l'Hygiène Moderne* (194).— C'est de l'essence surfine pure, qui se vend à raison de 0,10 c. le gram. ; 0,60 c. les 10 gram. ; tandis que l'*Essence de Romarin ordinaire*, se vend 0,40 c. les 20 gram.

*Vinaigre de Romarin*. — On distille 1 kilogr. de *Fleurs de Romarin*, avec 30 litres de *Vinaigre de vin*. On peut préparer de même des vinaigres avec d'autres plantes aromatiques analogues, telles que l'*Angélique*, le *Basilic*, la *Menthe*, etc.

*Eau distillée de Romarin*. — Se prépare comme celle de *Menthe* (230).

**220. — RONDELETIA.** — Nom donné à un parfum très suave obtenu par un mélange de plusieurs parfums, dans lesquels dominent l'*Essence de Lavande* et l'*Essence de Girofles*. On ne peut le préparer soi-même. Mieux vaut se procurer l'*Extrait de Rondeletia de l'Hygiène Moderne* (194), qui s'emploie pour le mouchoir et la toilette, et se vend en flacons du prix de 1 fr. 50 ; 0,50 c. en sus par la poste.

**321. — ROSIER.** — Cet arbuste, qui a donné son nom à la famille des Rosacées, offre une quantité considérable de variétés ; les fleurs exhalent un parfum délicieux, qu'elles doivent à une huile essentielle, dont l'extraction forme l'objet d'une industrie considérable, principalement aux environs de Nice et de Grasse, en France, en Bulgarie, et dans l'Inde Anglaise. Cette essence, qui s'obtient par distillation, offre des différences d'odeur légères, selon son lieu de provenance, et aussi selon l'espèce de roses qui l'a produite. On cultive surtout, pour en retirer l'essence, la *Rose de Provins*, la *Rose des quatre saisons*, la *Rose Muscat*, et le *Rosier toujours vert*. Elles ne fournissent qu'une très petite quantité d'essence eu égard au poids des fleurs employées ; aussi cette essence est-elle d'un prix très élevé. Elle est jaune, de consistance demi-solide et ne répand une odeur suave qu'à très faible dose. Elle est fort sujette à falsifications, principalement au moyen de l'*Essence de Géranium* (171), dont l'odeur se rapproche de la sienne. On peut se procurer de l'*Essence de Roses de l'Hygiène Moderne* (194), qui est un produit pur et véritable et non de l'Essence de Géranium Rosat (171), au prix de 0,15 c. la goutte, 2 fr. le gram.

*Eau distillée de Roses.* — On l'obtient par la distillation des pétales de Rose, et son odeur est plus ou moins forte selon qu'on a employé plus ou moins de fleurs. Elle peut, par elle-même, servir de parfum et sert à composer des eaux de toilette, cold-creams, etc. L'*Eau de Roses de l'Hygiène Moderne* (194) est un produit de qualité supérieure, qui se vend à raison de 0,10 c. les 0,30 gram et 30 c. les 125 gram.; 2 fr. le litre.

*Pommade à la Rose.* — Elle se prépare comme celle de *Cassie* (71), en faisant digérer dans la graisse fondue, à plusieurs reprises, des pétales de Roses.

*Extrait de Roses.* — On l'obtient en traitant la pommade précédente par l'Alcool. On vend sous le nom d'*Eau de boutons de Roses* cet extrait additionné de quelques gouttes d'Essence de Roses, ou d'Essence de Bois de Rhodes. L'*Extrait de Roses de l'Hygiène Moderne* (194) est un produit supérieur qui peut s'employer soit seul, soit pour composer d'autres parfums. Il se vend à raison de 1 fr. 50 le flacon ; 0,50 c. en sus par la poste.

*Huile à la Rose.* — On peut la préparer soi-même en ajoutant quelques grammes de l'extrait précédent à de l'Huile d'olives. On peut y joindre un peu d'Essence de Géranium et d'Essence de Girofles.

*Poudre à la Rose.* — A 1500 gram. de *Pétales de*

*Roses pâles*, pulvérisées et passées au tamis, on ajoute 2 gram. d'*Essence de Roses*. Pour sachets.

*Philocôme à la Rose*. — On fait fondre ensemble 500 gram. d'*Axonge* et 500 gr. *Huile d'œillette*, et un peu avant refroidissement, on ajoute 10 gram. d'*Essence de Roses* et 2 gram. d'*Essence de Géranium*. Pendant la fusion de la graisse, on peut ajouter 2 gram. de *Rocou*, ou 1 gram. de *Carmin*, pour colorer.

*Pommade Rosat*. — On fait fondre 60 gr. de *Cire blanche* coupée en menus morceaux, dans 125 gram. d'*Huile d'Amandes douces*; on ajoute 12 gram. d'*Orcanette*; on passe à travers un linge et on aromatise avec deux gouttes d'*Essence de Roses*. On peut la couler dans des petites boîtes en bois, ou en faire de petits bâtons, en la coulant dans un moule. La *Pommade Rosat de l'Hygiène Moderne* se vend à raison de 0,20 c. le bâton avec étui, ou en boîtes, à raison de 0,30.

*Vinaigre Rosat*. — On laisse macérer pendant quinze jours 250 gr. de *Pétales de Roses rouges*, mondées de leur onglet, et sèches, dans 4 kilogr. de bon *Vinaigre* blanc ou rouge. On agite de temps à autre, puis on filtre.

On fait aussi un *Vinaigre à la Rose* par distillation.

*Poudre à la Rose de l'Hygiène Moderne* (194). — Cette poudre sert à faire des sachets et se vend à raison de 2 fr. les 30 gram.; 6 fr. les 125 gram.

**322. — SACHETS.** — Ce sont de petits sacs de coton dans lesquels on enferme des poudres ou des substances odoriférantes, et que l'on recouvre d'une étoffe de soie, de taffetas ou de satin, de couleurs et de dessins variés. On peut les composer soi-même avec des *Pétales de Roses*, d'*Œillets*, de *Lavande*, des *Feuilles de Menthe* séchées et réduites en poudre, auxquelles on ajoute de la *Poudre de Girofles* et de *Muscades*. Ou bien encore avec des *Feuilles de Thym*, de *Lavande*, d'*Hysope*, de *Verveine*, de *Sauge*, de *Romarin*, de *Basilic*, mêlées avec quelques *Clous de Girofles* et une *Noix Muscade* concassée. On peut encore associer ensemble, la *Poudre d'Iris*, les *Fleurs de Cassie*, le *Graine d'Ambrette* et les *Clous de Girofles*. Ou bien encore le *Benjoin*, la *Vanille*, le *Musc* et le *Bois de Rhodes*. J'ai indiqué aux articles des substances dont elles portent le nom et à leur article spécial, la composition des principales poudres pour sachets.

**323. — SAFRAN.** — Plante de la famille des Liliacées dont les stigmates des fleurs s'emploient pour fabriquer une teinture jaune, qui sert en parfumerie à colorer divers produits . A cet effet, on fait bouillir 125 gram. de Safran dans 1 litre d'*Eau*, en vase clos ; on laisse refroidir, on exprime et on fait bouillir de même le résidu dans un autre litre d'eau ; on exprime, on mélange les deux liquides, et on ajoute 1 litre d'*Alcool à 85°*. Enfin on fait macérer le marc dans un autre litre d'Alcool, et on réunit le tout.

**324. — SALPÊTRE,** *Sel de Nitre, Nitrate de Potasse, Azotate de Potasse*. — Ce sel sert à imprégner les papiers et rubans d'étoffe que l'on veut rendre combustibles ; il fait partie des *Clous fumants* (90), des *Pastilles fumantes* (262).

**325. — SANTAL.** — Le *Santal blanc* est un bois odoriférant qui vient des Indes ; on en fait des boîtes, des étuis et des coffrets qui ne sont pas attaqués par les insectes. On en extrait par distillation une essence dont l'odeur devient plus agréable en vieillissant et qui s'emploie en parfumerie pour la préparation des extraits et des bouquets

L'*Essence de Santal de l'Hygiène Moderne* (94) est de l'essence de Santal Citrin, pure, et se vend au prix de 0.15 c. le gram. ; 1 fr. 40 les 10 gram. ; 4 fr. les 30 gram.

La *Poudre de Santal de l'Hygiène Moderne* (194) se vend au prix de 0.30 c. les 30 gram. ; 1 fr. les 125 gram. Elle sert à faire des *Sachets* (322):

**326.** — **SASSAFRAS.** — Arbre de la famille des Laurinées, qui croît dans l'Amérique du Nord, et dont la racine fournit par distillation une essence qui entre dans la composition de quelques produits de parfumerie.

**327.** — **SAUGE.** — Cette plante, de la famille des Labiées, répand une odeur aromatique. Ses feuilles entrent dans la composition des *Sachets* (322). On en retire, par distillation, une essence qui sert à parfumer les savons.

*Vinaigre de Sauge.* — Se prépare comme celui de *Lavande* (210).

*Eau distillée de Sauge.* — Se prépare comme celle de *Menthe* (230)

**328.** — **SAVONS.** — La fabrication des savons constitue une branche importante de l'industrie. Mais comme on ne peut pas aisément la pratiquer pour soi-même, je me bornerai à dire ici ce qu'il est seulement indispensable de savoir pour se faire une idée exacte de ce genre de produits. Les substances grasses, comme les huiles, les graisses, sont des combinaisons d'acides gras (acides oléique, stéarique, margarique) avec la Glycérine. Lorsque l'on fait agir un alcali, tel que la Soude ou la Potasse, sur une substance grasse, cet alcali déplace la Glycérine et s'unit à sa place avec les acides gras pour former une substance nouvelle que l'on nomme un Savon. La substance grasse, qui ne pouvait se mêler à l'eau, a ainsi complètement changé de nature, car elle se dissout maintenant dans ce liquide en moussant plus ou moins fortement par l'agitation, et elle a la propriété de dissoudre plus ou moins complètement les autres substances grasses, et par conséquent elle est propre à nettoyer les tissus, le linge et même la peau, d'où son emploi pour la toilette. Les corps gras les plus employés pour la fabrication des savons sont : l'*Huile d'Olives*, l'*Huile d'Arachides*, l'*Huile de Sésame*, l'*Huile de Coton*, l'*Huile de Coco*, l'*Huile de Palme*, la *Graisse de Bœuf*, la *Graisse de Mouton*, la *Graisse de Porc*, et l'*Acide oléique*, qui est un des résidus de la fabrication des bougies. Quant aux alcalis, ce sont la *Soude* et la *Potasse*, qui, dissoutes dans l'eau, forment ce qu'on appelle la *Lessive alcaline*.

Les *Savons de Toilette* doivent se fabriquer avec des substances plus pures que les savons ordinaires. On les colore avec la Terre de Sienne, le Caramel, le Curcuma, la Gomme-Gutte, etc., et on les aromatise avec des substances diverses. Mais ils renferment trop souvent un excès d'eau, ce qui facilite leur altération et constitue une véritable fraude; d'autres fois, un excès d'alcali qui les rend irritants pour la peau; ou bien on les falsifie avec des substances étrangères, telles que le sable, l'argile, l'amidon, la gélatine, l'alumine, du silicate de potasse, de la résine, des substances grasses, etc.; enfin, des essences à bas prix et de mauvaise qualité qui sont fort nuisibles pour la peau et plutôt désagréables pour l'odorat; d'autres essences sont de véritables poisons. On voit que les règles de l'hygiène ne sont guère mieux observées pour les savons que pour les autres produits de la parfumerie; aussi voit-on souvent la peau perdre sa finesse et sa douceur naturelle par l'usage des mauvais savons, quand il ne s'y développe pas des rougeurs et des éruptions. Pour éviter ces inconvénients, on devra se servir du *Savon hygiénique du D^r Sylvius* (329) ou des *Savons de l'Hygiène Moderne* (330), qui sont des produits fabriqués avec tout le soin et la compétence nécessaires.

*Poudre de Savon.* — Sous cette forme, le savon est d'un emploi très commode en certaines circonstances. Elle se prépare en mettant sécher à l'étuve du savon coupé en copeaux, qu'on pulvérise ensuite et qu'on parfume au besoin. Mais le plus souvent en vend sous le nom de *Poudre de savon pour la barbe*, des préparations caustiques fabriquées avec l'acide oléique, la soude, le silicate de soude et le talc, qui ne sont nullement du savon de toilette ordinaire et sont loin d'être hygiéniques, car elles irritent la peau. La *Poudre de Savon de l'Hygiène Moderne* (194) est du savon véritable, de première qualité, et que l'on peut employer avec autant d'agrément que de sécurité, au lieu et place des poudres de savon du commerce, qui n'offrent aucune garantie. Elle se vend en boîte du prix de 0.50 c.

*Savons transparents.* — Ce sont des savons préparés en faisant dissoudre au bain-marie des copeaux minces de savon blanc dans son poids d'alcool bouillant; on parfume avec telle essence que l'on veut un peu avant refroidissement, et on colore à volonté. Voyez *Glycérine* (176).

*Savons mous.* — Ce sont des savons fabriqués avec de la potasse au lieu de soude ; on les aromatise généralement avec l'Essence d'Amandes amères. Ils sont plus irritants que les autres. Ils se vendent le plus souvent sous le nom de *Crèmes*.

*Savons mousseux.* — Ce sont des savons dans lesquels on a incorporé, par le battage, une certaine quantité d'air. Ils se dessèchent et se raccornissent facilement, perdent aisément leur parfum. Mieux vaut se servir de la *Poudre Hygiénique Alcalinoamylacée* (299), qui, ajoutée au savon pendant le lavage, rend celui-ci mousseux et lui communique des propriétés adoucissantes et antiseptiques. On s'en sert avantageusement aussi pour la barbe.

*Essences de Savon.* — Ce sont des dissolutions de savon dans l'alcool ; on opère à chaud, et un peu avant refroidissement, on parfume avec des essences ou des extraits, et on colore à volonté. Quelques gouttes de ces essences dans un verre d'eau rendent celle-ci mousseuse, après agitation. Ces préparations sont toujours assez irritantes, à cause des essences en très forte proportion et de la potasse qu'elles renferment; il est préférable d'employer le *Savon Hygiénique du Dr Sylvius* (329).

**329**. — SAVON HYGIÉNIQUE *du Dr Sylvius*. — Ce savon est en même temps antiseptique et adoucissant; il est composé d'après les mêmes principes que la *Poudre Alcalinoamylacée* (299) et la *Crème Hygiénique* (110), et convient tout particulièrement aux personnes qui ont la peau susceptible et délicate, ou qui ont des rougeurs, boutons, démangeaisons, crevasses, engelures, etc., qui manient des substances malsaines; il préserve la peau lorsqu'elle est saine, et la rétablit dans son état normal lorsqu'elle est altérée. Ces résultats sont dus à la présence des substances adoucissantes, alcalines et antiseptiques, qui en forment la base, et au soin avec lequel on en a banni toute substance défavorable à la peau. Il se vend à *l'Hygiène Moderne* (194) au prix de 1 fr. le pain; 1 fr. 20 par la poste.

**330**. — SAVONS DE TOILETTE *de l'Hygiène Moderne* (194). — La composition des savons, la manière dont ils sont préparés et parfumés, la nature des matières premières qui servent à les fabriquer, ont la plus grande importance au point de vue de l'hygiène. On peut contracter des maladies de peau et altérer celle-ci par l'usage de savons nuisibles, comme il en existe tant aujourd'hui. Il est donc précieux d'avoir une marque à laquelle on puisse avoir recours en toute sécurité, comme celle de *l'Hygiène Moderne* (194), où l'on trouve toutes les variétés et natures de savons de toilettes, préparés sans substances nuisibles et d'une manière conforme aux règles de l'hygiène. On se servira de préférence de celui qui est connu sous le nom de *Savon de Toilette de l'Hygiène Moderne* (194), à cause de ses propriétés bienfaisantes, du choix particulier des substances qui le composent, et de son agréable parfum; il se vend en pains du prix de 0.60 c., port en sus.

**331**. — SCHŒNANTHE, *Andropogon Schœnanthus*,

*Lemon-Grass, Jonc odorant.* — C'est une graminée qui croit dans les Indes Anglaises et à Ceylan, et dont on retire une huile essentielle connue sous les noms d'*Essence de Lemon-Grass,* — *de Géranium de l'Inde,* — *de Palmarosa,* — *de Ginger-Grass,* — *de Verveine de l'Inde,* etc. Elle sert à falsifier d'autres essences, surtout celle de Roses et celle de Verveine, avec laquelle elle a une certaine analogie. On l'emploie surtout pour parfumer les savons.

**332.** — **SEINS.** — Ils peuvent avoir besoin d'être soutenus à l'aide d'un corset lorsqu'ils sont trop volumineux ou tombants; mais il ne faut pas les comprimer trop fortement ni les exposer aux chocs ni aux contusions. Pendant l'allaitement, il faut avoir soin de remédier sans retard aux fissures ou gerçures qui peuvent se produire sur le mamelon, car ils sont souvent la cause des abcès du sein, et peuvent mettre obstacle à l'allaitement. Il faut badigeonner la fissure ou gerçure avec de la *Teinture de Benjoin* (41), deux ou trois fois par jour et cesser de donner le sein du côté malade; avec ces précautions, la guérison est vite obtenue. Lorsque le mamelon est trop peu développé ou trop sensible, on se sert de *Bouts de Seins* (57); pour faire monter le lait, ou l'évacuer s'il est trop abondant, de *Tire-laits* (364).

Lorsque les seins sont trop peu développés, il est absolument nécessaire de chercher à les faire grossir au moyen de lotions, frictions, pommades, laits, etc. Il n'existe aucun remède sérieux ayant la propriété de faire grossir les seins. Il faut, en pareil cas, recourir à l'usage des *Seins artificiels de l'Hygiène Moderne* (194), qui se font :

1° En *Caoutchouc gris,* au prix de 7 fr. 60 la paire;

2° En *Caoutchouc rose,* au prix de 9 fr. la paire. Port en sus.

**333.** — **SELS HYGIÉNIQUES** *du D<sup>r</sup> Sylvius.* — Ce sont des sels que l'on ajoute à l'eau du bain pour

communiquer à celui-ci des propriétés toniques, fortifiantes et antiseptiques, et en même temps rendre la
peau douce et blanche. Le défaut des bains de sels ordinaires dits *hygiéniques*, c'est que les substances toniques qu'ils renferment agissent sur la peau d'une manière défavorable, parce qu'elles sont irritantes ; elles
en altèrent la finesse et la douceur et provoquent assez
souvent des boutons, rougeurs et éruptions. Toutes les
fois que l'on a besoin de fortifier l'économie et en
même temps d'agir sur la peau, saine ou malade, d'une
manière bienfaisante, il faut se servir des *Sels Hygiéniques du D<sup>r</sup> Sylvius*. Il suffit d'ajouter le contenu du
flacon à l'eau d'un bain ordinaire. Ils se vendent à
*l'Hygiène Moderne* (194) au prix de 1 fr. 50 le flacon ;
port en sus.

**334.** — **SERINGA.** — Plante de la famille des Myrtacées dont les fleurs exhalent une odeur analogue à
celle des fleurs d'oranger. Ces fleurs servent à préparer une pommade qui se vend sous le nom de *Pommade
à la Fleur d'Oranger.*

*Extrait de Seringa de l'Hygiène Moderne* (194). —
Cet extrait, d'odeur suave, sert pour le mouchoir ou la
toilette, et aussi pour parfumer soi-même des huiles,
pommades, poudres, de la glycérine, etc. Le flacon se
vend 1 fr. 50 ; par la poste, 0,50 cent. en sus. Voyez
*Extraits* (154).

**335.** — **SERINGUES.** — Ce sont des instruments
destinés à faire pénétrer des liquides dans des cavités
naturelles ou accidentelles du corps humain. Ils se
composent d'un *piston* muni d'une tige qui peut glisser
dans un cylindre sur les parois duquel il doit s'appliquer sans laisser de jour. Ce cylindre est ouvert à ses
deux extrémités, l'une par où sort la tige, l'autre à
laquelle s'adapte une portion effilée ou *canule*, pour
l'entrée et la sortie du liquide. Les pistons des seringues doivent être garnis convenablement et enduits de
graisse, d'huile, de vaseline ou de savon pour faciliter

leur glissement. On doit nettoyer l'appareil avec le plus grand soin, et bien essuyer le piston et l'intérieur du cylindre, après qu'on s'en est servi ; avoir soin de ne pas mettre dans les seringues métalliques, de subtances capables de les attaquer.

Les *Seringues de l'Hygiène Moderne* (194) se composent des articles suivants :

1° *Seringues en verre à injections uréthrales*, pour hommes, piston garni en coton, du prix de 0,20 cent. la pièce ; les mêmes, piston garni en peau, au prix de 0,30 cent. la pièce ; avec étuis, 0,10 cent. en sus ; par la poste, 0,05 cent. en sus ;

2° *Seringues en cristal*, même usage, au prix de 0,40 cent. la pièce ; avec étuis, 0,50 cent. ; 0,05 cent. en sus par la poste ;

3° *Seringues pneumatiques*, même usage, au prix de 0,75 cent. la pièce : 0,05 cent. en sus par la poste ;

4° *Seringues avec monture en caoutchouc*, même usage, au prix de 1 fr. 25 la pièce ; 0,05 cent. en sus par la poste ;

5° *Seringues tout en caoutchouc durci*, même usage, au prix de 2 fr. 50 la pièce ; 0,15 cent. en sus par la poste ;

6° *Seringues en verre* pour le nez ou les oreilles, au prix de 0,30 cent. la pièce ; 0,05 cent. en sus par la poste ;

7° Les mêmes, *en cristal*, au prix de 0,40 cent. la pièce ; 0,05 cent. en sus par la poste ;

8° *Seringues en cristal*, courbes, pour oreilles, permettant de faire soi-même les injections, au prix de 0,60 cent. la pièce ; 0,10 cent. en sus par la poste ;

9° *Seringues pneumatiques* pour le nez et les oreilles, au prix de 1 fr. 25 la pièce ; 0,10 cent. en sus par la poste ;

10° *Seringues en verre à injections*, pour femmes, au prix de 0,60 cent. la pièce ; port en sus ;

11° Les mêmes, *en cristal*, au prix de 1 fr. ; port en sus ;

12° *Seringues pneumatiques à injections*, pour femmes, au prix de 4 fr. 50 la pièce ; port en sus ;

13° *Seringues à lavement*, en verre, au prix de 0,60 cent. la pièce ; port en sus ;

14° Les mêmes, *en cristal*, au prix de 1 fr. ; port en sus ;

15° *Seringues en étain*, pour enfants, trois grandeurs, aux prix respectifs de 0,90 cent., 1 fr. 20 et 1 fr. 45 la pièce ; port en sus ;

16° *Seringues en étain*, pour adultes, aux prix respectifs de 3 fr. 50, 4 fr. et 4 fr. 50 ; port en sus ;

17° *Seringues à Lavements de Glycérine*, aux prix de 2 fr. et 2 fr. 50 ; port en sus ;

18° *Seringues de Pravaz*, pour injections sous-cutanées, en caoutchouc durci, avec deux aiguilles, aux prix de 3 fr. et 4 fr. la pièce ; 0,15 cent. en sus par la poste ;

19° Les mêmes en *Maillechort* ou *Métal blanc*, avec barettes, deux modèles, à 5 fr. et 10 fr. l'un ; 2 fr. en sus avec flacon ; 0,20 cent. en sus par la poste ;

20° Le grand modèle précédent dans un Etui en Maillechort, 18 fr. ; 0,20 cent. en sus par la poste ;

21° *Seringues de Pravaz* en argent pur, avec Etui maroquin, au prix de 20 fr. la pièce ; 0,20 cent. en sus par la poste ;

22° *Aiguilles de rechange* pour les Seringues de Pravaz, deux qualités, aux prix respectifs de 0,80 cent. et 1 fr. 25, et en Platine iridié, au prix de 2 fr. 25 cent. la pièce ;

23° *Fils métalliques* pour déboucher les seringues de Pravaz, au prix de 0,20 cent. la botte.

**336**. — **SERPOLET**. — Plante de la famille des Labiées, dont on extrait, par distillation, une essence qui sert à parfumer les savons.

*Vinaigre de Serpolet*. — Se prépare comme celui de Lavande.

*Eau distillée de Serpolet*. — Se prépare comme celle de Menthe (230).

**337.** — **SERRE-BRAS.** — Ce sont des plaques en forme de gouttières qui se fixent sur le bras au moyen de petites sangles appropriées, pour assujettir les pansements des cautères ou des vésicatoires.

Les *Serre-Bras de l'Hygiène Moderne* (194) se font :

1° En *Gomme noire*, aux prix de 1 fr. et 1 fr. 10, selon la grandeur ;

2° En *Toile métallique*, aux prix de 1 fr. 25 et 1 fr. 50 ; par la poste, 0,20 cent. en sus.

**338.** — **SERRE-FINES.** — Ce sont de petits fils métalliques disposés de façon à former pince à ressort et qui servent à fixer et maintenir rapprochées les lèvres d'une plaie.

Les *Serre-Fines de l'Hygiène Moderne* (194) sont en argent et se vendent 1 fr. la pièce.

**339.** — **SERVIETTES PÉRIODIQUES.** — Ce sont des petits coussins ou garnitures en étoffe légère, qui servent à préserver la peau ainsi que la chemise et les véfements, pendant la durée de l'écoulement menstruel.

Les *Serviettes Périodiques de l'Hygiène Moderne* (194) se vendent 0,20 cent. la pièce, ou 2 fr. 50 avec ceinture, par boîtes de 12 ; port en sus. Voyez *Ceintures* (75).

**340.** — **SIPHON DE WEBER.** — Cet appareil est destiné à pratiquer des douches dans l'intérieur des fosses nasales. Il se compose d'une balle creuse en caoutchouc, de forme ovoïde, percée d'un orifice à chacune de ses extrémités ; à chacun de ces orifices s'adapte, au moyen d'une garniture métallique, un tube en caoutchouc ; l'un de ces tubes va plonger dans un vase rempli du liquide à injecter, placé sur une tablette ou un meuble plus élevé que la tête du malade ; l'autre tube est pourvu à son extrémité libre d'une canule ovoïde que l'on introduit dans la narine à injecter. Il suffit de presser la boule avec la main pour faire descendre le liquide du vase, et le projeter dans les fosses nasales. Le *Si-*

phon *de Weber de l'Hygiène Moderne* (194), qui est l'appareil véritable, se vend à raison de 4 fr. la pièce ; 0,50 cent. en sus par la poste. Voyez *Douches nasales* (128).

**341**. — SONDES, *Bougies*. — Les *Sondes uréthrales* sont des tiges cylindriques destinées à être introduites dans le canal de l'urèthre, soit pour dilater celui-ci en cas de rétrécissements, soit pour vider la vessie en cas de rétention d'urine partielle ou complète, soit enfin pour pratiquer des injections dans la vessie. Lorsqu'on n'a besoin que de dilater l'urèthre sans provoquer la sortie de l'urine, la tige n'a pas besoin d'être percée et alors on l'appelle *Bougie*. Dans le cas contraire on la nomme Sonde, et elle est creusée à son centre d'un conduit qui s'ouvre au centre de l'une de ses extrémités, tandis que l'autre, celle qui doit pénétrer dans la vessie, reste pleine et arrondie, mais présente à un centimètre de sa pointe environ, une ou deux ouvertures, qui communiquent avec le conduit central.

Avant d'introduire la sonde, on l'enduit de cérat, de cold-cream, d'huile ou de vaseline ; elle doit être introduite lentement, avec douceur, et il ne faut pas la faire pénétrer de force si l'on rencontre quelque obstacle. Lorsqu'elle doit rester à demeure, on la fixe à l'aide d'un petit appareil approprié, et on bouche son orifice à l'aide d'une petite cheville en bois, pour éviter l'écoulement continuel de l'urine.

Il faut nettoyer les sondes avec soin aussitôt après s'en être servi.

Les *Sondes uréthrales de l'Hygiène Moderne* (194) se font :

1° En *Gomme fine*, cylindriques, au prix de 0.90 c. la pièce ;

2° En *Gomme fine*, avec bouts olivaires ou coniques, au prix de 1 fr. 25 la pièce ;

3° En *Gomme fine* béquilles dites de Mercier, au prix de 1 fr. 75 la pièce :

4° En *Caoutchouc moulé*, dites de Nélaton, au prix de 1 fr. 25 la pièce ;

5° En *Maillechort*, pour hommes, au prix de 3 fr. la pièce ;

6° En *Maillechort*, pour femmes, au prix de 2 fr. la pièce ;

7° En *Cristal*, avec anneau, pour femmes, au prix de 1 fr.

On fait aussi des sondes pour injections dans l'intérieur de l'utérus ; les *Sondes intra-utérines de l'Hygiène Moderne*, à double courant, se vendent 4 fr. 50 la pièce.

On fabrique aussi des sondes destinées à pénétrer par l'œsophage jusque dans l'estomac pour y faire des douches ou y introduire des aliments liquides. Les *Sondes œsophagiennes de l'Hygiène Moderne* (194), en gomme fine, se vendent au prix de 6 fr. la pièce. Port en sus pour tous ces articles.

**312.** — SOUFRE. — Cette substance sert à purifier et à désinfecter l'air, les vêtements, les meubles, les appartements. À cet effet, on le fait brûler, dans un vase ou dans une assiette, ou mieux encore sous forme de mèche soufrée. Mais il faut avoir soin de bien fermer l'espace dans lequel il doit agir, parce que ses vapeurs sont très irritantes et dangereuses à respirer. On peut aussi s'en servir pour saupoudrer les endroits où les chiens viennent uriner ; elle suffit pour les écarter. Le *Soufre sublimé de l'Hygiène Moderne* (194) se vend au prix de 0.10 c. les 125 gram., 0.35 c. les 500 gram., et 0.60 c. le kilo.

**343.** — SOURCILS. — Lorsqu'ils sont trop épais, trop rapprochés, il faut les éclaircir au moyen d'une *Pince à épiler* (280) ; la même opération est indiquée pour en arracher les poils blancs ; s'ils sont trop longs on les coupe avec des ciseaux. On peut aussi les noircir à l'aide d'un petit *Pinceau* (281) trempé dans l'Encre de Chine ou avec le charbon d'une allumette éteinte.

**344.** — **SPECULUM**. — Ce sont des instruments destinés à explorer l'intérieur des cavités naturelles du corps humain, telles que le vagin ou le rectum. Il faut, avant de les introduire, les plonger dans l'eau chaude pour leur donner à peu près la température des parties à explorer, ensuite on les enduit avec un peu d'huile, de cérat, ou de vaseline. Après s'en être servi, les nettoyer avec le plus grand soin, car s'ils servent à des personnes différentes, ils peuvent transmettre certaines maladies de l'une à l'autre.

Les *Speculums de l'Hygiène Moderne* (194) comprennent les articles suivants :

1° Le *Speculum de bain* en caoutchouc durci, trois grandeurs, aux prix respectifs de 2 fr., 2 fr. 25 et 2 fr. 50 ;

2° Le *Speculum en Maillechort grillagé*, au prix de 4 fr. la pièce ;

3° Le *Speculum avec miroir*, au prix de 5 fr. la pièce ;

4° Le *Speculum en verre*, trois grandeurs, aux prix respectifs de 1 fr. 50, 1 fr. 75 et 2 fr.

Port en sus pour tous ces articles.

**345.** — **SPICEWOOD.** — Essence extraite d'un Laurier de l'Amérique du Nord, dont l'odeur tient à la fois du Wintergreen et de l'Ylang. On l'emploie en parfumerie.

**346.** — **STORAX.** — C'est un baume naturel qui provient d'un arbre de la famille des Styracinées, l'Aliboufier, qui croît dans presque tous les bois voisins de la Méditerranée, mais surtout en Asie-Mineure. Il se présente sous forme de larmes ou de pains de couleur blanche ou rouge-brun, ce dernier moins estimé ; il offre une odeur agréable et persistante due à une huile essentielle. Associé à d'autres parfums, il leur donne de la fixité. On le désigne le plus souvent sous le nom de *Storax calamite*, parce qu'il était autrefois expédié dans des roseaux creux ou *calami*, ou encore sous le nom de *Storax en pains*, selon qu'il est en larmes ou en grosses masses ; cette dernière sorte moins estimée.

**347.** — STYRAX, *Liquidambar*. — C'est un baume liquide qui provient d'un arbre de la famille des Amentacées, qui croît au Mexique. Il en vient aussi de Bornéo et de Java. Il renferme de l'acide Benzoïque ou Cinnamique, et une essence qui lui donnent son parfum.

*Teinture de Styrax.* — On fait dissoudre 25 gram. de Styrax dans 500 gram. d'*Alcool à 85°*. Elle entre dans la composition des extraits auxquels on veut donner de la permanence et de la fixité.

**348.** — SUCRE. — Cette substance attaque les dents ; elle décompose le carbonate de chaux dont celles-ci sont en partie composées, pour former du sucrate de chaux. C'est donc avec le plus grand tort qu'on le fait entrer dans la composition des *Pâtes dentifrices* (265) ordinaires, qui toutes en contiennent, soit en nature, soit sous forme de sirop ou de miel, lorsqu'elles ne contiennent pas de glycérine, qui ne vaut pas mieux. Il ne faut se servir, comme dentifrice mou, que de la *Pâte Dentifrice Hygiénique du Dr Sylvius*, (264) qui ne contient aucune substance malfaisante.

**349.** — SUMBUL. — Plante de la famille des Ombellifères, qui croît au nord et à l'est des Indes anglaises, et dont la racine, appelée aussi *Racine Musquée*, contient une huile essentielle employée en parfumerie.

**350.** — SUREAU. — Les fleurs de cet arbrisseau, qui appartient à la famille des Caprifoliacées, exhalent une odeur due à une huile essentielle. En les distillant avec de l'eau, on obtient une *Eau distillée de Sureau* à laquelle on ajoute 100 gram. d'*Alcool* par litre pour la conserver.

**351.** — SUSPENSOIRS. — Ces appareils s'emploient pour soutenir les parties en cas d'Orchite, Hernies, Hydrocèles, Tumeurs testiculaires, et aussi, hors le cas de maladies, lorsque l'on veut prévenir celles-ci, par exemple, lorsqu'on se livre à des exercices violents, tels que l'équitation, le cyclisme, etc.

Les *Suspensoirs de l'Hygiène Moderne* (194) comprennent :

1° Les *Suspensoirs à ceintures non élastiques* ordinaires, du prix de 0.50 c. pièce ; et en toile, du prix de 0.60 c. ;

2° Les *Suspensoirs à ceintures demi-élastiques*, du prix de 1 fr. 25 ;

3° Les *Suspensoirs tout élastiques*, poche démontante, du prix de 1 fr. 75 ;

4° Les *Suspensoirs Demi-soie*, au prix de 2 fr. 50 ;

5° Les *Suspensoirs Soie extra*, du prix de 4 fr. 50 ;

6° Les *Poches de rechange* ordinaires, en demi-soie, aux prix respectifs de 0.75 c. 1 fr. 25 et 2 fr. 25 pièce ;

7° Les *Suspensoirs tout en caoutchouc*, du prix de 3 fr. 50 ;

8° Les *Suspensoirs à Hydrocèle*, ceinture toile, du prix de 1 fr. 50 ;

9° Les *Suspensoirs à Hydrocèle*, ceinture élastique, du prix de 3 fr. ;

10° Les *Suspensoirs pour Cyclistes*, du prix de 2 fr. et 3 fr. la pièce.

En cas d'envoi par la poste, ajouter 0.20 c. aux prix ci-dessus. Avoir soin d'indiquer la grosseur de la taille, et la dimension de la poche.

**352.** — TACHES *des vêtements et des étoffes.* — 1° *Taches de boue* : Il faut les laisser sécher, puis enlever la boue sèche en grattant avec l'ongle et en brossant. Si la tache paraît encore, malgré l'emploi de ces moyens, on humecte l'étoffe avec de l'eau et on la frotte avec un peu de crème de tartre, d'acide tartrique en poudre ou de jus de citron ; on lave ensuite à grande eau, au bout de quelques minutes.

2° *Taches d'eau.* — Il faut frotter l'étoffe avec un morceau de flanelle pour ôter la poussière, puis l'exposer à la vapeur d'eau bouillante ; on l'étend ensuite sous un linge fin humide et on laisse le tout pendant quelque temps sous la pression d'un livre ou autre corps pesant.

3° *Taches de bougie*. — On les gratte avec l'ongle, puis on les brosse de façon à enlever la bougie le plus complètement possible ; s'il reste une tache, on la fait disparaître en frottant avec un linge imbibé d'*Alcool*, d'*Eau-de-vie*, de *Rhum* ou d'*Eau de Cologne*. La cire s'enlève de même, et si elle contient du suif, la tache persiste ; on l'enlève alors avec de la *Benzine* (42) ou de l'*Essence de Citrons* (87).

4° *Taches de sueur ou d'urine*. — On les enlève en frottant avec un linge fin imbibé d'*Ammoniaque liquide* (16) étendu d'eau, ou de *Bicarbonate de soude* délayé dans un peu d'eau ; si la tache est ancienne, avec un peu d'*Acide Oxalique*, puis on lave à grande eau.

5° *Taches de café ou de chocolat*. — On les savonne avec du jaune d'œuf délayé dans l'eau tiède ; si elles résistent, on peut essayer un peu d'*Alcool* ou d'*Eau-de-vie*.

6° *Taches de rouille*. — Pour le linge, on humecte avec un peu d'eau, et on ajoute une pincée de *Sel d'oseille* ; on frotte pour faire pénétrer, puis on laisse en contact de cinq à dix minutes, et on lave à grande eau. Sur la laine ou le coton on frotte avec du citron, puis on lave ; si l'étoffe n'est pas bon teint, la couleur peut disparaître. Pour la soie, il n'existe pas de remède.

7° *Taches d'encre*. — Si c'est de l'encre à la Noix de Galles, on emploie les mêmes moyens que pour la rouille. L'Eau de Javelle réussit aussi. Si c'est de l'Encre à l'aniline, on emploie l'*Acide Tartrique* étendu d'eau, ou l'*Eau de Javelle*.

8° *Taches de Sucre, de Blanc d'œuf*. — Elles s'en vont à l'eau.

9° *Taches de Graisse, d'Huile*. — Elles s'en vont avec la *Benzine* (42), l'*Ammoniaque liquide* (16), l'*Essence de Citrons* (87), l'*Eau de Savon*.

10° *Taches de Goudron.* — On les délaie avec un peu de beurre frais, puis on les frotte avec un linge imbibé d'*Essence de Térébenthine* (360). Il peut être nécessaire d'opérer aussi sur l'envers.

11° *Taches de Peinture, de Résine.* — Elles s'enlèvent avec l'*Essence de Térébenthine* (360).

12° *Taches de Fruits, de Vin rouge, de Fleurs.* — Il faut exposer l'étoffe humide à la vapeur de soufre, ou la frotter avec un peu d'Eau de Javelle. Laver ensuite à l'eau.

13° *Taches de Vinaigre, de Fruits acides.* — Il faut laver avec un peu d'*Ammoniaque liquide*, étendue d'eau, ou de *Bicarbonate de soude* et d'eau.

14° *Taches de Noix, de Feuilles de Noyer*, ou analogues, *de Tannin.* — On savonne et on lave à l'Eau de Javelle à plusieurs reprises, alternativement. On peut aussi employer l'*Acide Tartrique.*

**353. — TAFFETAS ANGLAIS et FRANÇAIS.** — Les *taffetas Anglais*, sont de petites feuilles de taffetas ordinaire enduites, sur une de leurs faces, de *Colle de poisson* additionnée de *Teinture de Benjoin* (41) et de *Térébenthine de Venise.* On les découpe en morceaux de grandeur convenable et on les mouille légèrement, pour panser les coupures légères. Les *Taffetas Anglais de l'Hygiène Moderne* (194) se font en feuilles noires, roses ou blanches, du prix de 0.15 c. pièce.

En remplaçant le taffetas par du papier pelure, on a le *Taffetas Français*, plus souple, mais moins résistant. Les *Taffetas Français de l'Hygiène Moderne* (164), se vendent à raison de 0.15 c. le carnet, 1 fr. 25 le rouleau. Voyez *Baudruche* (39).

**354. — TAFFETAS GOMMÉ.** — C'est un tissu imperméable transparent, de couleur jaune, obtenu par la solidification de l'Huile de lin. On s'en sert pour garantir le lit ou les vêtements des blessés ou des malades.

Le *Taffetas gommé de l'Hygiène Moderne* (194) se

vend à raison de 1 fr. 75 le mètre, en une seule couche, et 2 francs le mètre en deux couches ; port en sus.

**355**. — TALC, *Talc de Venise, Talc de Briançon*. — C'est du *Silicate de Magnésie*. Il se présente sous forme d'une poudre blanche impalpable, onctueuse au toucher qui s'emploie pour saupoudrer l'intérieur des gants et des chaussures et faciliter l'introduction des doigts ou des pieds. Elle entre dans la composition de plusieurs dentifrices et fards. Elle est inoffensive. Le *Talc de l'Hygiène Moderne* (194) se vend à raison de 0.10 c. les 30 gram. ; 0.25 c. les 125 gram. ; 0.70 les 500 gram. ; 1 fr. 25 le kilo.

**356**. — TANAISIE. — Plante de la famille des Composées, dont la fleur est riche en huile essentielle. Celle-ci se retire par distillation et on l'emploie, en parfumerie, pour faire l'*Eau de Tanaisie*. Cette essence est vénéneuse.

**357**. — TARLATANE, *Mousseline à Cataplasmes*. — C'est une étoffe à mailles peu serrées, qui s'emploie pour faire des cataplasmes ; l'humidité et les principes émollients peuvent ainsi pénétrer jusqu'à la peau, sans que celle-ci soit souillée par la bouillie du cataplasme. On en fabrique aussi des *Bandes* (33).

La *Tarlatane de l'Hygiène Moderne* (194) se vend à raison de 0.25 c. le mètre courant.

**340**. — TASSES POUR MALADES, *Biberettes*. — Ce sont de petits vases de forme ovoïde, recouverts dans leur moitié antérieure qui se termine par un petit tuyau, et munis d'une anse ou anneau à leur extrémité postérieure. On peut ainsi faire boire les malades couchés et sans crainte de renverser le liquide pendant les mouvements qu'ils peuvent faire.

Les *Tasses pour malades de l'Hygiène Moderne* (194) se font :

1° En *porcelaine blanche*, deux grandeurs, aux prix respectifs de 1 franc et 1 fr. 75.

2° En *porcelaine décorée*, deux grandeurs, aux prix respectifs de 2 francs et 3 fr. 50. Port en sus.

**359**. — **TEINTURES** *pour les Cheveux et la Barbe.*
— 1º *Teintures noires.* — Toutes celles que l'on trouve
dans le commerce sont à base de plomb, de mercure
ou de nitrate d'argent. Ces substances sont des poisons,
et elles sont nuisibles aux cheveux, la dernière surtout.
Ces sortes de préparations sont donc contraires à l'hygiène. Mieux vaut noircir les cheveux avec du *Cosmétique noir* ou se servir de la préparation suivante, qui
est inoffensive.

*Kohol, Teinture chinoise.* — On mêle ensemble 30
gram. de *Gomme arabique en poudre* avec 50 gram.
d'*Encre de Chine* finement pulvérisée. On ajoute peu
à peu 1 litre d'Eau de Roses.

*Baffine.* — On fait dissoudre 150 gram. de *Perman-
ganate de potasse* dans 2 litres d'*Eau.* Après avoir dé-
graissé les cheveux avec une solution de savon et les
avoir séchés, on les mouille avec une brosse imprégnée
de ce liquide et on peut obtenir plusieurs nuances
allant du blond jusqu'au brun. Cette préparation, comme
d'ailleurs tous les autres produits chimiques, altère la
substance des cheveux.

2º *Teintures blondes.* — A proprement parler, il ne
s'agit pas ici d'une teinture, mais d'une substance dé-
colorante qui donne aux cheveux de nuance foncée,
une teinte pouvant aller du blond cendré jusqu'au
jaune d'or; mais il ne faut pas que les cheveux soient
déjà gris ou blancs, car ils le deviendraient davantage.
Cette substance est l'*Eau Oxygénée.* Il suffit d'en
mouiller les cheveux dégraissés comme ci-dessus. On
peut se la procurer à l'*Hygiène Moderne* (194) à raison de 1 fr. 50 le flacon. Port en sus.

**360**. — **TÉRÉBENTHINE.**— Les Térébenthines sont
des résines fluides qui découlent de certains arbres résineux, tels que les pins, les sapins, les mélèzes, etc.,
et dont on retire des essences pour distillation. L'*Essence de Térébenthine* ordinaire provient de la distillation de la Térébenthine de Bordeaux qui est fournie

par le Pin maritime. On l'emploie en médecine, dans les arts et l'industrie, et elle sert trop souvent à falsifier d'autres essences. Nous avons signalé son emploi comme dissolvant de certaines taches (352). L'*Essence de Térébenthine de l'Hygiène Moderne* (194) est de l'essence rectifiée, c'est-à-dire pure et débarrassée de la résine et des impuretés contenues dans l'Essence de Térébenthine ordinaire. Elle se vend à raison de 2 fr. le litre.

*Parfum de la Forêt.* — *Essence de Térébenthine*, 200 gram. ; — *de Lavande*, 40 gram.; — *de Schœnanthe*, 20 gram. ; — *Alcool*, 5 litres. Pour le mouchoir et la toilette.

**360**bis. — **TÉTINES.** — Ce sont de petits embouts qui se mettent à l'embouchure des *Biberons* (46) ou des tubes à biberons, ou sur les *Bouts de sein* (57). Les *Tétines de l'Hygiène Moderne* (194) comprennent :

1° Les *Tétines coniques* en caoutchouc pour biberons sans tubes, et se vendent soit avec soudures, soit sans soudures, à raison de 0.20 et 0.25 c. la pièce.

2° Les *Tétines en caoutchouc* pour tubes de biberon avec ou sans soudures, aux prix de 0.10 et 0.15 c.

3° Les *Tétines en parchemin* dites *Pis de vache*, pour Bouts de sein, au prix de 0.25 c. la pièce.

Les tétines demandent à être tenues très proprement ; il faut les laver à l'eau tiède, après qu'elles ont servi, comme d'ailleurs les autres parties du biberon, en général.

**361.** — **THERMOMÈTRES.** — Instruments destinés à mesurer la température. Les *Thermomètres de l'Hygiène Moderne* (194) comprennent :

1° Les *Thermomètres pour bains avec liège,* leur permettant de flotter à la surface de l'eau, du prix de 0.90 c. la pièce ;

2° Les *Thermomètres pour bains sans liège,* avec monture en bois leur permettant de flotter, au prix de 1 fr. 20;

3° Les *Thermomètres médicaux*, pour prendre la température des malades, avec Etuis nickelés unis, au prix de 2 fr. 25 ; avec *Etuis guillochés*, au prix de 8 fr. 75 ; avec Etuis gainerie, au prix de 5 fr. 50.

**362**. — THYM. — Plante de la famille des Labiées, qui croît surtout sur les bords de la Méditerranée, et dont on retire, par distillation, une essence très odorante qui sert à parfumer les savons et entre dans la composition de plusieurs bouquets.

*Essence de Thym de l'Hygiène Moderne* (194). — C'est de l'essence blanche qui se vend à raison de 0,10c. le gram ; 0,50 c. les 10 gram ; 1 fr. les 30 gram.

*Vinaigre de Thym*. — Se prépare comme celui de *Lavande* (210).

*Eau distillée de Thym*. — Se prépare comme celle de *Menthe* (230).

**363**. — THYMOL, *Acide Thymique*. — Ce produit se retire de l'*Essence de Thym*; il se présente sous forme de lamelles cristallines, d'odeur douce et aromatique. Il est employé en solution comme antiseptique ; il est très efficace.

Le *Thymol liquide de l'Hygiène Moderne* (194) est un produit supérieur qui s'emploie pour la toilette ou comme purificateur et désinfectant, de la même façon que l'acide phénique dont il n'a pas l'odeur désagréable. Il se vend à raison de 0,75 c. le flacon.

Le *Thymol cristallisé de l'Hygiène Moderne* (194) ou *Acide thymique pur*, se vend à raison de 0,15 c. le gram.; 1 fr. 25 les 10 gram.; 2 fr. 50 les 30 gram.

**364**. — TIRE-LAITS. — Ce sont de petits appareils destinés à exercer soi-même une succion sur le mamelon, soit pour faire monter le lait, soit pour en provoquer l'évacuation lorsqu'il est trop abondant.

Les *Tire-Laits de l'Hygiène Moderne* (194) se font:

1° *En terre* avec réservoir et un tube en caoutchouc, au prix de 0.75 c. la pièce · par la poste, 0,35 c. en sus;

2° *En verre* avec réservoir et *deux tubes* en caoutchouc, l'un pour exercer la succion, l'autre pour allaiter l'enfant, au prix de 1 fr. 80 ; par la poste, 0,40 c. en sus ;

3° *En verre* avec *deux tubes* en caoutchouc, modèles du D^r Auvard ou du D^r Budin, au prix de 1 fr. 20 la pièce ; par la poste, 0,15 c. en sus.

**365**. — TOILE CAOUTCHOUTÉE. — C'est de la toile fine rendue imperméable au moyen d'une couche de caoutchouc. On s'en sert pour garnir les lits pendant l'accouchement ou les maladies de la première enfance. Elle se place au-dessous du drap ou de la garniture. On doit la laver, chaque fois qu'elle est souillée, avec une éponge et de l'eau tiède ou de l'eau phéniquée ; il ne faut pas la froisser ni la laver à la manière du linge ordinaire, parce que l'on produirait des cassures ; il faut seulement promener l'éponge à sa surface, et l'essuyer ensuite avec soin.

La *Toile Caoutchoutée de l'Hygiène Moderne* (194) comprend :

1° La *Toile caoutchoutée sur une seule face*, de 0,90 centimètres de largeur, au prix de 3 fr. 50 le mètre courant ;

2° La *Toile caoutchoutée sur les deux faces*, de 0.72 centimètres de large, au prix de 5 fr. le mètre courant.

**366**. — TROUSSES. — Il est utile d'avoir à sa disposition une trousse contenant les instruments indispensables pour pouvoir porter secours à soi-même et aux autres en cas de blessures ou d'accidents, et que l'on puisse mettre dans sa poche et transporter avec soi sans gêne ni encombrement.

Les *Trousses de l'Hygiène Moderne* (194) répondent à ce besoin et se composent des instruments et objets de pansement qu'il est indispensable d'avoir sous la main. Elles se vendent à raison de 20 fr. et 30 fr., selon la composition ; port en sus.

**367**. — **TUBES**. — On trouve à l'*Hygiène Moderne* (194) tous les genres de tubes usités en médecine et en hygiène. Voici les principaux :

1° *Tubes en verre* pour poser les sangsues, 0,25 c. la pièce ; 0,30 c. par la poste ;

2° *Tubes en verre* pour biberons, 0,05 c. la pièce ; 0,10 c. par la poste ;

3° *Tubes en verre* pour analyses d'urine, 0,15 c. la pièce ; 0,25 c. par la poste ;

4° *Tubes en caoutchouc* pour biberons, de 0.15 à 0.20 centimètres de longueur, 0,15 c. la pièce ; 0,20 c. par la poste ;

5° *Tubes en caoutchouc* pour Douches d'Esmarck, 1 fr. 50 le tube de 1 mèt. 50 c. ; 1 fr. 60 par la poste ;

6° *Tubes en caoutchouc* pour injecteurs, 0,80 c. la pièce ; 0,85 c. par la poste ;

7° *Tubes pour Irrigateurs*, deux qualités, à 0,60 c. et 1 fr. le mètre ; avec les montures complètes, 1 fr. en sus ; par la poste, 0,15 c. en sus ;

8° *Tubes en caoutchouc* à drains, de 0,90 cent. à 1 fr. le mètre ; port en sus ;

9° *Tubes en caoutchouc* pour lavage de l'estomac, 7 fr. la pièce, et avec entonnoir, 8 fr. 25 c. ; porten sus.

**368**. — **TUBÉREUSE**. — Plante de la famille des Amaryllidées, originaire du Mexique, dont les fleurs répandent un parfum délicieux.

*Pommade de Tubéreuse*. — Elle se fait par enfleurage (289) dans la proportion de 3 kilogr. d'axonge pour 1 kilogr. de fleurs.

*Extrait de Tubéreuse*. — S'obtient en traitant la pommade par l'alcool. Il est très volatil, et il faut le rendre fixe au moyen de l'*Ambre*, du *Styrax* ou de la *Vanille*.

L'*Extrait de Tubéreuse de l'Hygiène Moderne* (194) est un produit d'odeur extrêmement agréable, qui se vend à raison de 1 fr. 50 le flacon ; 0,50 c. en sus par la poste.

*Esprit de Tubéreuse.* — Se prépare en distillant 500 gram. d'extrait avec 25 litres d'alcool.

*Extrait de Vinaigre à la Tubéreuse.* — On distille 1 kilogr. de *Tubéreuse* avec 30 litres de *Vinaigre*, de façon à obtenir 15 litres de produit, et on ajoute 375 gram. d'*Extrait de Pommade de Tubéreuse.* Pour flacons de sels.

**369.** — **URINAUX.** — Ce sont des appareils destinés à recevoir l'urine des malades, soit pendant le séjour au lit, soit pendant le jour chez ceux qui sont affligés d'une incontinence d'urine ou d'une maladie qui les oblige à uriner constamment. Ils doivent être lavés très fréquemment et entretenus avec la plus grande propreté.

Les *Urinaux de l'Hygiène Moderne* (194) se font :

1° En *Faïence*, pour hommes et pour femmes, aux prix de 1 fr. 50 et 1 fr. 75 la pièce ;

2° *En Verre*, de même, aux prix de 2 fr. et 2 fr. 50 ;

3° *En Tôle émaillée*, au prix de 3 fr. 50 ;

4° *En Caoutchouc, avec Ceinture pour le jour*, avec ou sans sous-cuisse, aux prix de 12 fr. et 15 fr. la pièce ;

5° *En Caoutchouc avec Ceinture pour la nuit*, au prix de 16 fr. la pièce ;

6° *En Caoutchouc avec Ceinture et Suspensoir*, aux prix de 13 fr., 14 fr., et 18 fr. la pièce, selon les trois modèles précédents.

**370.** — **VANILLE.** — Plante de la famille des Orchidées, originaire de l'Amérique Tropicale, cultivée au Mexique. à Java, à l'île Bourbon, dont les fruits, qui ont la forme d'une gousse ou plutôt d'une silique très allongée, huileuse, de couleur noire, donnent naissance à un parfum délicieux. Celui-ci est dû, non pas à une essence, mais à une substance particulière, la *Vanilline.* Cette substance se prépare artificiellement en oxydant la *Coniférine*, principe qui abonde dans la sève de certains mélèzes. La Vanille est utilisée pour aromatiser des entremets et composer des parfums. On peut facilement être trompé sur sa qualité, qui est très variable selon son lieu de provenance, ou bien parce qu'on en a déjà extrait une partie de son parfum.

La *Vanille de l'Hygiène Moderne* (194) est de premier choix, très pure, d'odeur très suave, et se vend à raison de 0,20 cent. le gram. ; 0,60 cent. la gousse.

On fabrique artificiellement le parfum de la Vanille. Cette *Vanilline artificielle* est fort employée aujourd'hui pour fabriquer les préparations à la Vanille, au lieu et place de celle-ci.

*Teinture de Vanille.* — On fait macérer à une douce chaleur 500 gram. de *Gousses de Vanille* coupées en menus morceaux, dans 5 litres d'*Alcool à 85°*.

*Infusion de Vanille composée.* — On fait macérer 1 kilogr. de *Gousses de Vanille* coupées en menus morceaux, dans : *Extrait de Fleurs d'Oranger ;* — *de Tubéreuse ;* — *de Roses*, 4 litres de chaque ; — *de Jasmin*, 3 litres. Lorsque l'odeur de vanille est suffisamment développée, on filtre.

*Pommade à la Vanille.* — Dans 6 kilogr. d'*Axonge* fondue au bain-marie, on met 365 gram. de *Gousses de Vanille* coupées en petits morceaux. On mêle bien et on laisse refroidir. Au bout de quinze jours, et après avoir remué souvent la pommade, on la fait fondre à nouveau, et on la laisse encore pendant dix jours ; on fait fondre une dernière fois, puis l'on passe.

*Poudre de Vanille.* — La Vanille se pulvérise au moyen du sucre ; on pile 90 gram. de *Sucre* avec 10 gram. de *Vanille* que l'on ajoute par fractions ; on tamise chaque fois, et à la fin on mêle tout. On compose sous les noms de *Poudre à la Vanille brune*, *Poudre à la Vanille blanche*, des poudres d'une composition trop compliquée pour pouvoir les faire soi-même ; mieux vaut les acheter toute faites.

*Extrait de Vinaigre à la Vanille.* — On fait macérer pendant huit jours, 185 gram. de *Vanille en poudre* dans 1 kilogr. d'*Alcool à 90°*; on ajoute ensuite 4 kilogr. de *Vinaigre blanc* et on distille au bain de sable; puis on y met 15 gram. de *Teinture de Vanille* par litre. Pour flacons de sels.

*Extrait de Vanille de l'Hygiène Moderne* (194). — Cet excellent produit sert pour le mouchoir, la toilette et aussi pour parfumer soi-même des huiles, pommades, poudres, cosmétiques, de la glycérine, etc. Il se vend 1 fr. 50 le flacon; par la poste, 0,50 c. en sus.

**371.** — **VAPORISATEURS**, *Odorisateurs*. — Ce sont des appareils composés d'un flacon de verre de forme variable et munis d'un tube surmonté d'une boule en caoutchouc; ce tube plonge dans le liquide odorant du flacon, et en pressant et relâchant alternativement la boule élastique, ce liquide est aspiré, puis refoulé vers un orifice percé de petits trous à travers lesquels il se vaporise. On peut ainsi parfumer faiblement l'air des appartements, les vêtements, la figure, les mains, etc. On peut, par le même moyen, vaporiser des substances antiseptiques, du *Thymol liquide* (363), par exemple.

Les *Odorisateurs de l'Hygiène Moderne* (194) se font en verre et en cristal de toutes formes et toutes décorations, depuis 2 fr. 50 jusqu'à 15 fr. la pièce. Port en sus. Voyez *Pulvérisateurs* (307).

**372.** — **VARICES**. — Pour tout ce qui a trait aux causes, à la nature et au traitement de cette infirmité, nous renvoyons le lecteur au manuel *La Médecine Nouvelle* (227) par le Dr O. Dubois, où le sujet se trouve traité d'une façon complète. Nous ne pouvons ici qu'indiquer le danger qu'il y a de laisser les varices des membres inférieurs abandonnées à elles-mêmes. On doit, dès qu'on s'en aperçoit, faire usage de *Bas pour Varices* (36), sous peine de voir le mal s'aggraver, et s'exposer à contracter des ulcères, très difficiles à guérir, des hémorrhagies ou des phlébites souvent mortelles. Je dois faire savoir aussi que la *Poudre*

*Hygiénique alcalinoamylacée* (299) est fort efficace contre les ulcères qui compliquent souvent les varices ; cette poudre, avec le repos, en fait promptement justice ; il suffit d'en mettre une couche suffisante deux ou trois fois par jour, sur l'ulcère, et de la recouvrir ensuite d'un linge fin ou d'un papier brouillard. En cas de simples rougeurs ou de démangeaisons, on met de la *Crème Hygiénique alcalinoamylacée* (110), deux ou trois fois par jour, avec plein succès.

**373. — VASELINE.** — Cette substance est un des résidus de la distillation du pétrole. Elle est blanche, sans odeur, quand elle est pure, et a l'aspect d'une graisse translucide. Elle ne rancit pas comme la graisse et autres corps gras d'origine animale ; elle est complètement neutre à l'état de pureté. On s'en sert beaucoup aujourd'hui pour faire des pommades pour les cheveux, mais elle est trop souvent impure. La *Vaseline de l'Hygiène Moderne* (194) est un produit supérieur qui se vend sous les formes suivantes :

*Vaseline blanche*, extra , au prix de 0,20 c. les 30 gram.; 0,70 c. les 125 gram.; 2 fr. les 500 gram.

2° *Vaseline parfumée*, en pots du prix de 0,60 c., et en tubes du prix de 0,30 et 45 c., la pièce, selon la grandeur.

4° *Vaseline Rosat*, au prix de 0,60 c. et 1 fr.

4° *Vaseline liquide*, au prix de 0,20 c. les 30 gram.; 0,60 c. les 125 gram.

**374. — VENTOUSES.** — Ce sont de petites cloches en verre destinées à faire le vide sur la plaie pour y attirer le sang. A cet effet, on place dans leur cavité un petit morceau de papier ou d'étoffe imbibé d'alcool, en ayant soin de ne pas trop échauffer les bords de l'orifice, et aussitôt le combustible éteint, on applique la cloche sur la peau ; l'air chaud, en se refroidissant, diminue de volume et fait le vide à l'intérieur ; le sang afflue alors à la surface de la peau, qui se gonfle et rougit. Après effet suffisant, on fait tomber la ventouse en appliquant le doigt contre le bord de l'orifice, pour déprimer la peau et faire rentrer l'air extérieur. On peut aussi faire le vide au moyen d'une poire en caoutchouc adaptée à la ventouse, ou en se servant de ventouses tout en caoutchouc.

Les *Ventouses de l'Hygiène Moderne* (194), comprennent :

1° Les *Ventouses en verre*, avec bouton, trois grandeurs, aux prix respectifs de 0,40 c., 0,50 c., 0,60 c. pièce;

2° Les *Ventouses avec poire en caoutchouc*, du prix de 1 fr. 50 à 2 fr. selon la grandeur;

3° Les *Ventouses tout en caoutchouc*, du prix de 2 fr. 50 la pièce. Port en sus.

**375.** — **VERRES A EXPÉRIENCE.** — Ce sont des verres coniques, à pied, munis d'un bec, et qui sont commodes pour verser des liquides et recueillir des dépôts ou des précipités. Ils servent utilement aux personnes qui font elles-mêmes leurs analyses d'urine. Les *Verres à expérience de l'Hygiène Moderne* (194), de 90, 125, 187, 250, 375, 500 et 750 gram., se vendent respectivement 0,30, 0,35, 0,40, 0,50, 0,60, 0,75 c. la pièce; port en sus.

**376.** — **VERRES GRADUÉS.** — Ce sont des verres qui portent gravé, sur leur paroi, une échelle dont les divisions indiquent le poids en grammes de la quantité de liquide contenue dans le verre; elles sont calculées pour l'eau principalement; on ne doit donc s'en servir que pour les liquides dont la densité diffère peu de celle de l'eau, ou faire les corrections nécessaires. Leur emploi est fort commode et évite de recourir aux poids et aux balances.

Les *Verres gradués de l'Hygiène Moderne* (194) se font à pied et à bec, et se vendent 2 fr. le verre de 250 gram.; port en sus.

**377.** — **VERVEINE.** — Les feuilles de la *Verveine odorante*, plante de la famille des Verbenacées, exhalent, lorsqu'on les écrase entre les doigts, un parfum délicieux. Il est dû à une essence que l'on peut obtenir par distillation, et qui est d'un prix fort élevé, mais que l'on remplace ordinairement par l'*Essence de Citronnelle* (88).

*Eau de Verveine.* — Alcool à 90°, 1 litre ; *Essence de Citrons*, 60 gram. ; — *de Verveine*, 10 gr. ; *Teinture de Benjoin*, 10 gram.

*Extrait de Verveine.* — Presque toutes les préparations vendues sous ce nom sont des imitations dans lesquelles il n'entre aucune trace de Verveine. En voici un exemple : *Alcool à 85°*, 0,60 centilitres ; *Essence de Schœnanthe* 5 gr. ; — *d'Écorce d'Orange*, 60 gram. ; — *d'Écorce de Citron*, 15 gram. Il existe d'autres formules plus compliquées.

L'*Extrait de Verveine de l'Hygiène Moderne* (194), s'emploie comme odeur pour le mouchoir, ou pour aromatiser soi-même des eaux, huiles, pommades, glycérines, poudres, etc. Il se vend à raison de 1 fr. 50 le flacon ; par la poste 0,50 c. en sus. Voyez *Extraits* (154).

*Parfum à la Verveine.* — Essence de *Verveine*, 15 gram. ; — *de Bergamote*, 8 gram. ; *Esprit de Citronnelle*, 15 gram. ; *Alcool à 90°*, 250 gram. Pour parfumer la pommade.

*Vinaigre à la Verveine.* — On met tremper pendant trois jours dans du *Vinaigre blanc*, des *Feuilles de Verveine odorante* et d'*Aurone* ou *Citronnelle des jardins* ; on secoue de temps à autre ; on décante trois fois, et chaque fois on ajoute des feuilles fraîches, mais moitié moins, et on ne les laisse macérer qu'un jour et demi ; on laisse reposer huit jours, puis on filtre.

*Extrait de Vinaigre à la Verveine.* — A un litre du Vinaigre précédent, on ajoute le mélange suivant : *Eau spiritueuse de Lavande*, 225 gram. ; *Essence de Bergamote*, 2 gram. ; — *de Mélisse*, 2 gram. Pour flacons de sels.

*Poudre à la Verveine de l'Hygiène Moderne* (194). — Cette poudre sert à faire des sachets d'odeur, et se vend à raison de 1 fr. 50 les 30 gram. ; 4 fr. 50 fr. les 125 gram. Port en sus.

**378.** — **VESSIES A GLACE.** — Ces vessies servent à contenir la glace que l'on met sur certaines régions du corps, en cas de maladies.

Les *Vessies à glace de l'Hygiène Moderne* (194), se font :

1° En *Baudruche*, au prix de 1 fr.

2° En *Caoutchouc*, trois grandeurs, aux prix respectifs de 3, 4, et 5 fr.

3° En *Tissu Caoutchouté*, avec bouton à vis, quatre grandeurs, aux prix respectifs de 2 fr., 2 fr. 50, 3 fr., 3 fr. 50 et 4 fr. Port en sus.

**379.** — **VÉTIVER**, *Andropogon muricatus*. — C'est une graminée des Indes, dont la racine fibreuse se vend en paquets que l'on met entre les étoffes pour les préserver des teignes.

Le *Vétiver de l'Hygiène Moderne* (194) se vend à raison de 0,20 c. les 30 gram. ; 0,50 c. les 125 gram. ; 2 fr. les 500.

*Essence de Vétiver.* — La racine de Vétiver renferme une huile essentielle que l'on peut retirer par distillation. Mais on vend aussi sous ce nom une préparation qui s'obtient en laissant macérer pendant huit ou dix jours de la *Racine de Vétiver* préalablement coupée et humectée d'eau puis pilée.

L'*Essence de Vétiver de l'Hygiène Moderne* (194), se vend à raison de 0,40 c. le gram., 3 fr. 75 les 10 gram.

*Extrait de Vétiver.* — Préparation assez compliquée qu'il vaut mieux acheter toute préparée. L'*Extrait de Vétiver de l'Hygiène Moderne* (195) s'emploie pure pour le mouchoir ou pour parfumer des huiles, des pommades, de la glycérine, des poudres, etc. Il se vend 1 fr. 50 le flacon ; 0,50 en sus par la poste. Voyez *Extraits* (154).

**380**. — **VINAIGRES**. — Les *Vinaigres de toilette* se font soit avec du *Vinaigre de vin*, soit avec de l'*Acide Acétique* (4) plus ou moins étendu d'eau. Le premier est préférable, parce qu'il renferme des arômes dont l'acide acétique est dépourvu, et qu'il est moins piquant, moins dur à l'odorat. On parfume ces vinaigres avec des substances aromatiques, soit par distillation, soit par macération, soit en y mêlant des essences. Enfin, on prépare avec le vinaigre ou l'acide acétique des *Extraits de vinaigre* pour flacons de sels.

Les vinaigres de toilette sont nécessairement acides et par conséquent plus ou moins irritants pour la peau; aussi ne doit-on pas les employer purs, il faut les étendre d'eau. Ces inconvénients sont encore plus grands lorsque ces produits sont faits avec des vinaigres de mauvaise qualité, et c'est le cas le plus fréquent. Enfin, on fait entrer dans leur composition toute espèce de substances sans aucun discernement, et beaucoup d'entre elles sont nuisibles. C'est pourquoi on doit se servir de préférence du *Vinaigre Hygiénique du D* *Sylvius* (381) à cause de sa composition et du choix de ses matières premières qui en font un produit inoffensif véritablement utile en raison de ses propriétés antiseptiques, et d'un usage fort agréable.

On se sert aussi, pour la préparation de quelques vinaigres, de l'*Acide Pyroligneux* ou *Vinaigre de bois* (4).

Lorsque l'on veut préparer soi-même du vinaigre de toilette, il faut d'abord se procurer du *Vinaigre de vin*. Le meilleur moyen et le plus sûr c'est de le faire soi-même. A cet effet, on verse dans un petit baril ou dans une cruche en grès, des fonds de tonneaux ou des restants de bouteille de vin rouge ou blanc; on ne bouche pas, et on laisse séjourner dans un lieu à température plutôt chaude, telle que la cuisine ou le grenier. Au bout de quelque temps, il se forme une *mère*, et le vinaigre se produit; lorsqu'on le juge assez fort, on le tire au clair et on le filtre au papier ; on laisse la mère, et on ajoute de nouveau vin, de façon à avoir constamment du vinaigre à sa disposition, soit pour la table, soit pour la toilette. Le vinaigre ainsi préparé a une teinte rouge-rose ou pelure d'oignon. Pour l'avoir blanc, il suffit de le filtrer sur du *Charbon animal* (78) ; à cet effet on remplit le filtre à moitié de ce charbon en poudre fine. Il faut conserver le vinaigre en flacons bien bouchés.

Nous avons indiqué aux articles dont ils portent les noms, la préparation des principaux vinaigres. Voici celle des autres :

*Vinaigre framboisé* — On laisse macérer pendant dix jours, 3 kilogr. de *Framboises mondées* et écrasées dans 2 litres de *Vinaigre*. On passe et on filtre.

*Vinaigre des Sultanes.* — A 2 litres de *Vinaigre fort*, on ajoute 90 gram. de *Teinture de Baume du Pérou.*

*Vinaigre de Cologne.* — A 1 litre d'*Eau de Cologne*, on ajoute 30 gram. d'*Acide Acétique.*

*Vinaigre de Millefleurs.* — On fait dissoudre 4 gram. d'*Essence de Mélisse* et 4 gram. d'*Essence de Vanille* dans 100 gram. d'*Alcool* à 90° et on ajoute 200 gram. d'*Acide Acétique.* On peut varier les essences à volonté.

*Vinaigre de Flore.* — On mêle ensemble parties égales de *Vinaigre à la Rose*, *Vinaigre au Benjoin* et *Vinaigre à la Fleur d'Oranger.*

*Vinaigre de Portugal.* — *Essence de Portugal*, 70 gram. *Teinture de Benjoin*, 2 gram. ; *Safran*, 1 gram. ; *Vinaigre de bois*, 100 gram. ; *Alcool* à 85°, 2 litres. On filtre au bout de 48 heures.

*Vinaigre des quatre-voleurs.* — Cette préparation est trop compliquée pour la faire soi-même. On peut se la procurer à *l'Hygiène Moderne* (194), au prix de 0,20 c. les 30 gram. ; 0,50 c. les 125 gram.

*Vinaigre de Fard*, *Vinaigre de Vénus.* — On fait

macérer ensemble pendant dix jours : *Cochenille en poudre*, 12 gram.; *Laque en poudre*, 90 gram.; *Alcool à 85°*, 190 gram.; *Vinaigre de Lavande*, 500 gram. On agite de temps à autre, on passe et on filtre. Très irritant.

*Vinaigres de Toilette aromatiques.* — Il en existe un grand nombre de formules assez compliquées, mais qui ne sont pas toujours conformes aux règles de l'hygiène. Le *Vinaigre aromatique de l'Hygiène Moderne* (194) est une préparation bienfaisante et d'un emploi très agréable; il se vend en flacons du prix de 1 fr. 50, et demi-flacons du prix de 1 fr.

*Essence composée pour Vinaigre de Toilette de l'Hygiène Moderne* (194). — Ce produit sert à faire instantanément un vinaigre de toilette agréable. Il suffit de verser le contenu du flacon dans 1 litre d'*Alcool à 60°*. Le prix du flacon est de 2 fr. 50; 0.50 c. en sus par la poste.

*Extraits de Vinaigre.* — Ce sont des préparations destinées à garnir les *Flacons de Sels* (160). J'ai indiqué les principaux aux articles dont elles portent les noms.

**381.** — **VINAIGRE DE TOILETTE HYGIÈNIQUE** *du* D*r* *Sylvius*. — Il ne faut user des vinaigres de toilette ordinaires, qu'avec les plus grands ménagements, parce que leur composition a généralement été établie sans aucune espèce de discernement. Il faut, en effet, des précautions toutes particulières, pour rendre innoffensifs de pareils liquides, à cause de l'acidité naturelle du vinaigre dont on augmente souvent les inconvénients avec des substance aromatiques trop irritantes. Ces préparations causent des rougeurs, de la cuisson, des démangeaisons et provoquent assez souvent la formation de dartres ou autres maladies de peau fort difficiles à guérir. Le *Vinaigre de toilette du* D*r* *Sylvius*, a été composé de façon à pouvoir être employé sans danger, tout en jouissant de remarquables **propriétés antiseptiques.**

Il suffit d'en verser une petite quantité dans l'eau destinée aux ablutions quotidiennes ou à la toilette, pour obtenir un liquide réellement hygiénique par ses propriétés antiseptiques, en même temps qu'agréable. Il se vend à *l'Hygiène Moderne* (194), en flacons du prix de 3 fr. ; port en sus.

**382**. — **VIOLETTES**. — Plante de la famille des Violacées, cultivée en grand aux environs de Grasse et de Nice, et dont les fleurs exhalent une odeur recherchée. On en extrait le parfum par *Enfleurage* (289) et par l'alcool, et on obtient ainsi un *Extrait de Violettes*, dont le prix est assez élevé ; aussi l'imite-t-on beaucoup à l'aide de mélanges divers, ou encore au moyen de la *Racine d'Iris*. L'*Extrait de Violettes de l'Hygiène Moderne* (194) est un produit supérieur, qui se vend à raison de 1 fr. 50 le flacon ; 0,50 en sus par la poste.

*Huile de Violettes*. — C'est un mélange d'*Huile d'Olives* avec l'*Huile de Cassie* et l'*Huile de Jasmin*, dans lequel il n'entre pas trace de violettes. Le mieux est d'aromatiser de l'huile avec l'extrait précédent.

*Pommade à la Violette*. — On la prépare en effleurant avec des *Fleurs de Violettes*, de l'*Axonge* ou de la *Pommade* dans laquelle on a fait digérer à chaud de la *Poudre d'Iris* ; on colore avec de l'*Indigo*.

On peut aussi la préparer en aromatisant de l'*Axonge* fondue avec la préparation suivante.

*Parfum à la Violette*. — On laisse macérer pendant quarante jours 500 gram. de *Poudre d'Iris* et 250 gram. d'*Extrait de Cassie*, dans 1 litre d'*Alcool à 90°* ; on filtre et on ajoute 50 gram d'*Extrait de Jasmin*.

On prépare aussi des *Philocômes à la Violette*, des *Cosmétiques à la Violette*, des *Savons à la Violette*, mais que l'on ne peut faire soi-même.

*Eau de Violettes*. — *Extrait d'Iris* ; *Eau distillée de Roses* ; *Alcool*, 1 litre de chaque ; *Essence d'Amandes amères*, 5 gram. — de *Néroli*, 2 gram.

*Poudre à la Violette de l'Hygiène Moderne* (194). — Cette poudre sert à faire des sachets et se vend à raison de 1 fr. 50 les 30 gram., 4 fr. 50 les 125 gram.

**383**. — **VOLKAMERIA**. — Plante de la famille des Verbenacées, originaire de l'Inde, qui a donné son nom à un parfum assez recherché, et que l'on imite de la façon suivante :

*Extrait de Volkameria*. — *Esprit de Violettes*, 0,50 centilitres ; — *de Tubéreuses*, 9 litres 50 centil. ; — *de Jasmin*, 0,15 centilit. ; — *de Roses*, 0,30 centilit. ; *Extrait de Musc*, 60 gram. ; *Essence de Bergamote*, 15 gram.

*Extrait de Volkameria de l'Hygiène Moderne* (194). — Produit supérieur qui sert à parfumer le mouchoir, des huiles, des pommades, de la glycérine, etc. Il se vend 1 fr. 50 le flacon ; par la poste 0,50 en sus.

**384**. — **WATER-CLOSET**, *Cabinets d'aisances*. — Il faut les tenir très proprement et éviter toute mauvaise odeur : celle-ci sera évitée surtout par l'emploi d'appareils et d'une installation convenable, avec effet d'eau. Si elle ne peut-être évitée, il faut la combattre au moyen du *Chlorure de Chaux*, dont on placera quelques pincées dans une assiette, des lavages au *Phénol de l'Hygiène Moderne* (194) et du *Sulfate de fer* dont on versera un ou deux kilogrammes dans la fosse. Pratiquer une ventilation convenable.

Garnir les cabinets d'une petite provision de *Papier Hygiénique* (255). Il est bon aussi d'y laisser à demeure un *Vaporisateur* (371) garni d'*Eau de Cologne* ou de quelque autre parfum.

**385**. — **YLANG-YLANG**, *Cananga*. — Arbre de la famille des Anonées, qui est cultivé dans le sud de l'Asie, et dont les fleurs, distillées avec de l'eau, fournissent l'*Essence d'Ylang-Ylang*, fort employée en parfumerie, mais de qualité fort variable, et d'un prix fort élevé. Elle donne de la fixité aux autres parfums et s'emploie principalement pour composer des extraits pour le mouchoir, et parfumer les savons.

*Extrait d'Ylang-Ylang*. — On ne peut faire soi-même cette préparation. Mieux vaut se procurer *l'Extrait d'Ylang-Ylang de l'Hygiène Moderne* (194), qui sert à parfumer le mouchoir et à aromatiser des huiles, pommades, de la glycérine, de la vaseline, des poudres, etc. Il se vend 1 fr. 50 le flacon; 0,50 en sus par la poste. Voyez *Extraits* (154).

*Poudre à l'Ylang-Ylang de l'Hygiène Moderne* (194). — Elle sert à faire des sachets d'odeur, et se vend à raison de 2 fr. les 30 gram.; 6 fr. les 125 gram.

# ADDITIONS

**10**bis. — **ALPHA-SYRINGE.** — On désigne sous ce nom un *Enéma* (144) en caoutchouc rouge, à jet continu, d'un usage assez répandu. L'*Alpha-Syringe* de *l'Hygiène Moderne* (194) se vend dans un étui en maroquin noir, au prix de 8 fr. la pièce; port en sus.

**46**bis. — **BISMUTH,** *Sous-nitrate de Bismuth, Sous-azotate de Bismuth, Blanc de fard, Blanc de perles.* — Le bismuth est un métal; mais on désigne aussi sous ce nom, quoi qu'à tort, une de ses combinaisons avec l'acide azotique, très employée en médecine, le sous-azotate ou sous-nitrate de bismuth. C'est une poudre blanche, insoluble dans l'eau, qui, à cause de sa couleur, est employée aussi en parfumerie pour faire des fards blancs. Elle a l'inconvénient de jaunir assez vite sur la peau et elle la rend dure et rugueuse, à cause de son astringence; il faut donc éviter de se servir des poudres de toilette à base de bismuth, et donner la préférence soit à la *Poudre Hygiénique Alcalino-amylacée* (299), soit à la *Poudre Hygiénique de toilette du D*r *Sylvius* (301), soit aux *Poudres de Riz de l'Hygiène Moderne* (317), qui ne renferment aucune substance nuisible.

*Blanc de perles liquide.* — On vend sous ce nom un mélange d'*Eau de Roses* et d'*Eau de Fleurs d'oranger* tenant en suspension du *Sous-nitrate de Bismuth.* Cette préparation ayant les mêmes inconvénients que les poudres de même base, mieux vaut se servir du *Blanc de perles liquide de l'Hygiène Moderne* (194), qui ne renferme pas de bismuth et n'a, pour la peau, que des propriétés bienfaisantes. Pour en faire usage, il faut agiter le flacon jusqu'à ce que le dépôt blanc ait disparu, étendre le liquide sur la peau à l'aide d'un peu d'ouate ou d'un tampon, et laisser sécher. Il se vend au prix de 1 fr. le flacon ; port en sus.

**66**bis. — **CARBONATE D'AMMONIAQUE**, *Sel volatil d'Angleterre*. — C'est un sel d'odeur ammoniacale, qui se présente sous forme de morceaux translucides et incolores. Il s'emploie en parfumerie pour faire des flacons de sels, et en pâtisserie pour faire gonfler les pâtes.

*Sel de Preston*. — On met dans un flacon de petits morceaux de *Carbonate d'ammoniaque* ; on aromatise avec quelques gouttes d'*Essence de Bergamote*, — de *Roses*, — de *Cannelle*, — de *Girofles*, — de *Lavande*, et on achève de remplir avec de l'*Ammoniaque* liquide. Cette préparation, mise dans des [*Flacons à sels* (160)] avec quelques fragments de *Chaux* ou de *Potasse*, constitue les *Sels volatils Anglais*.

**72**bis. — **CATGUTS**. — Ce sont de petites cordes faites avec des boyaux de mouton, employées en chirurgie pour faire des ligatures. On les conserve dans l'huile phéniquée. Elles se vendent à raison de 1 fr. 60 le flacon de 5 mètres.

**112**bis. — **CRIN DE FLORENCE**. — C'est un fil fabriqué avec la glande salivaire des vers à soie. Il sert en chirurgie à faire des ligatures et se vend à raison de 0.50 c. la douzaine.

**128**bis. — **DRAINS**. — Ce sont de petits tubes en caoutchouc percés de trous de distance en distance, et que l'on met dans l'intérieur des plaies pour favoriser l'issue du pus. Pour les rendre antiseptiques, on les lave avec une solution de carbonate de soude dans l'eau, puis avec de l'eau distillée, et on les soumet dans une étuve à une température de 90° à 100°. Les *Drains*

de *l'Hygiène Moderne* (194) se vendent à raison de
0,90 c. et 1 fr. 25 le mètre.

**136**bis. — **EAU DISTILLÉE SIMPLE.** — L'eau ordinaire renferme des substances minérales ou des substances organiques en plus ou moins forte proportion,
selon sa provenance. Pour avoir de l'eau absolument
pure, il faut la distiller au moyen d'un alambic. Dans cet
état elle est d'une saveur fade qui la rendrait impropre
à servir de boisson, mais elle s'emploie fréquemment,
en pharmacie, en chimie et aussi en parfumerie pour
couper les alcools principalement. A défaut d'eau distillée, on peut employer l'eau de pluie, qui est ordinairement presque pure.

L'*Eau distillée de l'Hygiène Moderne* (194) se vend
à raison de 0.20 c. le litre, verre non compris.

**164**bis. — **GANTS EN CAOUTCHOUC.** — Ils s'emploient
pour préserver les mains, principalement dans le traitement de l'eczéma. *Les Gants en caoutchouc de l'Hygiène Moderne* (194) se font avec doigts séparés ou
pouce seulement, et se vendent 4 fr. et 3 fr. 50 la pièce;
0.20 c. en sus par la poste.

**220**bis. — **MACKINTOSH.** — C'est une étoffe de coton revêtue d'une couche de caoutchouc. On s'en sert
en chirurgie pour garnir les appareils et pièces de pansement. On la vend à raison de 6 fr. le mètre et 3 fr. 25
le demi-mètre.

**226**bis. — **MASQUE.** — Dans le traitement de certaines maladies de la peau du visage, de l'eczéma principalement, on se sert de masques en caoutchouc qui
préservent du contact de l'air extérieur.

Les *Masques de l'Hygiène Moderne* (194) se vendent
à raison de 8 fr. la pièce, port en sus.

On désigne sous le nom de *Masque* les taches brunes
ou jaunes qui se développent sur la peau pendant la
grossesse ou dans le cours de certaines maladies. On
les fait disparaître soit au moyen de la *Crème Hygiénique* (110), soit au moyen du *Lait hygiénique de toi-*

lette du D<sup>r</sup> *Sylvius* (206) ou du *Lait virginal de l'Hygiène Moderne* (205).

**234**<sup>ter</sup>. — **MOUCHES**. — On prépare un *Poison pour les mouches* en faisant bouillir 8 gr. de copeaux de *quassia-amara* dans 500 gram. d'*Eau*, et en ajoutant ensuite 125 gram. de Mélasse.

Le *Papier tue-mouches* se prépare en trempant du papier buvard dans de l'*Eau miellée* additionnée d'*Emétique*.

Pour préserver les chevaux des piqûres de mouches, on les frictionne avec une décoction de *Feuilles de noyer*.

**258**<sup>bis</sup>. — **OXYDE DE ZINC**, *Fleurs de zinc, Blanc de zinc*. — C'est une poudre très blanche, très légère, employée parfois pour composer des fards, mais à tort, car elle est astringente et altère la finesse de la peau. Aussi doit-on se méfier des poudres et des fards dont on ne connaît pas la composition et qui peuvent en contenir.

On peut en toute sécurité se servir de la *Poudre Hygiénique alcalinoamylacée* (299), de la *Poudre Hygiénique de toilette du D<sup>r</sup> Sylvius* (301), des *Poudres de Riz de l'Hygiène Moderne* (317) ou du *Blanc de perles liquide de l'Hygiène Moderne* (46<sup>bis</sup>).

**253**<sup>bis</sup>. — **PAPIER D'ARMÉNIE**. — On fait fondre du salpêtre dans l'eau ; on plonge dans ce liquide du papier non collé tel que le papier buvard, le papier à filtrer ; on laisse sécher, puis on le plonge dans le mélange suivant : *Alcool*, 30 gram. ; *Musc*, 1 gram. ; *Essence de Roses*, 0.10 centigr. ; *Benjoin*, 10 gram. ; *Myrrhe*, 1 gr. 20 c. ; *Iris de Florence*, 250 gram. On laisse sécher à nouveau.

**286**<sup>bis</sup>. — **POIRES EN CAOUTCHOUC**. — Ce sont des balles creuses en caoutchouc en forme de poire dont l'extrémité se termine en une pointe allongée munie d'un orifice, ou qui portent une canule en os. Elles servent à donner des injections ou des lavements. Pour s'en servir, on comprime la balle avec la main, on plonge l'extrémité de la poire ou de la canule dans le liquide à injecter, on desserre la main, et le caoutchouc revenant sur lui-même, fait monter le liquide dans son intérieur. On introduit alors l'extrémité de la poire ou la canule dans l'orifice de la cavité où l'injection doit pénétrer, soit l'oreille, le nez, l'urèthre, le vagin, le rectum etc. La grosseur de ces appareils varie selon l'usage auquel ils sont destinés et selon l'âge des malades.

On fait aussi des poires en caoutchouc pour gonfler les pessaires à air : voyez *Pessaires* (272).

Les *Poires en caoutchouc de l'Hygiène Moderne* (194) comprennent :

1º Les *Poires à injection pour hommes*, qui se vendent de 0.75 c. à 1 fr. 25 la pièce, selon les modèles ; 0.15 c. en sus par la poste ;

2º Les *Poires à injections pour le nez ou les oreilles*, qui se vendent de 0.80 c. à 1 fr. 50 la pièce ; 0.10 c. en sus par la poste ;

3º Les *Poires à lavements pour enfants*, qui se vendent de 0.90 c. à 2 fr. la pièce ; 0.10 c. en sus par la poste ;

4º Les *Poires à lavements ou à injections pour adultes*, qui se vendent de 2 à 4 fr. la pièce ; 0.20 c. en sus par la poste ;

5º Les *Poires Politzer* à une ou deux canules, qui se vendent 7 fr. et 8 fr. 50 la pièce ; 0.30 c. en sus par la poste ;

6º Les *Poires pour gonfler les pessaires à air*, qui se vendent 3 fr. avec œillet et 3 fr. 50 avec double soupape ; 0.30 c. en sus par la poste.

**339**bis. — **SILK-PROTECTIVE**. — Tissu antiseptique imperméable employé en chirurgie qui se prépare en enduisant de l'étoffe de soie avec du vernis copal additionné d'un mélange de dextrine, d'amidon et d'acide phénique. Il se vend en pièce de 0.80 centim. et 0.20 centim. de largeur, à raison de 6 fr. et 2 fr. le mètre, 3 fr. 25 et 1 fr. le demi-mètre.

**340**bis. — **SOIE ANTISEPTIQUE.** — On prépare, pour la chirurgie, des fils à ligature en soie rendus antiseptiques en les plongeant dans un mélange de cire fondue et d'acide phénique. Les *Fils de soie ronds* se vendent à raison de 1 fr. 25 les 10 mètres ; les *Fils de soie plate*, à raison de 1 fr. 75.

# TABLE DES MATIÈRES

---

# ERRATUM

Page 13, ligne 2, *lire* 1 fr. *au lieu de* 0.95 cent.
Page 121, ligne 3, *lire* giroflier *au lieu de* giroflée.

---

# HYGIÈNE ALIMENTAIRE

## DES ALIMENTS EN GÉNÉRAL

**Définition des aliments.** — On entend par aliment toute substance qui, après avoir été bue ou mangée, est susceptible de fournir des matériaux propres à entretenir notre existence. Parmi les substances que nous introduisons dans notre estomac, il en est qui ne servent en rien à notre subsistance; ce ne sont pas des aliments. Il faut, pour qu'une substance soit réputée aliment, qu'elle soit susceptible, après avoir subi le travail digestif, de faire partie de nous-même. Ainsi, la chair des animaux est un aliment, parce qu'après avoir été digérée, elle fait partie de notre chair à nous. La graisse est un aliment, parce que nous-mêmes possédons des parties grasses qui ont besoin d'être renouvelées au moyen de cette graisse. L'eau est un aliment, parce qu'il y a en nous une grande quantité d'eau dont une partie se perd chaque jour et qu'il faut remplacer. Le sel est un aliment, parce que tous nos organes en renferment plus ou moins. Mais bien que nous puissions mâcher et avaler de la craie, du papier, du chanvre, etc., ces substances ne sont pas des aliments, car ils ne fournissent rien à nos organes après que nous les avons mangés pour les soumettre à notre travail digestif, et en effet, ils sont rendus tels qu'ils ont été avalés; il en est de même des noyaux de fruits, pépins, écorces, qui sont rendus en nature après avoir traversé le tube digestif; tout le résidu de nos digestions, qui constitue les excréments, est formé par tout ce que nous avons mangé d'inutile avec nos aliments.

Beaucoup d'autres substances encore font partie de notre nourriture sans cependant servir à l'alimentation : tels sont la plupart des assaisonnements comme le poivre, la moutarde, le vinaigre, etc., dont nous ne faisons usage que pour flatter nos goûts ou exciter notre estomac, mais qui ne servent en rien à la réparation de nos organes. L'alcool, le thé, le café sont dans le même cas : ils ne font que traverser notre corps et sont rendus en nature, sans avoir été utilisés. En résumé, parmi les substances que nous mangeons ou buvons, toutes ne sont pas des aliments, et cette circonstance est fort importante à retenir, pour bien comprendre ce qui va suivre.

**Propriétés des aliments.** — La propriété principale des aliments et qui leur est commune à tous, est de pouvoir servir à réparer les pertes subies par nos organes : les uns réparent les pertes subies par notre chair, d'autres celles qui sont faites par nos os, d'autres celles que subissent nos tissus graisseux, etc., etc. Mais outre cette propriété générale de réparation, chacun en possède d'autres qui lui sont particulières. Tandis que certains aliments, par exemple, sont dénués de toute saveur, et ne font qu'une impression pour ainsi dire nulle sur le sens du goût, d'autres, au contraire, sont doués d'un arôme spécial, ou bien d'une acidité plus ou moins forte, ou d'une acreté particulière, qui produisent des sensations diverses sur notre langue et sur notre palais.

Les substances qui n'ont que peu ou point de goût, telles que les farines, les viandes blanches, les œufs, ne laissent pour ainsi dire aucune trace de leur passage sur les parties de notre corps qu'elles sont obligées de traverser pour être digérées, c'est-à-dire qu'elles modifient peu ou point l'état des parties avec lesquelles elles se trouvent en contact. Les substances de saveur forte, au contraire, telles que les oignons, l'oseille, les mets épicés ou vinaigrés, produisent immédiatement,

sur les parties avec lesquelles on les met en contact,
une irritation qui se produit par de la rougeur et de la
chaleur, et cette irritation persiste un temps plus ou
moins long après le passage de l'élément irritant ; il se
fait donc un certain changement dans l'état naturel des
organes, par suite du contact avec ceux-ci, des aliments
dont je parle : ce changement, d'abord passager, finit
ensuite par devenir permanent, en sorte que celui qui
ferait usage uniquement des aliments à saveur faible
ou nulle, n'altérerait que peu ou point la structure
naturelle de ses organes digestifs, tandis que celui qui
ferait usage uniquement des aliments à saveur forte,
arriverait nécessairement à détériorer ces mêmes organes.

Il est assez important de remarquer que ce sont précisément les aliments dont la saveur est la plus forte
qui sont les moins nourrissants ; ainsi, la viande, les
œufs, le lait, les aliments farineux ou féculents tels
que le pain, les pommes de terre, les haricots, etc.,
qui n'ont que peu de saveur, possèdent le pouvoir nourrissant le plus élevé, tandis que les fruits, l'oseille, les
oignons, l'ail, et la plupart des légumes dont la saveur
est très forte, ne possèdent qu'une très faible puissance
réparatrice. Il semble donc que ce qui flatte le plus
nos goûts, est précisément ce qui nous est le moins
nécessaire.

Les substances alimentaires de saveur forte peuvent
devoir celle-ci à des principes différents et qui sont,
soit des acides, soit des principes aromatiques ou des
essences. Parmi les aliments qui doivent leur saveur à
un acide plus ou moins fort, je citerai les fruits, l'oseille ; parmi ceux qui la doivent à un principe aromatique, je citerai la carotte, l'oignon, l'ail, le persil, le
cerfeuil, etc. Certaines substances, comme le raifort,
la graine de moutarde, ne développent leur principe
aromatique qu'au contact de l'eau : certains poissons,
comme la sardine, le hareng, la morue, possèdent des

principes particuliers de nature irritante, et on retrouve dans le gibier, la trace des principes aromatiques contenus dans les plantes dont se nourrissent
les animaux sauvages tels que le chevreuil, le lièvre, etc.

**Classification des aliments.** — Au point de vue
théorique, on classe les aliments selon la nature des
matériaux qu'ils sont censés fournir à notre organisme ; je reviendrai sur cette classification en son temps
et lieu ; mais au point de vue pratique, et surtout au
point de vue spécial des maladies causées par l'usage
ou l'abus des aliments, il faut classer ceux-ci en deux
groupes principaux, selon l'effet que produit leur contact sur ceux de nos organes qui ont pour mission de
les élaborer. Ainsi que nous l'avons vu plus haut, les
uns sont peu ou point irritants, tandis que les autres
le sont plus ou moins ; parmi ces derniers, les uns sont
irritants à cause des acides qu'ils renferment, les autres
parce qu'ils contiennent ou produisent des essences
aromatiques. Il y a donc lieu d'établir deux groupes
principaux d'aliments : 1º *les Aliments non irritants* ;
2º *les Aliments irritants*, lesquels se divisent à leur
tour en *Acides* et *Aromatiques*.

Cette classification s'applique aussi aux boissons.
Celles-ci doivent être divisées en 1º *Boissons non irritantes* ; 2º *Boissons irritantes*, qui se subdivisent non-
seulement en *Acides* et en *Aromatiques*, mais encore
en *Alcooliques*. Les boissons non irritantes sont l'eau
naturelle, le lait, l'eau d'orge, l'eau panée, les tisanes
de graine de lin, de mauve, etc. Les boissons acides
sont les boissons faites avec des fruits, les sirops de
fruits, la limonade, l'orangeade, etc. Les boissons aromatiques sont la bière, le thé, le café, etc. Enfin les
boissons alcooliques sont celles qui renferment de l'alcool ou des produits éthérés, comme le vin, le cidre, la
bière, presque toujours obtenues par fermentation, elles
ont non-seulement la propriété d'irriter directement les

organes avec lesquels on les met en contact; mais elles
exercent aussi une influence particulière sur tout l'organisme, par suite de l'alcool qu'elle renferment et qui
va imprégner tous les organes en exerçant sur eux
des modifications toutes spéciales, différentes de celles
qui résultent d'une simple irritation locale ; nous
aurons soin d'étudier ces modifications en leur lieu et
place.

**Des assaisonnements.** — Nous avons vu plus haut
que le pouvoir nourrissant des aliments semblait diminuer au fur et à mesure que leur goût devenait de plus
en plus prononcé. Nous trouvons, dans les assaisonnements, des substances d'une saveur plus forte encore,
mais les propriétés nourrissantes y sont nulles ou à
peu près : le poivre, la moutarde, le vinaigre, etc., ne
fournissent rien à notre organisme, et ne font qu'exciter
fortement nos organes digestifs. Les assaisonnements,
comme les acides irritants, doivent leurs propriétés,
soit à des acides, soit à des subtances aromatiques. Ils
rentrent, par conséquent, dans la classification établie
ci-dessus.

**Effet général des aliments irritants.** — Les aliments et les boissons ont un long parcours à effectuer
dans l'intérieur du tube digestif ; or, pendant ce trajet,
ils se trouvent en contact permanent avec la surface
libre de ce tube, et cette surface se trouve constituée
par ce qu'on appelle une *Muqueuse*, c'est-à-dire une
peau sans épiderme, très délicate, très sensible, très
riche en vaisseaux, et par conséquent très facile à irriter, puisque c'est en quelque sorte une peau qui serait
à vif, si je puis m'exprimer ainsi. Tant qu'on n'introduit dans le tube digestif que des aliments de la première classe, c'est-à-dire n'ayant que peu ou point de
goût par eux-mêmes, la présence de ces aliments dans
le tube digestif, n'a d'autre effet que de produire une
excitation légère qui se dissipe très rapidement dès que
le travail digestif est accompli. Mais il n'en est plus de

même lorsqu'on fait usage des aliments de la seconde classe, c'est-à-dire jouissant de propriétés irritantes, soit par eux-mêmes, soit à cause des assaisonnements qui servent à les apprêter ; dans ces circonstances, il se produit une irritation plus ou moins vive des voies digestives, laquelle persiste plus ou moins longtemps après le passage des aliments, et qui finit par devenir permanente et dégénère en inflammation chronique et habituelle, pour peu qu'on fasse simplement un usage quotidien des aliments dont je parle. Si cet usage dégénère en abus, et si on joint à cela l'emploi des boissons fermentées (vin, bière, cidre, etc.,) il en résulte un état maladif, d'abord localisé aux voies digestives, mais qui ne tarde pas à s'étendre à la plupart des autres appareils organiques du corps ; de là cette situation, qui, débutant par ce qu'on appelle des malaises, finit par aboutir à une affection organique presque toujours mortelle lorsque l'on n'a pas soin d'y remédier à temps. L'inflammation des organes de la digestion est en effet par elle-même ou par ses suites, la cause du plus grand nombre de nos maladies ; la plus grande partie des décès des enfants âgés de moins d'un an, reconnaît pour cause l'inflammation des voies digestives sous une forme ou sous une autre. Mais cette cause de maladies fait tout autant de victimes aux autres âges de la vie.

Parmi les maladies dues à une mauvaise hygiène alimentaire, il faut mentionner surtout : les maladies de la bouche ; la carie des dents ; les angines chroniques ; la gastrite ; les dyspepsies et la dilatation de l'estomac ; les maladies du foie et les coliques hépatiques ; les maladies de l'intestin, les diarrhées, la constipation, les hémorrhoïdes ; le diabète, l'albuminurie. Toutes ces maladies à leur tour peuvent en engendrer d'autres et retentir principalement sur le système nerveux et sur le sang ; sur le cerveau, le cœur, les organes respiratoires et l'appareil génito-urinaire. Nous ne pouvons nous étendre sur ce sujet que le lecteur trouvera expliqué tout au long dans le manuel *La Médecine Nouvelle* (277) par le D<sup>r</sup> O. Dubois.

*Médication Alcalinophosphatée.* — Comment remédier à toutes ces maladies? Il n'y a qu'un moyen : observer une hygiène alimentaire convenable et suivre la médication alcalinophosphatée. Tous les autres traitements échouent ou aggravent le mal. En ce qui concerne le régime de nourriture, le lecteur trouvera dans ce livre des indications suffisantes pour pouvoir se guider, soit pour se préserver, soit pour se guérir. Quant à la médication, tout ce que nous pouvons en dire ici, c'est qu'elle s'exécute de la manière la plus simple, la plus économique et la plus efficace, au moyen du médicament connu sous le nom de *Poudre Alcalinophosphatée Dubois.*

Ce médicament, dont l'usage est absolument inoffensif, donne de merveilleux résultats, surtout s'il est secondé par un régime convenable. Mais il faut avoir soin d'employer le produit véritable et non des imitations ; il ne se délivre qu'en flacons toujours prêts d'avance, du prix de 3 fr. 50, avec cachet de garantie portant la signature O. Dubois. Pour tout ce qui concerne son usage, ses effets et ses applications, il faut consulter l'instruction qui accompagne les flacons, ou mieux encore le manuel *La Médecine Nouvelle* (277) par le D<sup>r</sup> O. Dubois.

# DICTIONNAIRE

DES

## ALIMENTS ET DES BOISSONS

**ABRICOT.** — Ce fruit est constitué par une matière pulpeuse renfermant de l'eau, du sucre et des acides. Ceux-ci sont d'autant moins développés que le fruit est plus mûr, mais ils ne disparaissent jamais complètement; par conséquent l'abricot irrite toujours plus ou moins l'estomac et les voies digestives. On remédie facilement à cet inconvénient en prenant une cuillerée à café de *Poudre Alcalinophosphatée* (page 273) après avoir mangé ce fruit. Son amande renferme une essence irritante aussi qui développe, lorsqu'on la mange, un peu d'acide cyanhydrique, poison violent; il ne faut donc pas en abuser.

**ABSINTHE.** — Sous le nom d'*Absinthe Suisse*, on consomme dans les cafés, une liqueur composée d'Alcool de qualité variable, dans lequel on a fait macérer des plantes aromatiques parmi lesquelles l'*Absinthe Suisse* ou *Genépi blanc* est celle qui donne la meilleure absinthe. Mais on emploie souvent à la place de celle-ci, des absinthes communes auxquelles on ajoute de la menthe, de la mélisse, du fenouil, de l'angélique, etc., etc., surtout de l'anis, car c'est à cette dernière substance que l'on a principalement recours pour que l'absinthe blanchisse au contact de l'eau; l'indigo, la teinture de curcuma, le sulfate de cuivre, s'emploient aussi dans le même but. L'absinthe produit momentanément une sensation de bien-être physique et moral, qui pousse celui qui l'a éprouvée déjà à se la procurer de nouveau; l'usage conduit ainsi à l'habitude, puis à l'abus et à la dégradation physique et morale qui en sont la conséquence véritable. En effet, à l'action désastreuse des alcools de mauvaise qualité, viennent s'ajouter celles des essences d'absinthe et autres plantes aromatiques, qui sont de véritables poisons, sans parler de celle des substances toxiques, telles que le sulfate de cuivre qu'on emploie pour colorer cette liqueur. Outre les inflammations de l'estomac, du foie et des intestins qui existent chez tous les buveurs d'absinthe, ceux-ci sont exposés à l'alcoolisme, à l'épilepsie, à la folie, et à diverses maladies de la moelle épinière. On peut combattre le mal dans une assez large mesure au moyen de la *Poudre Alcalinophosphatée* (page 273) qui a pour effet de neutraliser les effets irritants et toxiques de cette boisson ; il faut en prendre une ou deux cuillerées à café chaque fois que l'on boit de cette liqueur, dont il vaudrait mieux néanmoins s'abstenir complétement.

**AGNEAU**. — L'agneau grillé, rôti, convient parfaitement aux malades et aux personnes délicates. Il faut le manger fraîchement tué, car il ne se conserve pas.

**AIL**. — Le genre *Ail*, de la famille des *Liliacées*, comprend les plantes connues sous les noms d'*Ail, Oignons, Poireau, Ciboules, Civettes, Rocambole, Échalotte*. Elles renferment toutes une essence sulfurée volatile d'odeur pénétrante et désagréable, extrêmement irritante, au point que mise sur la peau, elle fait soulever des cloches. C'est cette essence qui fait que l'on emploie ces divers oignons comme assaisonnements : bien que la cuisson lui fasse perdre une partie de sa force, elle ne laisse pas néanmoins d'irriter très fortement l'estomac et les intestins, même à petite dose. Tous ces légumes ne renferment presque que de l'eau et sont, par conséquent, peu ou point nourrissants ; ils ne font qu'exciter l'appareil digestif en le traversant et ne laissent rien d'utile à notre organisme, ils sont donc non seulement nuisibles, mais encore inutiles et c'est un préjugé de croire qu'ils sont sains, qu'ils purifient l'air et chassent les miasmes. Ils donnent des inflammations d'estomac, de foie et d'intestins, et empêchent de guérir ceux qui souffrent de ces différents organes. L'ail passe, il est vrai, pour détruire les vers, mais il est tant d'autres remèdes moins malfaisants et plus efficaces contre ceux-ci, qu'il vaut mieux ne pas l'employer. C'est à la *Poudre Alcalinophosphatée* (page 273) qu'il faut recourir pour combattre les mauvais effets de tous ces oignons.

**ALCOOL.** — Ce mot vient de l'arabe et signifie une *chose très subtile* ; il désigne un liquide spiritueux que l'on obtient en distillant les substances qui ont subi la fermentation vineuse, d'où le nom d'*Esprit de vin* qu'on lui donne aussi. Outre le raisin qui produit le vin, beaucoup de substances sont susceptibles de lui donner naissance par fermentation ; tels sont, par exemple, la plupart des fruits et des légumes sucrés ou féculents comme carottes, sorgho, riz, froment, grains divers. C'est à l'alcool que les boissons fermentées telles que le vin, le cidre, le poiré, la bière, etc., doivent leurs propriétés énivrantes. C'est lui qui forme la base de toutes nos liqueurs de table et qui constitue le cognac, l'eau-de-vie, la fine champagne, le tafia, le rhum, le genièvre, etc.

Les effets de l'alcool sur l'organisme humain sont des plus pernicieux ; il agit non seulement comme irritant sur les organes digestifs, mais aussi comme poison intérieur ; ce n'est pas un aliment, car il ne fait point partie de nos organes, n'est pas utilisé lors de son passage au travers de ceux-ci et sort par les urines, les sueurs ou la respiration, tel qu'il a été absorbé : il excite momentanément l'énergie des fonctions, mais cette excitation est suivie d'un affaissement d'autant plus grand qu'elle a été plus vive ; le corps est alors comme un ressort trop tendu qui a perdu sa force ; l'usage habituel de l'alcool ou des boissons qui en contiennent, amène des altérations chroniques dans les divers organes du corps humain ; aucun n'est à l'abri. Tous les organes de l'appareil digestif, notamment le foie et l'estomac, sont enflammés d'abord ; puis atteints de dégénérescence graisseuse et de ramollissement : le cœur, les reins, subissent la dégénérescence graisseuse ; le cerveau d'abord congestionné, puis atteint d'inflammation, finit par se ramollir et s'atrophier. Le mal est plus rapide et plus considérable avec certains alcools qu'avec d'autres ; c'est ainsi que les alcools et eaux-de-vie de pommes de terre et de grains renferment des essences particulières qui sont des poisons plus énergiques encore que l'alcool lui-même. Malheureusement, le prix peu élevé de ces alcools, les font utiliser, de préférence aux alcools de vin, pour la fabrication des liqueurs ou pour la consommation. Les mauvais effets de l'alcool peuvent être combattus avec succès au moyen de la *Poudre Alcalinophosphatée*, car ce médicament a pour effet de remédier à l'irritation causée par la présence de l'alcool dans nos organes et de neutraliser les effets de celui-ci comme poison spécial. Les personnes que l'habitude ou la nécessité obligent à boire de l'alcool ou des boissons enivrantes, doivent absolument se soumettre à l'usage habituel de la *Médication Alcalinophosphatée* (page 273), si elles ne veulent pas voir leur santé s'altérer.

**ALOUETTES.** — La chair de ces animaux, comme celle, du reste, du gibier en général, est excitante et ne convient pas aux personnes atteintes d'inflammation des voies digestives, surtout si on l'accomode avec des assaisonnements. Lorsque la digestion se fait mal, recourir à la *Poudre Alcalinophosphatée* (page 273).

**ALOSE.** — Ce poisson convient parfaitement aux malades et n'est pas irritant, sauf lorsqu'on l'accommode à l'oseille ou avec des assaisonnements. Voy. *Poissons*.

**AMANDES.** — Les amandes douces et toutes celles qui ne développent aucun goût lorsqu'on les mâche, n'ont aucun effet nuisible sur les voies digestives pourvu cependant qu'on ait soin d'enlever la pellicule qui les recouvre, car celle-ci contient du tannin qui peut occasionner des maux d'estomac. Les amandes amères et celles des pêches, abricots, etc., développent, lorsqu'on les mâche, une petite quantité d'acide cyanhydrique, poison violent, avec production d'essence d'amandes amères, que l'on reconnaît facilement au goût et à l'odeur. Ces sortes d'amandes ne doivent se manger qu'avec précaution et en très petite quantité à la fois.

Les amandes sont généralement nourrissantes; elles contiennent de l'huile douce, de l'albumine végétale, de la gomme, et laissent peu de résidus après la digestion.

**AMERS.** — Sous le nom d'amers, apéritifs, on consomme avant les repas, des liqueurs ou des vins généralement très alcooliques, tels que l'absinthe, le bitter, le vermouth, le madère, le vin de quinquina, etc., etc. Ces boissons ont ordinairement l'effet tout opposé de celui qu'on attend d'elles, parce que les personnes qui en font usage, au lieu d'avoir besoin d'exciter leur estomac, ont généralement cet organe trop surmené, et elles ne font qu'augmenter l'irritation dont il est le siège. Les mauvais effets de ces apéritifs peuvent toujours être combattus avec succès par la *Médication Alcalinophosphatée* (page 273).

**ANANAS.** — C'est le fruit d'un arbre de la famille des *Broméliacées* qui croît aux Antilles et dans l'Amérique du Sud. Il jouit d'un parfum très délicat dû à la présence d'une essence volatile excitante. Il contient un peu de sucre et beaucoup d'eau. Les personnes atteintes de maladies de l'estomac ou du foie devront s'abstenir d'en faire usage ou tout au moins en neutraliser les effets au moyen de la *Poudre Alcalinophosphatée* (page 273).

**ANDOUILLE.** — Voyez *Charcuterie*.

**ANCHOIS.** — Petits poissons marinés que l'on sert

comme hors d'œuvre ; ils sont excitants et ne conviennent pas dans les maladies de l'estomac.

**ANGÉLIQUE.** — On mange les tiges d'*Angélique* confites dans du sucre cuit. Cette plante, comme toutes celles de la famille des *Ombellifères*, dont elle fait partie, renferme une huile essentielle aromatique qui est irritante pour les voies digestives ; on peut en neutraliser l'effet au moyen de la *Poudre Alcalinophosphatée* (page 273).

**ANGUILLE.** — L'*Anguille de mer* ou *Congre* et l'*Anguille d'eau douce* peuvent être mangées sans inconvénient par les malades, pourvu qu'on évite de les faire cuire dans le court bouillon et qu'on ne les apprête pas avec des assaisonnements irritants.

**ANIS.** — On appelle *Anis vert*, les semences d'une plante de la famille des *Ombellifères* ; elles renferment une huile essentielle qui a la propriété d'irriter assez fortement les voies digestives ; c'est ce qui fait qu'on l'emploie contre les indigestions et pour faire sortir les gaz ; mais elle est plus nuisible qu'utile. Les gâteaux et dragées à l'anis, la liqueur appelée *Anisette* ont les mêmes inconvénients.

L'*Anis étoilé* ou *Badiane* est le fruit sec d'un arbre de la famille des *Magnoliacées* qu'on emploie dans les mêmes circonstances que l'anis vert et dont les propriétés et les inconvénients sont les mêmes.

**AROW-ROOT.** — C'est une fécule produite par une plante originaire des Indes Orientales et qui est cultivée à la Jamaïque. Elle est très légère, très adoucissante, et convient parfaitement pour faire des potages aux nourrissons, aux convalescents et aux malades.

**ARTICHAUT.** — Cet aliment n'est pas défavorable à l'estomac, pourvu qu'on en abuse pas. Si on le mange cru, il faut le mâcher convenablement. En cas de maladie, le manger au sel seulement, sans poivre ni vinaigre, ou avec une sauce blanche, ou en beignets.

**ASPERGE.** — Cette plante fournit à la cuisine des

pousses ou *Pointes d'Asperge* renfermant un principe actif nommé *Asparagine* qui passe pour faire uriner. Mêmes remarques que pour l'artichaut.

**AUBERGINE.** — C'est le fruit de la *Morelle mélongène*, plante de la famille des *Solanées* qui croît dans le midi de la France. Étant fade par lui-même, il ne peut être mangé qu'avec des assaisonnements assez forts, ce qui en rend l'usage pernicieux aux malades et même aux bien portants.

**AZOTE.** — L'azote est un gaz qui fait partie de l'air que nous respirons, dans la proportion d'environ 79 pour cent; il entre dans la composition des tissus dont nos organes sont formés, principalement les muscles, qui ne sont autre chose que ce qu'on appelle la *Chair* ou la *Viande*. La chair que nous mangeons sert donc à fournir l'azote à nos organes; mais d'autres aliments, tels que le blanc d'œuf, le fromage, en contiennent aussi. Tous ces aliments sont dits *Aliments azotés*, par opposition aux *Aliments féculents* qui, comme le pain, les farines, les légumes farineux, renferment au contraire très peu d'azote, mais beaucoup de fécule, laquelle sert à entretenir, non pas notre chair, mais notre graisse.

Pour qu'un régime soit complet et suffisamment réparateur, il doit contenir des aliments azotés et des aliments non azotés en proportion convenable, c'est à dire que si la viande est indispensable, les légumes farineux le sont aussi. Voyez *Régimes.*

**BANANES.** — Fruits du *Bananier*, arbre qui croît sous les Tropiques. Ils ont le goût des *Figues* et jouissent des mêmes propriétés que celles-ci.

**BAR.** — Ce poisson de mer, fort estimé, cause parfois des indigestions que l'on peut d'ailleurs prévenir ou combattre au moyen de la *Médication Alcalinophosphatée* (page 273).

**BARBEAU.** — Poisson de rivière dont les œufs causent assez fréquemment une sorte d'empoisonnement. Même remède que ci-dessus.

**BARBUE**. — Poisson de mer très fin et délicat. Mêmes remarques que pour le *Turbot*.

**BÉCASSE**. — Comme presque tout le gibier, ces oiseaux forment un aliment excitant ordinairement relevé d'ailleurs par des épices. Voyez *Gibier*.

**BEIGNETS**. — Les beignets de pommes, de pêches, d'abricots, etc., ont les inconvénients signalés à l'article *Fruits*. Mais les beignets de salsifits, d'artichaut, ou simplement de pâte sucrée, peuvent être mangés sans danger.

**BETTERAVES**. — Cette racine, très riche en sucre, peut être mangée par tous les malades, pourvu qu'elle ne soit pas assaisonnée avec des irritants.

**BEURRE**. — Le beurre frais, de bonne qualité, est le seul qui convienne aux malades et aux convalescents. Le beurre vieux est acide, ce qui le rend âcre et irritant; quant à la margarine et autres imitations, il faut absolument en repousser l'usage.

**BIÈRE**. — Cette boisson, qui devrait être uniquement fabriquée avec de l'orge et du houblon, est très souvent falsifiée avec des substances nuisibles. Elle renferme de l'alcool, un peu de matière sucrée, de l'acide acétique, un principe amer et aromatique, de la fécule et des matières organiques en grande quantité. Il résulte de cette composition que la bière est une boisson enivrante pouvant produire l'alcoolisme, à cause de son alcool; qu'elle est nuisible aux personnes atteintes de gastrite, de maladie de foie et d'intestins, à cause de son acide et de son principe aromatique; qu'elle peut rendre quelques services aux anémiques, aux convalescents, et en général à toutes les personnes affaiblies par privation, à cause de son amertume, qui excite l'appétit, et de ses principes organiques qui sont nourrissants.

Les buveurs de bière sont sujets à de nombreux malaises; pour prévenir ou dissiper ceux-ci, c'est à la *Médication Alcalinophosphatée* (page 273) qu'il faut avoir recours.

**BIFTECKS**. — Pour qu'ils soient facilement digérés, il faut les manger peu cuits, sans poivre, persil, cresson, ni moutarde et ne pas les faire macérer préalablement dans du vinaigre. Comme assaisonnement, le beurre frais et le sel sont ce qui convient le mieux.

**BISCOTTE**. — Pain séché au four et qui sert à faire de la panade pour les nourrissons. Il ne faut pas user de cet aliment avant que la première dentition soit achevée, et se rappeler que les farines avec lesquelles on fait le pain contiennent souvent des substances nuisibles; voyez *Farine*. En cas d'indisposition, donner du lait seul, ou faire de la bouillie de fécule ou d'arow-root.

**BISCUITS**. — On les fait avec de la farine, du sucre et du blanc d'œuf. Ce sont un des rares desserts que l'on puisse permettre aux convalescents et aux personnes atteintes de maladies des voies digestives.

**BŒUF**. — Cette viande est une des plus saines et des plus nourrissantes; il ne faut pas qu'il soit dur, afin de pouvoir être mâché complètement; c'est bouilli, grillé ou rôti, qu'il faut le donner aux malades. Le bœuf à la mode ne convient pas à ceux-ci, à cause des carottes et des oignons qui l'accompagnent.

**BOLET**. — Les bolets sont des champignons à chapeau de dimensions parfois considérables; ils diffèrent des agarics en ce que le dessous de leur chapeau est percé de petits trous, tandis que celui des agarics est composé de lamelles ou feuillets. Le bolet comestible ou cèpe ordinaire a le dessus du chapeau brun ou noir, le dessous blanc ou jaune; sa chair est blanche ou rosée, elle ne bleuit pas à l'air lorsqu'on l'a coupée. Ce champignon croît aux pieds des chênes et des châtaigniers. C'est un aliment sain et nourrissant dont on peut faire usage même en cas de maladie à condition de ne l'assaisonner qu'au beurre et au sel seulement. En cas d'indigestion ou d'empoisonnement par les champignons, faire ce qui est indiqué à l'article *Champignons*.

**BOUDIN.** — Le boudin noir se fait avec du sang de porc; le boudin blanc avec de la mie de pain, du lait et du lard. C'est un aliment de digestion généralement difficile, surtout lorsqu'il contient des oignons, du poivre et des épices, ce qui est ordinairement le cas; il est alors nuisible et si l'on s'en trouve incommodé, il faut recourir à la *Médication Alcalinophosphatée* (page 273). Voyez *Charcuterie*.

**BOUILLABAISSE.** — Potage provençal confectionné avec plusieurs sortes de poissons que l'on fait cuire avec de nombreux assaisonnements, parmi lesquels l'ail, le citron, le safran, le vin blanc, etc. Ce potage est tout à fait propre à donner des inflammations d'intestins à ceux qui n'en ont pas encore.

**BONBONS.** — Ces sucreries peuvent se manger sans inconvénient lorsqu'elles ne contiennent que du sucre, de la gomme et autres substances inoffensives; tels sont les boules de gomme, le sucre d'orge, les dragées aux amandes mondées de leur pellicule; mais ceux qui contiennent des liqueurs, des substances aromatiques telles que l'anis, l'angélique, la menthe, ou des acides comme les bonbons dits *Anglais*, et ceux qui sont colorés avec des sels de plomb, de cuivre ou de mercure, sont nuisibles ou dangereux.

**BOUILLIES.** — On les prépare le plus souvent avec de la farine; mais celle-ci n'étant pas toujours de bonne qualité et pouvant contenir des substances dangereuses, de l'alun par exemple, il faut, si la bouillie paraît mal se digérer, préparer celle-ci avec de la fécule de pommes de terre et l'arow-root. Il faut se rappeler que les enfants en bas-âge n'en doivent pas faire usage trop tôt, et jamais avant que la première dentition soit achevée.

**BOUILLON.** — Le *Bouillon gras* se prépare ordinairement avec de la viande de bœuf dans la proportion de 2 kilos de viande avec os, moelle et graisse, pour 6 à 8 litres de bouillon. On met sur un feu doux pour commencer, et la cuisson doit se faire d'une manière graduelle et uniforme; on écume, on sale. On ajoute, après avoir écumé, quelques légumes, comme carottes, choux, panais, poireaux, et on colore avec du caramel. Les légumes ci-dessus étant aromatiques et excitants, le bouillon gras, ainsi préparé, n'est pas favorable aux personnes atteintes de gastrites et de maladies de foie; il peut même leur être nuisible si elles en font un usage complet.

Le bouillon gras n'est pas un aliment complet; il ne saurait suffire pour entretenir la vie à lui seul. Lorsque l'on alimente un malade exclusivement avec du bouillon gras, on l'expose à périr d'inanition au bout d'un certain temps. On doit toujours donner, outre le bouillon, du lait ou des œufs, qui sont des aliments complets, ou même le remplacer complètement par ceux-ci.

Le *Bouillon aux herbes* se prépare en faisant cuire ensemble, dans un litre d'eau, 40 grammes d'oseille, 20 de laitue, 10 de poirée et 10 de cerfeuil; on ajoute un peu de sel et de beurre. Ce bouillon étant acide, ne convient pas aux personnes atteintes de maladies d'estomac.

Le *Bouillon de veau* se prépare en faisant bouillir pendant deux heures, à une douce chaleur, 120 grammes de rouelle de veau dans un litre d'eau; on passe après refroidissement. On prépare de même les *Bouillons de poulet*, d'*écrevisses*, de *tortue*, de *mou de veau*, de *grenouilles*.

Les *Tablettes de bouillon*, *Extraits de viande*, etc., ne donnent que des bouillons de mauvaise qualité, moins nourrissants et moins agréables que ceux que l'on fait soi-même avec de la viande fraîche.

**BRÊME.** — C'est un poisson d'eau douce, sain et nourrissant. Mêmes observations que pour la *Carpe*.

**BRIOCHE.** — Ce gâteau, composé de farine, beurre et œufs, peut être mangé sans inconvénient par les malades; il n'est pas irritant pour l'estomac.

**BROCHET.** — La digestion de ce poisson est facile;
on peut donc le donner aux malades sans assaisonnements autres que le sel, le beurre ou la sauce blanche
sans vinaigre; ses œufs ont parfois le même inconvénient que ceux du *Barbeau*.

**BROU DE NOIX.** — C'est l'écorce verte des noix fraîches. Elle contient beaucoup de tannin; c'est pourquoi
la liqueur que l'on prépare en faisant tremper cette
écorce dans de l'eau-de-vie que l'on sucre ensuite et à
laquelle on ajoute de la coriandre, de la cannelle et de
la muscade, est très nuisible à l'estomac, surtout lorsque cet organe est déjà souffrant.

**CABILLAUD.** — Voyez *Morue*.

**CACAO.** — Les semences de cacao contiennent une
matière grasse ou *Beurre de cacao*, de la fécule, du
sucre et un principe actif nommé *Théobromine*. Les
coques servent à faire une décoction que l'on ajoute au
lait des enfants élevés au biberon, mais à tort, car cette
tisane, légèrement excitante, ne peut avoir aucune utilité et prédispose, au contraire, les nourrissons à contracter des dérangements de l'estomac et des inflammations d'intestins. L'amande du cacao sert principalement à faire du chocolat, aliment nourrissant et
légèrement excitant, qui convient mieux que le café au
lait aux personnes atteintes de maladies de l'estomac,
du foie et des intestins, mais dont il faut cependant
s'abstenir dans les cas graves.

**CAFÉ.** — Le café renferme un principe actif nommé
*Caféine*, un tannin particulier, un acide, des substances
grasses, des huiles essentielles aromatiques, qui lui
communiquent son parfum, et d'autres principes moins
importants.

Le café est nuisible aux personnes nerveuses, sur-
excitées, impressionnables, à cause de sa caféine; aux
personnes atteintes de maladies de l'estomac et du foie,
à cause de son tannin, de son acide et de ses principes
aromatiques. Il peut être utile toutes les fois que le

système nerveux a besoin d'être surexcité ; il stimule alors tout l'organisme, mais cette stimulation est suivie d'une prostration, d'un affaissement, qui sont en rapport avec le degré d'excitation produite précédemment. C'est ce qui explique pourquoi ceux qui prennent habituellement du café finissent par ne plus pouvoir s'en passer. Le café n'est pas très nourrissant par lui-même, mais il trompe l'appétit, parce qu'il empêche la désassimilation. A dose élevée, c'est un contrepoison de l'opium, du laudanum et de la morphine.

L'usage habituel et prolongé du café finit par occasionner la gastrite, puis l'inflammation et la congestion du foie, d'où des hémorrhoïdes, et chez la femme des flueurs blanches ; il peut même survenir une *Cirrhose*, affection presque toujours mortelle.

**CAILLE.** — Mêmes observations que pour la *Bécasse*.

**CANARD.** — Le *Canard sauvage* est d'une digestion généralement difficile ; il ne convient pas aux malades, surtout s'il est assaisonné avec des épices. Le canard domestique se digère mieux ; les personnes atteintes des maladies d'estomac devront le manger jeune, rôti, aux petits pois, ou même aux olives, pourvu qu'on n'y ajoute aucun autre assaisonnement que le sel.

**CANNELLE.** — C'est l'écorce d'un arbre de la famille des Lauriers, qui croît en Chine, à Ceylan et à Cayenne. Elle contient du tannin, de l'amidon, un acide et une huile volatile qui lui donne son odeur et son arôme. Cette écorce qui sert à aromatiser une foule de préparations culinaires et de liqueurs, jouit de propriétés très excitantes qui la rendent nuisible aux personnes atteintes d'inflammation d'estomac, du foie, et autres organes ; elle n'est utile qu'aux personnes très affaiblies, qui ont besoin d'excitant.

**CAPRES.** — Ce sont les boutons du *Câprier*, arbrisseau qui croît dans le Midi de la France. On les fait confire dans le vinaigre pour servir d'assaisonnement. Ils sont irritants pour l'estomac, le foie et les intestins.

**CARAMEL.** — C'est du sucre brûlé qui sert à colorer les sauces, les compotes, les entremets, le bouillon. Il faut s'en abstenir dans les maladies de l'estomac, car il irrite cet organe.

**CARDONS.** — Ce sont les feuilles des tiges d'une espèce d'artichaut que l'on fait blanchir en les étiolant. Mêmes observations que pour l'*Artichaut*.

**CAROTTE.** — La racine de carotte contient beaucoup de sucre, un principe spécial appelé *carotine*, et, comme toutes les plantes de la famille des *Ombellifères* dont elle fait partie, une essence aromatique qui est irritante pour l'estomac et pour le foie. C'est donc bien à tort et à leur grand détriment qu'on administre le jus de carotte aux personnes atteintes de maladies de foie ou à celles qui ont la jaunisse. Dans toutes les maladies des voies digestives, il faut s'abstenir avec soin de faire usage de carotte comme aliment et éviter toutes les préparations culinaires qui en renferment; c'est pourquoi il est souvent nécessaire de n'en mettre que le moins possible dans le pot-au-feu. Voyez *Bouillon*. La *Poudre Alcalinophosphatée* (page 273) neutralise les effets irritants de ce légume.

**CAROUBE.** — C'est le fruit d'un arbre de la famille des *Légumineuses* qui croît dans le Midi de la France et en Algérie. Il contient du sucre et un acide, ce qui lui donne des propriétés irritantes pour le tube intestinal ; aussi l'a-t-on employé comme purgatif, bien qu'il serve à l'alimentation.

**CARPE.** — Ce poisson est d'un meilleur goût lorsqu'il est pêché dans les eaux vives et non dans les étangs. Il convient très bien aux malades : sa chair est nourrissante et de facile digestion; mais les assaisonnements qui servent à l'apprêter, notamment le vinaigre, le court-bouillon, le poivre, les oignons, le thym, le persil, etc., sont nuisibles à bien des estomacs ; il est donc préférable de la manger frite ou grillée avec une sauce au beurre ou au sel.

**CASSIS.** — C'est le fruit d'une sorte de groseiller, que son arôme spécial fait rechercher pour la fabrication d'une liqueur qui porte son nom. Il est irritant et offre tous les inconvénients signalés au mot *Fruits*.

**CAVIAR.** — Voyez *Esturgeon*.

**CÉLERI.** — Plante de la famille des *Ombellifères* dont on mange les tiges et qui contient une essence aromatique irritante; les malades doivent s'en abstenir et lorsqu'il incommode la digestion, il faut recourir à la *Poudre Alcalinophosphatée* (page 273).

**CÈPES.** — Voyez *Bolet*.

**CERFEUIL.** — Plante ombellifère qui contient beaucoup d'huile essentielle très irritante. Il faut s'en abstenir complètement dans les maladies des voies digestives, et même il est prudent de n'en pas faire usage dans l'état de santé, car elle peut occasionner des maladies inflammatoires du foie et de l'estomac. On peut combattre ses mauvais effets au moyen de la *Médication Alcalinophosphatée* (page 273) qui a pour effet de neutraliser son principe irritant. D'ailleurs cette herbe ne sert absolument que comme assaisonnement et pour flatter le goût, car elle ne possède aucun pouvoir nourrissant.

**CERISES.** — Ces fruits contiennent de l'eau, du sucre et beaucoup d'acide; cet acide irrite l'estomac et les intestins et occasionne souvent des inflammations du côté de ces organes. Comme ils ne sont presque pas nourrissants, on peut toujours s'en abstenir si l'on veut conserver l'intégrité de son estomac, et il faut bien se garder d'en faire usage dans les maladies qui font l'objet de ce livre. La *Poudre Alcalinophosphatée* (page 273) est le moyen le plus sûr et le plus efficace de neutraliser l'acidité de ces fruits; mais il faut la prendre presqu'aussitôt après avoir mangé ceux-ci, afin que l'effet irritant de l'acide n'ait pas le temps de se produire.

Il est imprudent d'avaler les noyaux des cerises que

l'on mange, car il arrive quelquefois que ceux-ci s'arrétant dans le cul-de-sac de la partie du gros intestin appelée *cœcum*, y produisent une inflammation suivie d'abcès, de perforation et de péritonite occasionnant la mort.

**CERVELAS.** — Voyez *Charcuterie*.

**CERVELLE.** — Les cervelles de bœuf, de veau, de mouton, constituent des aliments très nourrissants, car elles sont très riches en matières grasses et en phosphate, et ne laissent aucun résidu après la digestion. Celle-ci en est généralement facile, pourvu qu'on ne les assaisonne pas au vinaigre, au persil, au poivre, etc. ; aussi conviennent-elles aux convalescents et aux malades, en ayant soin de les passer simplement dans le beurre avec un peu de sel. Quelques personnes, principalement celles qui ont de l'embonpoint, ont cependant de la difficulté à digérer cette sorte d'aliment ; elles devront recourir alors à la *Poudre Alcalinophosphatée* (page 273), qui a la propriété d'émulsionner les matières grasses qui composent presque entièrement l'aliment dont il s'agit, c'est-à-dire que ces matières grasses deviennent liquides, solubles, et sont alors facilement digérées et absorbées.

**CHAMPIGNONS.** — Cette classe de végétaux fournit à l'alimentation un grand nombre d'espèces très agréables et très nourrissantes, mais elle en renferme d'autres très dangereuses, parce que ce sont des poisons très violents pour l'homme. Contrairement aux autres végétaux qui renferment plus de fécule ou de sucre que de matières azotées (Voy. *Azote*), ces champignons renferment, au contraire, plus de matières azotées que d'autres substances, et sous ce rapport, ils se rapprochent donc de la *Viande*.

On ne saurait apporter trop de prudence dans la consommation et le choix des champignons. Il faut s'abstenir absolument de manger ceux que l'on ne connaît pas parfaitement, ainsi que ceux qui ne sont pas frais.

L'habitude seule peut apprendre à connaître les champignons car beaucoup d'espèces dangereuses ressemblent tellement aux espèces comestibles que les descriptions qu'on peut en faire sont insuffisantes pour éviter l'erreur. J'ai indiqué dans le cours de cet ouvrage les particularités relatives à chacune des espèces principales.

L'empoisonnement par les champignons se traduit par des symptômes cholériformes, tels que vomissements, diarrhée, crampes, refroidissement de la peau; ces empoisonnements, au début, doivent être traités par les *vomitifs* et *purgatifs*, ensuite par la *Poudre Alcalinophosphatée* à haute dose; on administre ensuite des *cordiaux* énergiques, thé, café concentré, vin chaud, rhum, cognac.

**CHANTERELLE**, *Girole*. — Petit champignon de couleur jaune pâle qui croît sur les bords des fossés et dans les bois; son parfum et son goût sont assez agréables, et n'ont pas d'effet nuisible.

**CHARCUTERIE**. — Les viandes de porc assaisonnées ou fumées sont nuisibles aux personnes atteintes de maladies de l'estomac, du foie et des intestins; mais il n'en est pas de même lorsqu'elles sont fraîches ou simplement salées, car dans cet état elles ne sont pas plus indigestes que d'autres. Cependant il se produit quelquefois une sorte d'empoisonnement après ingestion de produits de charcuterie de mauvaise qualité; il peut se développer, en effet, dans certaines viandes, des poisons organiques donnant lieu à des symptômes analogues à ceux du choléra : il faut traiter ces indispositions comme l'empoisonnement par les *Champignons*.

Les viandes de charcuterie devront être cuites avec soin, à cause des germes de parasites qu'elles peuvent renfermer et qu'une forte cuisson peut seule détruire. Dans les pays où l'on mange de la viande de porc crue ou simplement fumée, la trichine et le verre solitaire sont très communs.

La plupart des préparations de charcuterie, telles

qu'andouilles, saucisses, saucissons, cervelas, etc., contiennent des assaisonnements épicés, tels que l'ail, l'oignon, le poivre, etc. Il faut donc s'en abstenir dans les cas où ces assaisonnements sont interdits, ou tout au moins en combattre les effets au moyen de notre *Médication Alcalinophosphatée* (page 273).

**CHATAIGNES.** — Elles renferment du sucre, du gluten et beaucoup de fécule. C'est un aliment sain et nourrissant dont on peut faire usage impunément.

**CHEVREAU.** — Mêmes observations que pour l'*Agneau*.

**CHEVREUIL.** — La viande de ce gibier est excitante et d'une digestion d'autant plus difficile que l'on ne peut guère le manger qu'avec force apprêts et assaisonnements épicés. C'est pourquoi elle ne convient pas aux malades, surtout ceux qui souffrent du foie, de l'estomac et de l'intestin. La *Médication Alcalinophosphatée* (page 273) peut remédier aux inconvénients causés par l'usage de cette viande, comme de toutes celles, du reste, qui constituent la venaison.

**CHICORÉE.** — Les feuilles de cette plante se mangent en salade, soit vertes, soit étiolées; dans ce dernier cas elles constituent ce qu'on appelle *Barbe de capucin*. Bien que douée d'une saveur amère, cette herbe n'étant ni acide, ni aromatique, ne serait pas malfaisante pour l'estomac, n'étaient le vinaigre et le poivre qu'on met généralement dans toute salade. Pour éviter ces assaisonnements, on peut se contenter d'huile et de sel. Mêmes remarques pour les variétés connues sous les noms d'*Endive, Chicorée frisée, Scarole*.

**CHOCOLAT.** — Préparé avec du cacao, du sucre, et quelques autres aromates, cet aliment jouit des mêmes propriétés que le *Café* et en offre aussi les inconvénients, mais à un degré beaucoup plus faible. Il ne faut donc pas en faire un trop grand usage, même dans l'état de santé. Voyez *Cacao*.

**CHOU.** — Le chou appartient à la famille des *Crucifères*, et comme toutes les plantes de cette famille, il renferme une essence sulfurée aromatique très irritante pour les voies digestives ; c'est ce qui fait que le chou passe pour indigeste. Les malades doivent s'abstenir de ce légume, qui est surtout funeste à ceux qui sont atteints de maladies du foie et des intestins ; il communique au bouillon gras des propriétés irritantes. Le principe irritant du chou peut néanmoins être détruit au moyen de la *Poudre Alcalinophosphatée* (page 273).

**CHOUCROUTE.** — Cet aliment se prépare au moyen du *Chou blanc cabus* fermenté dans la saumure avec divers épices ; il contient, outre l'essence irritante signalée dans l'article précédent, des acides très nuisibles à l'estomac. C'est du chou dont les inconvénients sont augmentés. Voyez *Chou*.

**CIBOULE.** — Voyez *Ail*.

**CIDRE.** — Boisson fermentée faite avec le jus de pommes ou de poires. Elle renferme de l'alcool, du sucre et surtout des acides. Par son alcool, elle peut occasionner l'alcoolisme ; par son acidité, elle détermine inévitablement des gastrites et des inflammations d'intestins chez ceux qui en font usage. A ce point de vue, on peut la considérer comme très nuisible pour la santé publique. Dans tous les pays où l'on boit du cidre, les maladies de l'estomac font les plus grands ravages dans la population.

Pour combattre les mauvais effets de cette boisson, la *Médication Alcalinophosphatée* (page 273) est ce qu'on peut employer de plus efficace.

**CITRONS.** — L'écorce de citron renferme une essence aromatique irritante, et la pulpe une grande quantité d'acide appelé *Acide citrique*. Le jus de citron qui s'emploie pour faire des limonades, ou pour assaisonner certains mets, est donc très irritant, et ceux qui en font même simplement usage s'exposent à faire le plus grand tort à leur estomac. La *Poudre Alcalinophosphatée* (page 273) ayant la propriété de détruire les acides et de combattre les irritations, constitue le meilleur remède ou préservatif à opposer aux préjudices causés par l'usage de ce fruit.

**CLOU DE GIROFLE**. — C'est la fleur non développée d'un petit arbre de la famille des *Myrtacées*, qui croît aux Moluques et aux Antilles. Il a une odeur aromatique et épicée, dues à la présence d'une essence volatile très abondante, et qui le font employer comme épice dans certaines préparations culinaires. En raison de l'irritation violente causée par l'âcreté de son essence, il faut ranger cet épice parmi les plus nuisibles à la santé.

**CLOVISSES**. — Petits coquillages comestibles. Mêmes observations que pour la *Moule*.

**COCHON**. — Voyez *Porc*.

**COINGS**. — Ce sont les fruits du *Cognassier*, arbre de la famille des *Rosacées*. Ils contiennent du tannin, du sucre, et beaucoup d'acide ; par conséquent, ils sont irritants pour les voies digestives ; ils produisent la constipation. La *Poudre Alcalinophosphatée* (page 273) en neutralise les effets.

Les pépins de coings renferment, au contraire, une substance mucilagineuse et adoucissante, qui n'a rien de nuisible.

**COMPOTES**. — Les compotes de fruits ont les mêmes inconvénients que les fruits avec lesquels on les confectionne ; c'est une erreur de croire que la cuisson et le sucre enlèvent toute acidité aux fruits. Par conséquent on devra éviter l'usage des compotes dans tous les cas où celui des fruits est nuisible, et en combattre les effets au moyen de la *Médication Alcalinophosphatée* (page 273).

**CONCOMBRES**. — Ce sont les fruits d'une plante de la famille des *Cucurbitacées*. Ils renferment beaucoup d'eau et très peu de principes nourrissants. Leur usage comme aliment offre peu d'inconvénients.

**CONSERVES**. — Bien que généralement faites d'une manière convenable, les conserves alimentaires de viandes, de poisson, de légumes, etc., occasionnent néanmoins quelquefois des accidents. Ceux-ci, heureusement ne sont pas très communs ; mais si l'on s'en trouvait victime, il faudrait leur opposer la *Poudre Alcalinophosphatée* (page 273).

**CONSOMMÉ.** — Mêmes remarques que pour le *Bouillon*.

**CORNICHON.** — C'est le fruit d'une plante de la famille des *Cucurbitacées* qui, confite dans le vinaigre, sert de condiment et d'assaisonnement. Les cornichons sont nuisibles à l'estomac, principalement à cause du vinaigre qu'ils renferment. Voyez *Vinaigre*.

**CORNOUILLER.** — Plante de la famille du chèvrefeuille, dont les fruits appelés *Cornes*, *Cornouilles* ou *Cormes*, servent à faire une boisson fermentée. Ces fruits étant acides et contenant du tannin, communiquent à cette boisson des propriétés irritantes qui nuisent à l'intégrité des voies digestives et à l'estomac principalement ; aussi les personnes qui en font usage ont-elles toujours une gastrite plus ou moins développée, mais dont on peut cependant prévenir le développement ou enrayer les progrès à l'aide de la *Médication Alcalinophosphatée* (page 273).

**COTELETTES.** — Consulter les articles de chaque sorte de viande en particulier.

**COURT-BOUILLON.** — Lorsqu'il renferme du vinaigre, du vin ou des épices, il communique aux poissons que l'on y fait cuire, des propriétés irritantes pour les voies digestives en général et l'estomac en particulier. Pour éviter cela, il faut faire cuire le poisson dans de l'eau salée seulement ; le goût en sera peut-être moins agréable, mais l'usage en sera plus sain.

**CRABES.** — Ces crustacées constituent un aliment sain et qui n'est nullement irritant, à moins qu'on ne leur ajoute des épices, du vinaigre, ou d'autres assaisonnements irritants. Après les avoir fait cuire dans l'eau salée, on peut se contenter de les manger avec de l'huile et du sel.

**CRÈMES.** — La crème du lait constitue un aliment sain et nourrissant. Quant aux crèmes préparées avec du jaune d'œuf, du sucre et du lait, elles peuvent convenir à tous les estomacs, sauf cependant celles qui, faites avec du café ou du chocolat, ont nécessairement les inconvénients que j'ai signalés aux articles qui concernent ces deux substances. La vanille ou la fleur d'orangers n'offrent pas autant d'inconvénients.

**CRÊPES.** — Elles ne sont pas nuisibles lorsqu'elles sont faites avec de bonne farine et sans addition d'eau-de-vie. Celles qui sont faites avec des farines communes, donnent souvent des indigestions.

**CRESSON.** — Plante de la famille des *Crucifères* renfermant une essence sulfurée irritante qui lui donne une saveur poivrée. C'est bien à tort qu'elle passe pour utile à la santé ; car si elle convient quelquefois aux personnes lymphatiques et aux estomacs qui ont besoin d'un excitant, elle est, la plupart du temps, nuisible, surtout aux personnes atteintes des maladies qui font le sujet de ce livre. La *Poudre Alcalinophosphatée* (page 273) a la propriété de neutraliser son principe irritant.

**CREVETTES.** — Mêmes propriétés alimentaires que le *Crabe*.

**CURAÇAO.** — Cette liqueur faite avec de l'alcool, du sucre et des écorces d'oranges amères, irrite fortement les voies digestives. Bien qu'agréable au goût, elle ne saurait être considérée autrement que comme nuisible à la santé.

**DATTES.** — Ce sont les fruits d'un palmier qui croît en Afrique et dans les pays chauds. Ils contiennent beaucoup de sucre, de fécule et une matière mucilagineuse. La peau qui les recouvre contient un peu de tannin : mais ils sont, néanmoins, peu ou point irritants et très nourrissants.

**DAURADE.** — Poisson de mer, qui peut vivre aussi dans l'eau douce. C'est un aliment estimé et inoffensif.

**DIÈTE**. — Voyez *Régimes*.

**DINDON**, *Dinde*. — La viande de ce volatil est parfois difficile à digérer. C'est pourquoi les malades doivent n'en faire usage qu'avec modération et recourir à la *Poudre Alcalinophosphatée* (page 273) lorsqu'ils s'en trouvent incommodés.

**DORADE**. — Poisson d'eau douce de la même espèce que les poissons rouges qui vivent dans les bassins. Il passe pour nuisible.

**DRAGÉES**. — Celles qui ne renferment que du sucre et des amandes mondées de leur pellicule n'offrent aucun inconvénient. Mais celles qui contiennent des liqueurs ou des substances aromatiques comme l'anis, sont irritantes pour l'estomac.

**EAU**. — L'eau est indispensable à la vie ; elle entre dans la composition du sang et des autres liquides de l'organisme ; elle fait partie de tous nos organes. C'est la boisson naturelle. Les eaux n'ont pas toutes la même composition ni les mêmes qualités : celles qui conviennent le mieux comme boisson se nomment *eaux potables* ; ce sont, en première ligne, les eaux de source et de puits. Celles-ci doivent être fraîches, limpides, sans odeur, d'une saveur agréable, dissoudre le savon sans se troubler, et cuire les légumes sans les durcir. Elles contiennent des gaz et une petite quantité de sels en dissolution, ce qui rend leur goût agréable et leur digestion facile ; c'est pourquoi l'eau distillée, qui est de l'eau absolument pure, ne peut servir de boisson. Il en est de même des eaux trop chargées en sels, comme l'eau de mer et les eaux dites minérales, trop souvent employées comme eaux de table. Les eaux de rivière ont l'inconvénient d'avoir une température et une composition variables, selon la saison ; elles sont souvent souillées par la présence de matières organiques. Les eaux de citerne sont fraîches et peuvent être employées à défaut d'autres eaux. On appelle *eaux crues* ou *eaux sélénifeuses*, celles qui **dissolvent** mal le savon et durcissent les légumes pendant la cuisson. Elles doivent ces inconvénients au sulfate ou au carbonate de chaux qu'elles renferment.

Afin de purifier et d'éclaircir les eaux destinées à la boisson, on se sert généralement de filtres en grès, qui retiennent les impuretés. On a même préconisé, dans ces derniers temps, l'usage des filtres en porcelaine qui auraient la propriété de retenir les microbes. Ces appareils, qui ont la prétention de nous préserver des maladies, ont peut-être un effet tout opposé, car les microbes qui vivent naturellement dans les eaux potables et que l'on rencontre toujours dans les eaux les plus saines, ont très probablement la propriété de nous préserver des maladies infectieuses. Les eaux dans lesquelles ne se trouvent aucun microbe sont des eaux nuisibles et impropres à servir de boisson.

Le pire de tous les préjugés est celui qui consiste à croire qu'il est malsain de boire de l'eau : il est certain que si l'eau contient des substances malsaines, elle peut être nuisible, mais l'eau par elle-même ne saurait être nuisible, puisqu'elle nous est indispensable, et il vaut mieux boire de l'eau pure de bonne qualité, que des boissons fermentées telles que le vin, le cidre, la bière, etc., car l'eau n'a jamais fait de mal à personne, tandis que les boissons dont je parle font tous les jours de nombreuses victimes. C'est encore un préjugé de croire qu'il faut ajouter de l'eau-de-vie, du café, de l'absinthe, du goudron, ou autres substance excitantes, pour *tuer l'eau*, comme on dit ; la plupart de ceux qui veulent tuer l'eau ne font que se tuer eux-mêmes.

**EAU GOMMÉE.** — On la prépare en faisant fondre 60 grammes de gomme arabique dans un litre d'eau ; on sucre à volonté. Le sirop de gomme étant souvent falsifié ou préparé avec du glucose, il est préférable de ne pas s'en servir pour faire l'eau gommée. Cette boisson est adoucissante et peut remplacer l'eau pure pour les malades qui ne peuvent boire autre chose.

**EAU DE GOUDRON.** — L'usage de cette eau étant assez répandu, je dois signaler son action irritante sur les voies digestives. Elle n'a pas grande efficacité d'ailleurs contre les maladies de la poitrine pour lesquelles on l'emploie, et ne peut agir qu'en transportant l'inflammation des bronches sur l'estomac.

**EAU D'ORGE.** — Se prépare en faisant bouillir deux ou trois cuillerées d'orge perlé dans un litre d'eau, pendant une demi-heure, et remplaçant l'eau qui s'évapore. Mêmes remarques que pour l'*Eau gommée* : on peut la couper avec du lait.

**EAU PANÉE.** — Pour la préparer, on laisse tremper des tranches de pain grillé dans de l'eau. Boisson nourrissante et inoffensive.

**EAU SUCRÉE.** — Le sucre ordinaire peut être employé sans inconvénient pour sucrer l'eau ; mais il n'en est pas de même du miel, des sirops de groseilles, de framboise, de cerises et autres fruits ; toutes ces substances sont acides.

**EAU-DE-VIE.** — Voyez *Alcool*.

**ÉCREVISSES.** — Crustacés d'eau douce qui ont les mêmes propriétés alimentaires que le crabe. On est dans l'usage de les assaisonner fortement avec des épices, ce qui en rend l'usage nuisible à beaucoup de personnes.

**ENDIVES.** — Voyez *Chicorée*.

**ÉPERLANS.** — Ce poisson de mer constitue un bon aliment, et doit se manger en friture, sans persil ni citrons.

**ÉPICES.** — Les principales sont le *Poivre*, la *Cannelle*, la *Muscade*, le *Piment*, le *Girofle*. Le *Thym*, le *Laurier*, le *Basilic*, la *Sarriette*, le *Serpolet*, l'*Estragon*, le *Persil*, le *Cerfeuil*, l'*Ail*, les *Oignons*, le *Raifort*, la *Moutarde*, peuvent être rangés dans la catégorie des épices, car ils doivent aussi leurs propriétés irritantes à des huiles essentielles, n'ont aucune vertu nutritive, et ne servent qu'à donner à nos aliments une saveur plus forte qui les rend peut-être plus agréables au goût, mais à coup sûr très nuisibles pour la santé. Les personnes qui désirent se bien porter et vivre long-temps doivent s'abstenir de tous ces assaisonnements, et si elles ne peuvent absolument pas les supprimer, en combattre les effets pernicieux au moyen de la *Médication Alcalinophosphatée* (page 273).

**ÉPINARDS**. — Ce légume est peu nourrissant, mais il n'est pas nuisible, apprêté au beurre et au sel seulement.

**ESCARGOTS**. — Ces mollusques constituent un aliment sain, nourrissant et inoffensif, pourvu qu'on les assaisonne au beurre et au sel seulement, sans ail, oignons, persil, ni épices. Ils passent pour guérir les maladies de poitrine; mais je ne pense pas qu'ils aient d'autre effet que d'alimenter le malade.

**ESPRIT DE VIN**. — Voyez *Alcool*.

**ESTRAGON**. — Plante aromatique employée comme assaisonnement. Voyez *Épices*.

**ESTURGEON**. — Ce poisson qui vit dans la mer et les grands fleuves du nord de l'Europe, constitue un aliment nourrissant et dont on peut faire usage sans inconvénients, pourvu qu'on ne l'apprête pas avec des épices ou autres ingrédients irritants.

C'est avec ses œufs qu'on prépare le *Caviar*, aliment usité en Russie, et qui ne peut être nuisible lorsqu'il est préparé au sel seulement.

**FAISAN**. — Le faisan rôti n'est pas un mauvais aliment, mais il faut éviter d'en faire usage lorsqu'il est accompagné de sauces épicées, ainsi qu'il est générale-ment d'usage. Voyez *Épices*.

**FARINE**. — On l'obtient en pulvérisant les semences de divers végétaux appartenant principalement à la fa-mille des *Graminées* et à celles des *Légumineuses*. La farine de blé ou froment, qui sert à faire le pain blanc, contient principalement de la fécule, plus une matière azotée nommée *Gluten* (Voyez *Azote*), un peu de matière sucrée et différents sels dont les principaux sont des phosphates, surtout les phosphates calcaires ; or ceux-ci sont en bien plus petite quantité dans la farine que dans le grain ; il s'en perd donc la plus grande partie qui reste avec le son. C'est pourquoi le pain est beaucoup moins nourrissant que le grain lui-même, et cet aliment est insuffisant lorsque la proportion de phosphate qu'il renferme est trop faible ; les personnes qui suivent la *Médication Alcalinophosphatée* (page 273) n'ont pas à craindre cet inconvénient.

La farine est souvent falsifiée : elle renferme quelquefois de l'alun, substance acide pouvant occasionner des empoisonnements, et d'autres substances nuisibles. Il est bon d'être prévenu de ce fait pour le cas où on éprouverait des coliques et des crampes d'estomac dont on ne s'expliquerait pas la cause autrement.

Pour les autres détails relatifs aux farines, voyez *Pain*.

**FÉCULE.** — La fécule se trouve dans un très grand nombre de végétaux appartenant à des familles différentes ; c'est surtout la pomme de terre, le blé, le riz, le sagou, l'arow-root qui en fournissent le plus à l'alimentation. Elle se présente sous forme de farine composée de grains ayant chacun une figure et un arrangement particuliers, selon l'espèce de plante qui la fournit. C'est un aliment léger, nourrissant et qui convient aussi bien aux malades qu'aux bien portants.

**FÈVES.** — Les fèves constituent un aliment très nourrissant ; elles sont très riches en fécule. Elles ont l'inconvénient de donner des vents ; il ne faut pas les manger en trop grande quantité à la fois.

**FIGUE.** — Ce fruit, qui contient beaucoup de sucre et de mucilage, est nourrissant, mais il renferme aussi un peu d'acide, ce qui doit rendre circonspect sur son usage, principalement lorsqu'on souffre de l'estomac.

**FLAN.** — Cette pâtisserie composée de farine, d'œufs et de sucre peut être mangée sans inconvénient pour la santé.

**FOIE.** — Le foie des divers animaux qui servent à la nourriture de l'homme, constitue un aliment très nourrissant et ne laissant que peu ou point de déchet après a digestion. Le foie de certains poissons contient des huiles irritantes et n'est pas toujours facilement supporté.

**FRAISE.** — Ce fruit très agréable a, comme la plupart des fruits, l'inconvénient d'être acide et par conséquent d'irriter l'estomac. C'est cet acide qui cause les indigestions et l'urticaire que l'on observe si souvent lorsqu'on a mangé des fraises. Ces inconvénients peuvent être évités et combattus au moyen de la *Poudre Alcalinophasphatée* (page 273) qui a la propriété de neutraliser l'acide en question.

**FRAISE DE VEAU.** — Voyez *Veau*.

**FRAMBOISE.** — Mêmes remarques que pour la *Fraise*.

**FRANGIPANE.** — Mêmes observations que pour le *Flan*.

**FRITURE.** — C'est un des meilleurs apprêts que l'on puisse utiliser pour manger le poisson ; cependant il faut éviter d'y ajouter du persil ou du citron, comme on le fait généralement.

**FROMAGE.** — Les fromages sont constitués par la partie du lait qu'on appelle caséum et qui est une substance azotée très nourrissante. C'est pourquoi le fromage remplace la viande dans les pays qui sont dépourvus de celle-ci. Voyez *Azote*.

La plupart des fromages peuvent être mangés sans inconvénient : cependant il faut en excepter ceux qui semblent saupoudrés de poivre, ou auxquels on aurait ajouté des épices telles que le cumin, le laurier, etc. Parmi ces fromages assaisonnés, je citerai le Roquefort, le Géradmer, etc. Enfin certains fromages deviennent dangereux lorsqu'ils se putréfient.

**FRUITS.** — Au point de vue alimentaire, les fruits constituent un aliment généralement agréable, mais peu nourrissant. Les cerises, groseilles, framboises, oranges, citrons, grenades, raisins, figues, pommes, poires, coings, prunes, pruneaux, pêches, abricots, mûres, etc., renferment du sucre, des acides et de l'eau en quantité variable. Quelque mûrs qu'ils soient, ces fruits ne sont jamais exempts d'acidité, et, à ce titre, ils sont nuisibles aux personnes atteintes de maladies du foie, de l'estomac, et des voies digestives en général. Il en est de même des boissons, confitures, conserves, compotes qu'ils servent à confectionner; la cuisson même ne détruit par leur acide. L'abus, et même l'usage habituel des fruits et de leurs diverses préparations est une cause fréquente de *Gastrite*.

En résumé, les fruits ne sauraient constituer une alimentation sérieuse; ils sont souvent nuisibles, rarement utiles, jamais indispensables; et ne doivent être considérés que comme un objet de gourmandise. Ces vérités, je le sais, froisseront plus d'un préjugé; mais il faut les dire.

Les personnes qui ne voudraient pas néanmoins se priver d'un plaisir aussi agréable que celui de manger des fruits, pourront éviter les inconvénients que je viens de signaler, en prenant aussitôt après en avoir fait usage, une cuillerée à café de *Poudre Alcalino-phosphatée* (page 273), qui a la propriété de neutraliser les acides contenus dans les différentes sortes de fruits, et par conséquent de prévenir les maladies ou les indispositions qui pourraient en résulter.

**GALANTINE.** — Cette préparation culinaire se fait principalement avec des viandes de porc et de volailles. Ce n'est pas un mauvais aliment lorsqu'il n'est pas assaisonné avec des ingrédients irritants. Voyez *Épices*.

**GALETTE.** — Cette sorte de pâtisserie peut être mangée impunément par tout le monde, et n'offrirait d'inconvénients que si elle était faite avec de mauvaise farine ou trop peu cuite.

**GARDON.** — Ce poisson constitue un aliment sain et léger. Pour le préparer, voyez *Friture*.

**GATEAU**. — Les gâteaux qui contiennent des confitures, des fruits, des liqueurs, du rhum, du café, de l'angélique, de l'orange, du citron, de l'anis, etc., sont susceptibles de nuire surtout aux personnes qui sont malades ou mal portantes. Mais on peut manger sans crainte les gâteaux au riz, aux amandes, à la crème, ceux qui ne contiennent que de la pâte, des œufs et du sucre; encore faut-il faire attention à la mauvaise qualité des substances qui peuvent entrer dans leur fabrication.

**GAUFRES**. — Pâtisserie légère et inoffensive.

**GELÉES**. — Les gelées de fruits participent aux inconvénients de ceux-ci. Voyez *Fruits*.

Les gelées de viande sont agréables et nourrissantes; mais il faut éviter d'y faire entrer des *Epices*. C'est surtout à la présence de la gélatine que les gelées doivent leur consistance et leur aspect; cette substance n'est pas nourrissante par elle-même.

**GENIÈVRE**. — Les baies de genièvre, arbrisseau de la famille des *Conifères*, servent à préparer une liqueur alcoolique appelée *Gin* ou *Genièvre* dont l'usage, et surtout l'abus, causent les plus grands ravages sur l'estomac et sur les autres organes digestifs. On peut en neutraliser les effets au moyen de la *Poudre Alcalinophosphatée* (page 273). Voyez *Alcool*.

**GIBIER**. — On retrouve dans la viande des animaux qui vivent en liberté, le goût et l'arôme des plantes aromatiques dont ils se nourissent. C'est pourquoi le gibier possède un goût plus relevé que les autres viandes; c'est la présence de ces principes aromatiques qui le rend peu favorable et même nuisible à beaucoup de personnes, principalement à celles qui ont les voies digestives en mauvais état. Il faut éviter de faire abus de cette sorte de nourriture, ou du moins en combattre les effets au moyen de la *Médication Alcalinophosphatée* (page 273).

**GIGOT**. — C'est un mets excellent que l'on a malheureusement l'habitude d'assaisonner avec de l'ail. V. *Ail*.

**GINGEMBRE**. — C'est un épice très fort et par conséquent très nuisible, usité surtout en Angleterre.

**GIROFLE**. — Voyez *Épices*.

**GLACES**. — Ces préparations, outre qu'elles peuvent nuire lorsqu'elles renferment des substances acides ou irritantes, telles que citrons, oranges, etc., exercent surtout une action fâcheuse sur les dents et sur l'estomac, par le froid qu'elles produisent. Il ne faut en user qu'avec prudence.

**GOUJON**. — Poisson très sain et très nourrissant. Voyez *Friture*.

**GRAISSE**. — La *Graisse de porc* ou *Saindoux* doit être employée fraîche et de bon goût ; elle est généralement facile à digérer et n'irrite point les intestins La *Graisse de mouton, de bœuf, de veau*, peut s'employer sans inconvénient pour faire des sauces. Celle du *poulet* est délicate ; mais la *Graisse d'oie* est indigeste.

Les personnes qui ont de la difficulté à digérer les matières grasses devront recourir en même temps à la *Poudre Alcalinophosphatée* (page 273), qui a la propriété de remédier à cet inconvénient.

**GRAS-DOUBLE**. — Cet aliment est très sain ; mais il est regrettable qu'on l'assaisonne généralement d'ognons, carottes et épices diverses, car alors, il devient certainement nuisible pour la santé. On peut très bien le manger avec une sauce à la farine, au beurre, et au sel seulement, ou cuit comme à l'ordinaire, mais sans autre assaisonnement que le sel.

**GRENADES**. — Fruit acide, peu nourrissant et ayant les inconvénients indiqués à l'article *Fruits*.

**GRENADINE**. — Sirop acide ayant les inconvénients de la limonade. Voyez *Citron*.

**GRENOUILLS**. — La chair de cet animal constitue un aliment sain et agréable qu'on doit manger de préférence frite ou à la poulette, mais sans assaisonnements irritants. Voyez *Épices*.

**GRONDIN.** — Poisson très léger et nourissant. Voyez *Friture*.

**GRIVES.** — Même observation que pour la *Bécasse.*

**GROSEILLE.** — Ce fruit, très acide, est susceptible des observations faites à l'article *Fruit.* En combattre les inconvénients au moyen de la *Poudre Alcalino-phosphatée* (page 273).

**GUIGNOLET.** — Liqueur très agréable, mais offrant réunis les inconvénients de l'*Alcool* et ceux des *Fruits.*

**HACHIS.** — C'est une excellente manière d'administrer les viandes aux malades et aux personnes qui ne peuvent facilement digérer et mâcher leurs aliments. Mais il ne faut pas en détruire les bons effets par une addition d'oignons, de poivre ou autres ingrédients irritants.

**HARENGS.** — Ce poisson renferme par lui-même des principes irritants qui ne sont pas favorables à l'estomac, et dont les inconvénients s'aggravent encore, lorsqu'il a été fumé ou mariné. Il faut de préférence le manger frais et assaisonné au beurre et au sel seulement ou à la sauce blanche.

Lorsque la digestion se fait mal, recourir à la *Poudre Alcalinophosphatée* (page 273).

**HARICOTS.** — Très nourrissants à cause de la grande quantité de fécule qu'il renferme, ce légume a l'inconvénient de développer des gaz intestinaux; mais il n'est point nuisible à la santé, et lorsqu'il est mal supporté c'est parce qu'on l'a assaisonné avec persil, ou poivre, vinaigre, oignons, etc.

**HOMARD.** — Mêmes observations qu'à l'article *Crabe.*

**HUILE.** — On emploie pour l'usage alimentaire les huiles de noix, de colza, d'œillette, d'olives, d'amandes douces; c'est cette dernière qui est la plus estimée. Il faut avoir soin que l'huile soit fraîche, car les huiles rances sont acides et par conséquent malfaisantes. Il faut préférer les huiles qui ont peu ou point de goût, à celles qui ont une odeur et une saveur prononcées, car ces dernières excitent plus ou moins l'estomac. Sous ces réserves, l'huile est un bon aliment dont on peut faire usage en tout état de santé. Les personnes qui ont de la difficulté à digérer les huiles se trouveront bien de prendre en même temps la *Poudre Alcalinophosphatée* (page 273), qui a pour propriété de les émulsionner, c'est-à-dire de les rendre solubles et facilement absorbables.

**HUITRES.** — Ce mollusque est nourrissant et de facile digestion, mais il ne faut pas lui associer du poivre ou du citron comme on le fait quelquefois. Les malades peuvent en faire usage sans aucun danger. Il arrive quelquefois que certaines huîtres développent en elles des principes malfaisants qui causent une sorte d'empoisonnement; en pareil cas, il faudrait prendre successivement quatre à cinq cuillerées à café de *Poudre Alcalinophosphatée* (page 273) à cinq ou six minutes d'intervalle.

**HYDROMEL.** — Boisson faite avec du miel délayé dans l'eau. Elle est acide et offre les inconvénients du *Miel* signalés à l'article *Sucre*.

**JAMBON.** — S'il est cru, il peut contenir des germes de vers solitaire ou de trichine; il faut donc autant que possible le manger cuit. S'il est fumé, il renferme de l'acide pyrogallique et des principes irritants venant de la fumée de bois, qui nuisent à l'estomac. Enfin, il peut causer des accidents comme toutes les viandes de porc, lorsqu'il s'y développe spontanément certains principes vénéneux. La *Médication Alcalinophosphatée* (page 273) offre un moyen sûr et facile de remédier à tous ces inconvénients.

**LAIT.** — Le lait est un aliment complet; il renferme tous les matériaux nécessaires à l'entretien de la vie. On y trouve de l'eau, des sels, une matière grasse qui est le beurre, des matières azotées comme la viande, qui constituent le fromage, et du sucre. Les proportions et même les qualités de ces diverses substances varient beaucoup selon l'époque plus ou moins éloi-

gnée de l'accouchement, les conditions hygiéniques,
l'état de santé et l'espèce animale. Le lait de femme
contient plus d'eau que le lait des animaux herbivores ;
c'est pourquoi ce dernier doit être coupé avec de l'eau,
lorsqu'on veut le substituer au premier pour l'allaitement des enfants. Le lait est sujet à un nombre si considérable de falsifications qu'il est impossible de les
énumérer toutes, et bien que son prix augmente tous
les jours, il est fort difficile de l'avoir à l'état de nature. La facilité et la rapidité des moyens de transport
augmentent et favorisent tellement la consommation
des produits naturels, que ceux-ci deviennent l'objet
d'une fraude considérable par suite de l'augmentation
de leur valeur ; en même temps, on soumet les animaux à des régimes artificiels, afin d'augmenter le
rendement, de sorte que le lait se trouve déjà dénaturé,
avant même d'être tiré.

Le premier effet du lait, dès qu'il est introduit dans
l'estomac, est de se coaguler ; c'est pourquoi il est toujours rejeté sous forme de caillots. Il forme, en se coa-
gulant, du fromage et du petit lait ; ce dernier est légèrement acide. Cette raison fait que le lait n'est pas
aussi favorable qu'on le croit généralement, aux personnes atteintes de maladies d'estomac ; pour bien le
supporter, il est nécessaire de prendre la *Poudre Alcalinophosphatée* (page 273) aussitôt après l'avoir bu ;
ce médicament a la propriété de retarder la coagula-
tion et de neutraliser l'acide en excès, mais mieux
vaut encore s'abstenir de lait.

Sous le nom de *Diète Lactée*, on désigne l'alimentation exclusive au moyen du lait. Elle ne convient
guère, chez l'adulte, qu'en cas de fièvre typhoïde, maladie longue dans laquelle on ne peut donner que des
liquides, lesquels, par conséquent doivent être des
aliments complets, afin d'éviter l'inanition ; sous ce
rapport, le lait remplit parfaitement le but, et doit être
substitué au bouillon gras, qui est tout à fait insuffi-

sant. Dans les maladies de foie et de l'estomac, le *Régime Sédatif* (page 322) est bien préférable au lait, parce qu'il n'affaiblit pas, ne contient pas d'acides, et offre tous les avantages que l'on recherche lorsqu'on prescrit la diète lactée, qui n'est jamais supportée bien longtemps.

Il est à remarquer que chez la plupart des personnes atteintes d'inflammations de l'estomac, l'usage du lait produit la constipation.

On fait, avec le lait, des potages, des crèmes, des entremets sucrés, dont plusieurs offrent à des degrés divers, les mêmes inconvénients. On doit donc s'en abstenir le plus possible en suivant le *Régime Sédatif* (page 322), ou du moins n'en pas abuser et en combattre les mauvais effets au moyen de la *Poudre Alcalinophosphatée* (page 273).

On peut, sans inconvénients, faire usage de la *Crème*, pourvu qu'elle soit pure, sans addition de lait.

**LAITUE.** — Cette plante, ainsi nommée à cause du suc blanc ou *lait* qu'elle renferme, constitue un aliment sain et qui ne contient rien d'irritant. On peut donc la manger, soit cuite, soit en salade, avec l'assaisonnement indiqué à l'article *Chicorée*, ou avec de la crème et du sel.

**LAMPROIE.** — Ce poisson est souvent de digestion fort difficile, ce qui fait que certaines personnes le considèrent comme malsain.

**LANGOUSTE.** — Mêmes remarques qu'à l'article *Crabe*.

**LANGUE.** — Les langues de bœuf, de mouton, etc., sont des aliments de digestion facile et très nourrissants ; mais comme on les accommode souvent avec du vinaigre et des cornichons, il faut se mettre en garde contre l'acité de ces assaisonnements. Les langues fumées ne conviennent pas pour les estomacs souffrants.

**LAPIN.** — Le lapin de garenne est passible des inconvénients signalés à l'article *Gibier*. Le lapin domestique constitue en général un bon aliment, à part les assaisonnements qui peuvent entrer dans les sauces qui l'accompagnent. Voyez *Epices*.

**LAURIER.** — Les feuilles du *Laurier sauce*, arbuste de la famille des *Laurinées*, sont employées pour épicer et aromatiser les sauces, à cause de l'huile essentielle qu'elles renferment ; elles contiennent en outre du tannin. Bien qu'agréables au goût, ces feuilles communiquent aux aliments les propriétés irritantes signalées à l'article *Epices*. On emploie quelquefois les feuilles du *Laurier cerise*, arbuste de la famille des *Rosacées*, pour communiquer aux crèmes, au lait, un goût et un arôme d'amandes amères ; mais il ne faut s'en servir qu'avec beaucoup de prudence, car elles sont vénéneuses.

**LÉGUMES.** — Les légumes ne sauraient constituer à eux seuls une alimentation suffisante et complète, car ils contiennent généralement trop peu de matière azotée (Voyez *Azote*) par rapport au reste de leur substance ; il faut donc leur associer la viande où, à défaut de celle-ci, les œufs, le lait ou le fromage. Ce sont les légumes farineux qui sont les plus nourrissants ; ils se transforment par la digestion en sucre et en graisse, et ne conviennent pas aux personnes qui veulent maigrir ou ne pas engraisser ; ils ne sont point irritants pour le foie et l'estomac.

Les légumes aromatiques tels que oignons, ail, ciboules, échalottes, poireaux, persil, cerfeuil, cresson, raifort, radis, choux, choux-fleurs, carottes, navets, céleri, panais, cornichons, tomates, doivent leur goût et la saveur qui leur sont propres, à des huiles essentielles aromatiques, qui toutes sont irritantes. C'est pourquoi tous ces légumes ayant une action plus ou moins excitante, sont nuisibles aux personnes atteintes de maladies de l'estomac, du foie et des intestins. L'oseille contient des acides ; elle est, par conséquent, nuisible aussi dans les mêmes circonstances,

**LENTILLES**. — Elles contiennent beaucoup de fécule et sont relativement riches en *Azote*; aussi constituent-elles un aliment nourrissant. Elles ne sont point irritantes pour l'estomac, mais donnent quelquefois des vents.

**LIÈVRE**. — Mêmes observations qu'à l'article *Gibier*.

**LIMAÇON**. — Voyez *Escargots*.

**LIMANDE**. — Poisson sain et nourrissant, non irritant, de digestion facile; voyez *Friture*. Eviter le citron dont on l'accompagne généralement.

**LIMONADE**. — Cette boisson faite avec des tranches de citron macérées dans de l'eau, constitue une boisson d'un goût agréable; mais son acidité la rend irritante pour l'estomac, le foie et les intestins; il ne faut donc pas la prodiguer aux malades sans discernement, comme cela se fait trop souvent, et quelqu'agréable qu'elle soit au goût, il est plus prudent de s'abstenir dans la majorité des cas. Si par suite de son usage on se trouvait incommodé, il faudrait recourir à la *Poudre Alcalinophosphatée* (page 273).

**LIQUEURS**. — Les liqueurs de table sont généralement fabriquées avec de l'alcool étendu d'eau et des fruits ou des substances aromatiques. Elles offrent donc réunis, les inconvénients de l'*Alcool* et ceux des *Fruits*, et bien que constituant un régal fort agréable, elles sont funestes à la santé en général et à l'estomac en particulier. On les boit cependant le plus ordinairement sous le prétexte de faire faire la digestion, et cette irritation qu'elles causent sur la muqueuse de l'estomac, rend en effet le travail de cet organe plus prompt, mais en même temps elles le détériorent, à cause précisément de l'excitation trop vive qu'elles lui causent.

**LOTTE**. — Poisson d'eau douce qui constitue un bon aliment. On le mange en *Friture*, à la *Poulette* ou en *Matelotte*; ce dernier apprêt a les inconvénients signalés au mot *Epices*.

**LUPIN**. — Les semences de *Lupin*, employées comme

aliment en Égypte et en Italie, sont très indigestes.

**MACARONI.** — Cette pâte, fabriquée avec de la farine de riz ou de froment, constitue un très bon aliment. Il ne convient pas aux diabétiques ni aux personnes qui veulent maigrir ou ne pas engraisser.

**MACARONS.** — On les aromatise souvent avec des substances nuisibles, de l'essence d'amandes amères artificielle, par exemple, qui peuvent causer de véritables empoisonnements. Lorsqu'ils sont fabriqués avec des matières de bonne qualité, on peut les manger sans inconvénient.

**MACHE.** — Plante de la famille des *Valérianées* qui se mange en salade et n'a point de propriétés irritantes par elle-même ; elles n'offre d'autres inconvénients que ceux des assaisonnements qu'on lui associe.

**MACIS.** — C'est une sorte de capsule qui entoure la base de l'amande des noix muscades. C'est la partie de ces noix la plus forte en goût ; elle a une saveur brûlante analogue à celle de la *Cannelle* et elle jouit des mêmes propriétés irritantes que celle-ci.

**MACRE.** — C'est le fruit d'une plante qui croît dans les eaux stagnantes ; on les nomme aussi *Châtaignes d'eau*. On peut le manger cru ou cuit.

**MACREUSE.** — Ce gibier d'eau, analogue à la sarcelle, est susceptible des mêmes observations que le canard sauvage,

**MAIS,** *Blé de Turquie.* — Les graines de *Maïs* contiennent beaucoup de fécule, peu de gluten, et du sucre en assez grande quantité. Avec la farine de maïs on fait des bouillies très convenables pour les malades, les convalescents et les enfants. Par la fermentation des graines du maïs, on obtient une boisson alcoolique.

**MANIOC,** *Manihot.* — Racine d'une plante de la famille des *Euphorbiacées*, qui croît aux Antilles et au Brésil, et dont les racines forment de gros tubercules remplis de fécule qui contiennent aussi un sucre âcre très vénéneux contenant, dit-on, de l'acide prussique;

On torréfie ces racines, et la chaleur détruit le principe vénéneux ; on en retire alors la *Farine de cassave*. Le suc laisse déposer des grains de fécule qui constituent le *Tapioca*.

**MARMELADES.** — La cuisson ne détruit pas nécessairement l'acidité des fruits ; les marmelades de fruits participent donc des inconvénients signalés à l'article *Fruits*.

**MAQUEREAU.** — Ce poisson renferme certains principes irritants qui en rendent parfois la digestion difficile. Il faut le manger frais et assaisonné de préférence au beurre et au sel seulement. En cas de digestion difficile, recourir à la *Poudre Alcalinophosphatée* (p. 273).

**MARRONS.** — Très riche en fécule, cet aliment est fort nourrissant et ne renferme aucun principe nuisible.

**MATELOTTE.** — Cette manière d'accommoder le poisson est certainement fort agréable au goût, mais le vin et les épices qui rentrent dans sa composition le rendent nuisible pour la santé, et les personnes atteintes de maladies de l'estomac, des intestins, du foie, et d'affections de la peau, doivent s'en abstenir complètement. On en combat les mauvais effets au moyen de la *Médication Alcalinophosphatée* (page 273).

**MAUVIETTES.** — Mêmes observations que pour l'article *Pigeons*.

**MÉLASSE.** — C'est le résidu de la clarification et de la cristallisation du sucre. Celui-ci s'y trouve encore en assez grande quantité pour pouvoir servir aux usages domestiques.

**MELON.** — Plante de la famille des *Cucurbitacées* dont le fruit constitue un aliment fort agréable. Il contient beaucoup d'eau, de sucre et quelques principes particuliers qui ne sont pas assez développés pour être irritants. Il est quelquefois mal supporté, surtout si on le mange en trop grande quantité à la fois, mais il n'occasionne jamais d'accidents sérieux ; on peut l'assaisonner avec du sel ; éviter le poivre.

**MENTHE.** — L'essence de menthe sert à aromatiser des pastilles et des liqueurs. Elle est irritante, et c'est à tort que l'on s'en sert comme digestif, car elle ne fait qu'augmenter la gastrite dont sont atteints la plupart de ceux qui digèrent mal. C'est à la *Médication Alcalinophosphatée* (page 273) qu'il faut avoir recours en cas de mauvaise digestion.

**MERISES.** — Fruits d'une variété de cerisier. Mêmes observations qu'à l'article *Cerises*.

**MERLAN.** — Ce poisson, bien que généralement de facile digestion, contient cependant quelques principes irritants. Les personnes atteintes de maladies des voies digestives et de maladies de la peau feront bien de ne pas en abuser.

**MERLE.** — Mêmes observations qu'à l'article *Bécasse*.

**MERLUCHE.** — Poisson analogue au *Merlan;* mêmes observations que pour celui-ci.

**MIEL.** — Voyez *Sucre*.

**MIL.** — Les grains de certaines espèces de *Mil* ou *Millet* s'emploient comme aliment. Leur usage n'offre aucun inconvénient.

**MORILLE.** — Ce champignon constitue un aliment sain et nourrissant: il n'est nullement dangereux.

**MORUE.** — Ce poisson constitue un aliment très nourrissant; mais il renferme certains principes irritants qui en rendent l'usage peu favorable aux personnes atteintes d'affections des voies digestives ou de maladies de la peau. Il faut autant que possible la manger fraîche : la morue fraîche se nomme *Cabillaud*.

**MOU DE VEAU.** — Aliment inoffensif, mais peu nourrissant.

**MOULES.** — Ces mollusques constituent un aliment agréable, mais leur usage détermine parfois de véritables empoisonnements dus à la formation de certains principes vénéneux dans le corps même de l'animal, lorsque celui-ci est atteint de certaines maladies, probablement d'affection du foie. Même traitement qu'à l'article *Champignons*.

**MOUSSERON**. — Petit champignon semblable aux champignons de couche, sauf qu'il n'a pas de collier. Il n'est pas nuisible.

**MOUTARDE**. — La moutarde est une plante de la famille des *Crucifères* dont la graine mise en farine et mélangée à du vinaigre et quelquefois à des plantes aromatiques, sert à faire le condiment qui porte son nom. Ses propriétés très irritantes sont dues à la présence d'une huile volatile sulfurée analogue à celle qu'on trouve dans toutes les plantes de la même famille. Les inconvénients qui résultent de son usage ont été signalés à l'article *Epices* ; on peut les combattre au moyen de la *Médication Alcalinophosphatée* (page 273).

**MOUTON**. — La viande de mouton constitue un bon aliment. La graisse est un peu irritante. Voyez *Gigot*.

**MULET**. — Les observations faites à l'article *Merlan* s'appliquent également à ce poisson.

**MUSCADE**. — Noix d'un arbre qui croît aux Moluques et dont l'amande s'emploie quelquefois pour aromatiser les aliments. Elle contient une essence dont les propriétés ont été décrites au mot *Macis*.

**NAVET**. —Cette plante, du même genre que le *Chou*, fournit à la cuisine sa racine sucrée et aromatique ; elle est passible des mêmes reproches que celui-ci ; voyez *Chou*.

**NÈFLES**. — Fruit d'un arbuste de la famille des *Rosacées* qui contient une assez grande quantité de tannin pour pouvoir incommoder les personnes qui souffrent de l'estomac et celles qui sont sujettes à la constipation.

**NOISETTES**. — Elles contiennent de l'huile et de l'albumine végétale. On peut en faire usage sans inconvénient à la condition de ne pas manger la pellicule brune qui les recouvre ; celle-ci est nuisible pour l'estomac à cause de son tannin.

**NOIX.** — Mêmes propriétés et observations qu'à l'article *Noisettes*.

**NOUGAT.** — Cette sucrerie est inoffensive pourvu qu'elle ne soit pas aromatisée avec quelque substance irritante telle que le citron, l'orange, etc.

**NOUILLES.** — Mêmes observations qu'à l'article *Macaroni*.

**ŒUFS.** — Les œufs, comme le lait, sont un aliment complet. Ils renferment de l'eau, des sels, une matière grasse, qui est le jaune, une matière azotée, qui est le blanc, et du sucre. Ils conviennent parfaitement aux malades et n'irritent pas l'estomac ni les intestins, pourvu qu'on ne leur ajoute aucun assaisonnement.

*Lait de Poule.* — Boisson nourrissante et agréable qui se prépare en battant un jaune d'œuf dans un verre d'eau tiède, ajoutant du sucre et un peu d'eau de fleurs d'oranger.

**OIE.** — La viande et la graisse d'oie ne sont pas toujours d'une digestion facile ; il ne faut donc en faire usage qu'avec beaucoup de modération, surtout si l'estomac fonctionne mal ; en cas d'indisposition, recourir à la *Médication Alcalinophosphatée* (page 273).

**OIGNONS.** — Voir l'article *Ail*.

**OLIVES.** — Fruit d'un arbre originaire de l'Asie dont on retire une huile très estimée, et qu'on mange en nature comme condiment ; il n'est pas nuisible.

**OMELETTE.** — Les personnes qui souffrent de l'estomac ou des voies digestives doivent éviter les omelettes au persil, aux oignons, au rhum, aux confitures. Assaisonnée au sel seulement, l'omelette constitue un aliment sain et nourrissant.

**ORANGEADE.** — Faite avec des rondelles d'oranges macérées dans de l'eau, cette boisson offre les inconvénients signalés à l'article *Limonade*.

**ORANGE.** — L'écorce d'orange contient une huile essentielle, l'intérieur du fruit renferme un suc qui, comme celui du citron, contient un acide nommé *Acide citrique*; il est donc sujet aux inconvénients signalés au mot *Citron*.

**ORGE.** — La semence d'orge sert à faire des potages et une farine ; elle est très nourrissante. On s'en sert pour fabriquer la bière.

**ORGEAT.** — Le *Sirop d'orgeat*, lorsqu'il est convenablement fait au moyen de sucre, d'amandes douces et aromatisé seulement avec de l'eau de fleurs d'oranger, constitue une boisson très agréable et inoffensive : mais on trouve dans le commerce des sirops d'orgeat fabriqués avec du glucose et aromatisés avec des essences d'amandes amères artificielles ou autres ingrédients nuisibles ; il faut se garder d'en faire usage.

**ORONGE.** — Ce champignon, de couleur jaune orange, est d'un goût fort agréable ; mais il faut avoir soin de ne pas le confondre avec la *Fausse Oronge* qui lui ressemble beaucoup et est très dangereuse : ce dernier présente sur son chapeau des taches blanches qui n'existent pas dans l'oronge vraie. Voyez *Champignons*.

**ORTOLANS.** — Mêmes observations qu'à l'article *Alouettes*.

**OS.** — Les os sont composés de deux sortes de substances, d'abord des minéraux qui leur donnent leur résistance et leur solidité ; ce sont le phosphate et le carbonate de chaux ; en second lieu, d'une substance animale comme tous nos organes. Dans les os longs, on trouve en outre une matière grasse, la moelle. Les os constituent donc un aliment nourrissant et c'est avec raison qu'on les ajoute à la viande du pot au feu ; les jeunes enfants sucent et mangent volontiers les os tendres ; ils y trouvent les matériaux nécessaires à la formation de leurs propres os, et on doit favoriser le goût qu'ils peuvent montrer pour ce genre de nourriture.

**OSEILLE.** — Ce légume doit son goût à un acide particulier, l'*Acide oxalique* ; il irrite l'estomac et les intestins et ne convient pas aux personnes atteintes des maladies qui sont décrites dans cet ouvrage. C'est bien à tort qu'on l'emploie pour combattre la constipation, car après son usage, l'inflammation qui cause celle-ci étant devenue plus forte , l'inconvénient qu'on veut faire cesser, n'en devient que plus rebelle. Pour combattre l'acidité de l'oseille, recourir à la *Poudre Alcalinophosphatée* (page 273).

**OURSIN.** — Cet animal vit dans la mer, et peut être mangé sans inconvénient à la manière des huîtres.

**OUTARDE.** — Mêmes observations qu'à l'article *Gibier*.

**PAIN.** — Le pain peut être préparé avec toutes sortes de farines ; mais c'est à la farine de blé ou de froment qu'on doit donner la préférence parce que c'est elle qui contient le plus de *Gluten* (Voyez *Farine*), et cette substance élastique favorise les effets de la levure que l'on mêle à la pâte pour faire boursoufler celle-ci.

Le pain préparé avec des farines de seigle, de méteil, et qui forme le pain bis et de qualité inférieure, est ordinairement plus ou moins acide et de digestion difficile. Il ne convient pas aux personnes atteintes des maladies décrites dans cet ouvrage et occasionne souvent des gastrites. Il faut lui préférer le pain blanc. Mais encore faut-il faire attention à ce que celui-ci ne contienne pas de substances dangereuses, telles que l'alun, ou de mauvaises levures. Voyez *Farine*.

Le pain peu cuit et le pain frais sont indigestes.

Le pain ne convient pas aux personnes qui veulent maigrir ou ne pas engraisser.

Pour combattre la constipation, on peut, sans inconvénient, faire ajouter un tiers de son à la farine destinée à faire le pain. Mais le pain de rhubarbe est nuisible en pareil cas, car il entretient l'inflammation qui cause cette incommodité,

Pour combattre l'acidité qui se développe quelquefois à la suite de l'usage du pain, il faut recourir à la *Poudre Alcalinophosphatée* (page 273).

**PANADE.** — Cette soupe convient parfaitement aux malades, pourvu que l'on n'y ait pas mis du poivre. On la rend plus nourrissante en ajoutant un jaune d'œuf.

**PANAIS.** — Ce légume qui appartient à la famille des *Ombellifères* contient une essence très irritante. Aussi doit-on s'abstenir d'en faire usage dans toutes les maladies du foie et de l'estomac. La *Poudre Alcalinophosphatée* (page 273) remédie néanmoins à ces inconvénients.

**PAON.** — Cet oiseau se mangeant ordinairement rôti, n'offre pas d'inconvénients pour la santé.

**PATÉS.** — Les pâtés de viande, étant toujours assaisonnés plus ou moins fortement, ont les inconvénients signalés à l'article *Épices*. Voyez aussi *Gibier*.

**PATISSEERIE.** — La pâte qui constitue les gâteaux et autres friandises n'est généralement pas nuisible par elle-même ; mais il n'en est pas de même des ingrédients qui se trouvent parfois dans les crèmes, du rhum et des liqueurs que l'on ajoute aux gâteaux,

Le carbonate d'ammoniaque que certains pâtissiers emploient pour faire lever leur pâte, est nuisible également.

**PÊCHE.** — Fruit d'un arbre de la famille des *Rosacées*, originaire de la Perse. Mêmes observations qu'à l'article *Abricot*.

**PERCHE.** — Ce poisson constitue un bon aliment. Voyez *Friture*.

**PERDRIX.** — Mêmes observations qu'à l'article *Gibier*.

**PERSIL.** — Plante de la famille des *Ombellifères* renfermant une huile essentielle aromatique qui lui donne les inconvénients signalés à l'article *Cerfeuil*.

**PICKLES.** — Assaisonnement d'origine anglaise, sujet aux inconvénients signalés au mot *Épices*.

**PIGEON**. — Les pigeons, quoique parfois de digestion pénible, ne sont cependant pas malfaisants lorsqu'on ne les apprête pas avec des sauces contenant des *Épices* ou avec des *Choux*.

**PIMENT**. — C'est le fruit d'une plante de la famille des *Solanées*; il renferme une matière résineuse qui lui donne une saveur âcre et irritante très prononcée. Il offre au plus haut degré les inconvénients signalés à l'article *Épices*.

**PINTADE**. — Cette volaille se mangeant généralement rôtie, constitue un aliment inoffensif.

**PISSENLIT**. — Mêmes observations qu'à l'article *Chicorée*. Le pissenlit passe pour favorable à la santé; cette opinion n'est fondée sur aucune raison sérieuse.

**PLUVIER**. — Mêmes observations qu'à l'article *Gibier*.

**POIREAU**. — Voyez *Ail*.

**POIRES**. — Le poirier est un arbre de la famille des *Rosacées*; son fruit est agréable et nourrissant; il renferme du sucre et plus ou moins d'acide et de tannin, ce qui fait que quelque mûr qu'il soit, il offre toujours les inconvénients signalés au mot *Fruits*. On en fait une boisson appelée *Poiré*. Voyez *Cidre*.

**POIS**. — Ils renferment de la fécule et du sucre et sont nourrissants. Mêmes observations qu'à l'article *Haricots*.

**POISSON**. — La chair de poisson constitue un aliment tout aussi nourrissant que la viande, dont elle a à peu près la composition. Certains poissons contiennent des principes âcres qui les rendent irritants et peuvent provoquer des indigestions, des éruptions d'urticaire; c'est pourquoi cet aliment passe pour nuire aux personnes atteintes de maladies de la peau, d'eczéma principalement. Mais les mauvais effets que l'on attribue à l'usage du poisson sont plus souvent encore dus aux épices ou aux acides avec lesquels on a coutume de les apprêter. Voyez *Friture*.

**POIVRE**. — C'est le fruit d'une plante de la famille des *Piperacées*. Il doit sa saveur âcre et épicée à une huile particulière dont l'effet peut être neutralisé au moyen de la *Poudre Alcalinophophatée* (page 273). L'usage où l'on est d'employer journellement cet assaisonnement, cause des gastrites en nombre considérable et entretient les maladies inflammatoires. Il faut donc autant que posssible s'en abstenir pour éviter les inconvénients signalés à l'article *Epices*.

**POMMES**. — Le *Pommier* appartient à la famille des *Rosacées*. Son fruit renferme du sucre et généralement plus d'acide que la poire ; aussi offre-t-il tous les inconvénients signalés au mot *Fruit*. Il sert à faire le *Cidre*.

**POMMES DE TERRE**. — Racine tuberculeuse d'une plante de la famille des *Solanées*. Elle est très riche en fécule et constitue un aliment très nourrissant. C'est une grande ressource pour les malades auxquels beaucoup de légumes ne conviennent pas, et pour ceux qui ne supportent pas le pain.

**PORC**. — Cette viande est parfois de digestion difficile. Cependant le porc frais simplement rôti, est généralement un bon aliment, pourvu qu'on n'en abuse pas, et les inconvénients qu'on attribue à cette viande, proviennent surtout des assaisonnements dont on l'accompagne ou de ce qu'elle est de mauvaise qualité. Il faut avoir soin de la manger très cuite ; car elle contient souvent des germes de ver solitaire ou de trichines que l'on peut détruire par une cuisson suffisante. En cas d'indisposition par suite de l'usage du porc, recourir à la *Poudre Alcalinophosphatée* (page 273).

**POTAGES**. — Les potages gras peuvent avoir des inconvénients lorsque le bouillon a été fait avec des légumes aromatiques tels que panais, poireaux, carottes, choux, ou lorsqu'on y ajoute de la noix de muscade ou du poivre. Voyez *Bouillon*.

Les potages au lait constituent un bon aliment, mais

généralement peu favorable aux malades souffrant de l'estomac ou du foie.

On peut faire des potages maigres avec des pâtes comme vermicelle, tapioca, ou des légumes farineux, tels que haricots, pois, pommes de terre, riz, lentilles, orge, qui conviennent parfaitement à tous les malades. On les assaisonne au beurre et sel seulement; on y ajoute un jaune d'œuf à volonté.

Les potages appelés *Juliennes* offrent les inconvénients signalés aux articles *Carottes* et *Choux*.

Le potage au potiron n'est pas malfaisant.

**POULE.** — La chair de poule constitue un excellent aliment de digestion très facile, et très favorable à tous les malades lorsqu'on n'en gâte pas les bonnes qualités par des assaisonnements irritants.

**POURPIER.** — Cette plante contient beaucoup de mucilage et se mange en salade; elle n'offre d'autres inconvénients que ceux du poivre et du vinaigre qu'on lui ajoute.

**PRUNE.** — Les prunes et pruneaux, fruits d'un arbre de la famille des *Rosacées*, contiennent du sucre et de l'acide en quantité variable. C'est pourquoi ils offrent les inconvénients signalés à l'article *Fruits*. C'est un tort d'employer les pruneaux pour combattre la constipation, car ils ne font qu'augmenter l'inflammation qui en est la cause.

**PUDDING.** — Cette préparation offre les inconvénients des fruits qu'elle contient généralement. Voyez *Fruits*.

**PUNCH.** — Mêmes observations qu'à l'article *Alcool*.

**RADIS.** — Plante de la famille des *Crucifères* dont la racine renferme une essence sulfurée douée de propriétés irritantes. Par conséquent, les personnes atteintes de maladies du foie ou de l'estomac doivent s'abstenir d'en faire usage, ou du moins en combattre les effets par la *Médication Alcalinophosphatée* (page 273).

**RAGOUTS.** — Ils sont généralement confectionnés avec des substances irritantes telles qu'oignons, poivre, thym, laurier, etc. Ils offrent alors les inconvénients signalés au mot *Epices*. Pour les malades, il faut préparer des ragoûts avec de la farine, du beurre et du sel seulement.

**RAIE.** — Ce poisson est un bon aliment, et dont les malades peuvent faire usage pourvu qu'on ne lui ajoute ni vinaigre, ni persil, ni épices quelconques.

**RAIFORT.** — Plante de la famille des *Crucifères* dont la racine pilée développe au contact de l'eau une huile essentielle très irritante. On s'en sert comme condiment, mais elle offre à un haut degré les inconvénients indiqués à l'article *Epices*.

**RAIPONCE.** — Cette plante de la famille des *Campanulacées* est susceptible des mêmes observations que la *Mâche*.

**RALE.** — Le *Râle de genêts* et le *Râle d'eau* n'offrent d'autre particularité que celles indiquées à l'article *Bécasse*.

**RAISIN.** — Ce fruit contient du sucre qui se transforme en alcool par la fermentation, d'où la formation du vin, de l'acide et du tannin, ce dernier en quantité plus grande dans les pépins. Le raisin, quelqu'agréable qu'il soit, est cependant sujet aux mêmes inconvénients que les autres *Fruits*; mais les inconvénients de son acide peuvent être évités au moyen de la *Poudre Alcalinophosphatée*.

**RATAFIA.** — Voyez *Liqueurs*.

**RÉGIME SÉDATIF.** — **Nécessité et avantages de ce régime.** — Le *Régime Sédatif* a pour but de supprimer de l'alimentation toutes les substances capables d'irriter l'appareil digestif et le système nerveux, et de causer des inflammations.

Ce régime est nécessaire :

1º A toutes les personnes qui veulent guérir des maladies du foie, de l'estomac et des intestins, car il n'existe aucun autre moyen d'y parvenir : quels que soient les médicaments que l'on prenne, quels que

soient les traitements que l'on suive, rien ne peut faire
que des organes irrités et enflammés ne s'irritent pas
davantage, si on met en contact avec eux des matières
irritantes ;

2º A toutes les personnes qui veulent éviter de contracter ces maladies, car l'usage des boissons et des aliments irritants les amène tôt ou tard ; les exceptions
sont rares ;

3º A toutes les personnes qui après avoir été guéries
de ces maladies, ne veulent pas les contracter de nouveau, car il est clair que ce qui a causé la maladie une
première fois, la causera probablement une seconde.

Voici maintenant quels sont les avantages de ce
régime :

1º *Il est très simple :* en effet, il supprime toutes ces
sauces et ces assaisonnements compliqués qui ruinent
la bourse et l'estomac ;

2º *Il est très économique*, car il défend l'usage de la
plupart des boissons artificielles, que nous payons si
cher, et qui nous font tant de mal. Au moyen de cette
économie, on rachète et bien au-delà, le prix des médicaments, en sorte que cette méthode permet de se
guérir, non-seulement sans rien dépenser, mais même
en faisant des économies ;

3º *Il est inoffensif :* en effet, de toutes les substances
qu'il défend, aucune n'est nécessaire à l'entretien de la
vie, et toutes sont nuisibles à la santé ;

4º *Il est bienfaisant*, car il est impossible de recou-
vrer la santé et de la conserver, si on ne l'observe pas.

**Aliments, boissons et assaisonnements dont il ne
faut pas faire usage.** — Les substances dont il faut
s'abstenir, comprennent presque toutes celles qui sont
douées de saveur ou d'odeurs fortes : telles sont les épices, les aromates, les fruits, les herbes et les légumes
odorants, amères ou acides, le café, le thé, le cacao, le
chocolat, le vinaigre, les vins, les acides, les bières, l'alcool, les liqueurs. La liste ci-après contient l'énuméra-

tion de ces substances et des principaux aliments dans la composition desquels elles entrent. On remarquera qu'aucune de ces substances n'est nécessaire à l'alimentation ; ce sont, pour la plupart, des superfluités ; il est bien entendu d'ailleurs qu'en faisant figurer sur cette liste le *Bœuf aux oignons*, l'*Omelette aux fines herbes*, les *Côtelettes au poivre*, etc., ce n'est pas l'usage du bœuf, des œufs, des côtelettes que j'ai voulu interdire, mais bien celui des oignons, des fines herbes, du poivre, etc.

*Il faut s'abstenir complètement et sans exception, sous peine d'insuccès, des substances suivantes, ainsi que des mets et des boissons qui en contiennent :*

Abricots.
Absinthe.
Ail.
Amers.
Ananas.
Andouilles épicées.
Angélique.
Anis.
Anisette.
Ayoli.
Babas.
Badiane.
Basilic.
Bavaroise.
Béchamel.
Beignets de pommes et autres fruits.
Bénédictine.
Bichof.
Bière.
Biscuits au citron.
Bitter.
Bœuf à la mode.
— aux oignons.
— aux tomates.
— à la vinaigrette.
Boissons acides.
— fermentées.
— de fruits.
Bonbons aux fruits.
— aux liqueurs.
Boudin aux oignons, aux épices.
Bouillabaisse.

Bouillies au lait.
Bouillon d'extrait de viande.
Bouillon fait avec des choux, carottes, poireaux, navets, panais, clous de girofles.
Bouillon aux herbes.
— à l'oseille.
— de veau.
Brocolis.
Brou de noix.
Cacao.
Café au lait.
Café noir.
Cannelle.
Câpres.
Capucines.
Caramel.
Carottes.
Cassis.
Céleri.
Cerfeuil.
Cerises.
Cervelas à l'ail, aux épices.
Charcuterie épicée, à l'ail, aux oignons.
Charlotte.
Chartreuse.
Chicorée.
Chocolat.
Choucroute.
Choux *(toutes les espèces)*.
Choux-fleurs.
Ciboules.
Cidre.

Citron.
Civet.
Civette.
Clous de girofles.
Cognac.
Coings.
Compotes.
Confitures.
Conserves épicées ou vinai-
  grées.
Conserves de fruits.
Coriandre.
Cornichons.
Côtelettes au poivre, aux
  fines herbes.
Coulis.
Court bouillon.
Crème au café.
  — au chocolat.
  — au citron.
Crêpes à l'eau-de-vie.
Cresson.
Cumin.
Curaçao.
Eau de goudron.
Eau-de-vie.
Eaux minérales (*toutes les
  espèces*).
Echalotes.
Ecorces d'oranges.
Ecrevisses épicées.
Escargots aux fines herbes,
  à l'ail, aux oignons.
Essences.
Fenouil.
Figues.
Fine champagne.
Fondants.
Fraises.
Framboises.
Fricassées aux oignons, vin,
  vinaigre, épices.
Fromage à la crème.
  — épicé.
  — de Géradmer.
  — d'Italie.
  — de Roquefort.
Galantine épicée.
Gâteaux au café.
  — au chocolat.
  — aux fruits.
  — aux liqueurs.

Gelées épicées.
  — de fruits.
Genièvre.
Gibelottes.
Gigot à l'ail.
Gingembre.
Glaces au café.
  — aux fruits.
  — aux liqueurs.
Gras-double aux oignons, au
  poivre, au vinaigre.
Grenades.
Grenadine.
Grog.
Groseilles.
Guignes.
Guignolet.
Hachis aux épices, aux oi-
  gnons.
Harengs marinés.
Hydromel.
Hypocras.
Julienne.
Kirsch.
Koumys.
Kummel.
Lait.
Laurier-cerise.
  — sauce.
  — thym.
Légumes acides.
  — aromatiques.
Limonades.
Liqueurs (*toutes les espèces*).
Madeleine au citron.
Macaroni poivré.
Macis.
Maître d'hôtel.
Malt (farine de).
Marasquin.
Marinades.
Marmelades.
Matelotes.
Mayonnaise.
Menthe.
Miel.
Mirabelles.
Miroton aux oignons, au
  poivre.
Moutarde.
Mûres.
Muscades.

Navets.
Nèfles.
Nouilles poivrées.
Noyau.
Oignons.
Omelettes aux confitures.
— aux fines herbes.
— au kirsch.
— aux oignons.
— au poivre,
— au rhum.
Orange.
Orangeade.
Oseille.
Pain d'épices.
Pain de fantaisie ou de luxe fait avec des farines travaillées ou falsifiées.
Pain noir.
— de rhubarbe.
Panais.
Parfait au café.
— au chocolat.
Pastilles de chocolat.
— de menthe.
— de réglisse.
Pâtés épicés.
Pêches.
Persil.
Petit-lait.
Pickles.
Piment.
Pimprenelles.
Pissenlit.
Plum-Pudding.
Poire.
Poiré.
Poireaux.
Poirée.
Poivre.
Pommes.
Potage gras dont le bouillon est fait avec des choux, carottes, panais, poireaux, clous de girofles.
Potage aux choux.
— aux herbes.
— à la julienne.
— au lait.
— à l'oignon.
— à l'oseille.

Potage au poireau.
— purée Crécy.
— aux raves.
Prunes.
Pruneaux.
Punch.
Racahout.
Radis.
Ragoûts aux épices, oignons, vin, vinaigre, etc.
Raifort.
Raisin.
Raisiné.
Ratafia.
Raves.
Ravigote.
Réglisse.
Rémoulade.
Revalescière.
Rhubarbe.
Rhum.
Rocambole.
Rosolio.
Salades assaisonnées au vinaigre, au poivre, aux fines herbes, aux oignons.
Salmis.
Sauces au vin, au vinaigre, aux câpres, aux cornichons, aux fines herbes, au poivre, à la moutarde, aux oignons, à l'ail, etc.
Saucisses aux oignons, aux épices.
Saucisson aux épices, à l'ail, aux oignons.
Saumure.
Serpolet.
Sirops de fruits.
Soupes (Voyez *Potages*).
Tablettes de bouillon.
Tarte aux fruits.
Thé.
Thym.
Tomates.
Veau.
Verjus.
Vermouth.
Vespetro.
Vin (*toutes les espèces*).
Vinaigre.

**Aliments, boissons et assaisonnements dont on peut faire usage sans inconvénient.**—Comme les précédents *tous ces aliments ne doivent être apprêtés avec aucun des assaisonnements défendus dans l'avant-dernier paragraphe, et toutes les sauces ne peuvent êtres faites qu'avec de l'eau, du sel, du beurre, de la graisse, de l'huile, de la crème, de la farine, des œufs.* S'abstenir des substances qui ne figureraient ni dans la liste précédente, ni dans la suivante :

Agneau.
Alose.
Anguille de mer.
— de rivière.
Bar.
Barbeau.
Barbue.
Beefsteack sans poivre, fines herbes, ni cresson.
Beignets de pâte, sucrés ou salés, sans eau-de-vie dans la pâte.
Betteraves.
Biscuits à la cuillère.
— de Savoie.
Blanquette sans oignons, fines herbes, vin, vinaigre, épices, ni aromates.
Boudin sans poivre ni oignons.
Bouillies à l'eau, sucrées ou salées seulement.
Boulettes sans épices ni fines herbes.
Brioches.
Brochet.
Canard.
Carpe.
Cervelles.
Chapelure.
Chapon.
Châtaignes.
Cheval.
Chevreau.
Citrouille.
Civet sans épices, oignons, vin, vinaigre, aromates.
Cochon.
Concombres.
Coquillages non poivrés.

Côtelettes sans poivre.
Crabes.
Crème fraîche.
Crème aux œufs, sucrée, sans café, thé, chocolat ni fruits.
Crêpes, sans eau-de-vie.
Croquettes, sans épices, ni fines herbes, ni vinaigre.
Dindonneau.
Dorade.
Eau pure.
— de citerne.
— gommée.
— d'orge.
— panée.
— de rivière.
— de source.
Échaudés.
Ecrevisses sans poivre, vin, ni vinaigre.
Eperlans.
Escargots sans ail, oignons, poivre, ni fines herbes.
Esturgeon.
Farines non falsifiées.
Fécules.
Fèves.
Flageolets.
Flan.
Foie.
Fricassées sans oignons, épices, vin, ni vinaigre.
Friture sans persil ni citron.
Fromage de Brie.
— de Camembert.
— de Gruyère.
— de Pont-l'Evêque.
— de Port-Salut.
— suisse.
Galette.

Gâteaux feuilletés sans con-
fitures.
Gâteaux de riz.
    —    Saint-Honoré.
Gigot sans ail.
Graine de lin sans anis.
Graisse.
Gras-double sans oignons,
épices, ni vinaigre.
Grenouilles.
Grillades.
Grondin.
Hachis sans poivre, oignons,
ni fines herbes.
Haricots blancs.
    —    flageolets.
    —    de Soissons.
Homard.
Huile.
Huîtres sans poivre, ni citron.
Jus de viande.
Lait de poule.
Lamproie.
Langouste.
Langue.
Lapin.
Lard.
Lentilles.
Limandes.
Lottes.
Madeleine sans citrons, ni
aromates.
Marrons.
Massepains, sans citron.
Mayonnaise, sans vinaigre,
poivre, ni épices.
Melon.
Merlan.
Miroton, sans oignons, vinai-
gre, aromates, ni épices.
Morilles.
Mou de veau.
Moules sans vinaigre, ni
épices.
Mouton.
Mulet.
Nouilles sans épices.
Omelettes sans fines herbes
ni oignons.
Œufs sous toutes les formes,
sans épices, ni vinaigre.
Œufs au lait.

Oreilles de porc.
    —    de veau.
Pain blanc ordinaire fait
avec des farines et des le-
vures naturelles.
Panades.
Pastilles de gomme sans
acides, ni odeur de fruits.
Pâtés sans eau-de-vie, fruits,
ni aromates.
Pâtés de viande sans épices,
ni oignons.
Pâtisserie sans confitures,
liqueurs, fruits, café, cho-
colat, ni aromates.
Perche.
Petits pois.
Pieds de mouton.
    —    de porc.
Pieds de veau.
Pigeons.
Pintade.
Plie.
Pois.
Poisson sans vinaigre, vin,
épices, fines herbes, etc.
Pommes de terre.
Porc.
Potages (V. *Bouillon*).
Potages avec eau, beurre,
sel et pain, ou pâtes, ta-
pioca, semoule, riz, etc.
Potages aux œufs pochés.
    —    aux haricots.
    —    aux lentilles.
    —    au pain.
    —    aux petits pois.
    —    aux pommes de terre.
    —    au riz.
Potiron.
Poule.
Poulet.
Purée.
Ragoûts (V. *Sauces*).
Raie sans vinaigre, poivre,
ni fines herbes.
Ris de veau.
Riz.
Rognons.
Rôtis.
Rouget.
Sagou.

Saindoux.
Salade de betteraves, sans
  vinaigre, poivre, ni oignons. ou fines herbes.
Salade de haricots, id.
  — de pommes de terre,
  id., id.
Salade de poisson, id., id,
Salep.
Salmis, sans épices.
Salsifis.
Sauce blanche, sans vinaigre, câpres, ni épices.
Sauce au beurre, salée seulement.
Sauce à la crème et au sel.
  — à l'huile et au sel.
  — au jus de viande.
  — mayonnaise, sans vi-
  naigre, ni épices.
Sauce aux œufs.
  — rousse faite avec fa-
  rine, beurre ou graisse,
  sel et eau seulement.
Saucisses, sans poivre, oignons, fines berbes.

Scorsonères.
Sel sans épices, ni aromates.
Semoule.
Sirop de gomme.
  — de sucre.
Sole.
Soupes (Voyez *Potages*).
Tanche.
Tapioca.
Tisane de chiendent.
Tisane de guimauve.
  — de mauves.
  — d'orge.
Topinambours.
Tortue.
Tourterelle.
Tripes (V. *Gras-Double*).
Truffes.
Truite.
Vermicelle.
Viandes de boucherie.
Vive.
Volaille.
Vol au vent, sans vinaigre,
  ni épices.

**RÉGIMES DIVERS.** — *Diète.* — Pris dans son acception
la plus étendue, ce mot signifie *régime*. Mais nous ne
nous occuperons ici que de la diète proprement dite,
qui consiste dans la diminution de la quantité et du
nombre des aliments. Ce régime se compose uniquement de quelques tasses de bouillon gras auxquelles on
peut adjoindre un peu de lait ou un lait de poule. Comme boisson, eau pure, sucrée, panée, ou *Eau Alcalinophosphatée.*

*Demi-diète.* — Outre le bouillon gras, le lait et les
laits de poule, on donne aux malades trois potages au
gras ou au lait, et un ou deux œufs à la coque, avec
très peu de pain, chaque jour. Mêmes boissons que ci-
dessus.

La quantité des aliments et la fréquence des repas
varient nécessairement selon la force du malade, la nature de la maladie, l'intensité de la fièvre. On doit donc
se laisser guider par les indications du moment, plutôt
que par des règles absolues.

Sous le nom de *Diète lactée*, on désigne l'usage exclusif du lait comme aliment. Voir à ce sujet l'article *Lait*.

*Régime Féculent*. — Il consiste à manger surtout du pain, des légumes farineux tels que pommes de terre, haricots, faire usage de sucre et de boissons fermentées, mais surtout de bière ; en même temps on fait peu d'exercice et on mange souvent. Ce régime s'emploie lorsqu'on veut engraisser.

**RIS DE VEAU.** — C'est un mets délicat et qui n'offre aucun inconvénient, à part ceux que peuvent présenter les accommodements qu'on lui fait subir.

**RIZ.** — Semence d'une plante de la famille des *Graminées*, très riche en fécule et en phosphates, ce qui le rend très nourrissant. C'est un excellent aliment, que l'on soit dans l'état de santé ou de maladie.

**ROGNONS.** — Les rognons de veau, de bœuf, de porc ou de mouton, constituent un aliment sain et nourrissant, de facile digestion, laissant peu ou point de résidu après la digestion. En évitant les assaisonnements irritants, on peut le donner à tous les malades.

**ROMAINE.** — Mêmes observations qu'à l'article *Laitue* dont elle n'est qu'une variété.

**ROSBIF.** — Voyez *Bœuf*.

**ROTIS.** — Le rôti est la façon la plus simple et la plus naturelle d'accommoder les viandes, en ayant soin de ne pas leur adjoindre du jus de citron, du verjus, du vinaigre, de l'ail, des oignons, des sauces épicées.

**ROUGET.** — Mêmes observations qu'à l'article *Merlan*.

**SAGOU.** — C'est une fécule en grains qui provient de la moelle de plusieurs espèces de *Palmiers*. Il y en a de blanc et de rouge ; ce dernier doit sa couleur à la torréfaction qu'on lui fait subir pour le sécher.

Mêmes propriétés que pour l'*Arow-root*.

**SALADE.** — Les salades faites avec du vinaigre, du

poivre et autres épices, sont nuisibles. Les personnes bien portantes doivent en combattre les mauvais effets avec la *Poudre Alcalinophosphatée* (page 273); c'est le moyen le plus sûr d'éviter la gastrite qui en est l'effet ordinaire. Les personnes atteintes des maladies signalées dans cet ouvrage devront assaisonner leur salade à l'huile ou à la crème, et au sel seulement, ou bien avec quelque sauce non épicée, ou bien avec de la graisse de volaille non refroidie. Il faudra s'abstenir également d'y mettre des oignons, du persil, de l'estragon, du cerfeuil, du céleri.

**SALAISONS**. — Les viandes salées sont généralement moins favorables que les viandes fraîches; on doit toujours leur préférer celles-ci, d'autant plus qu'outre le sel, on ajoute souvent des aromates et des épices aux viandes que l'on veut conserver.

**SALMIS**. — Voyez *Ragoûts*.

**SALSIFIS**. — La racine de cette plante n'est pas nuisible par elle-même. On peut impunément en faire usage en friture ou avec sauces non épicées ni vinaigrées.

**SANG**. — Le sang de porc sert à faire le *Boudin*; le sang de poule, le sang de bœuf et celui de tous les animaux en général est alimentaire et peut se manger cuit. C'est par suite d'un préjugé absolument sans fondement que certaines personnes vont, pour se guérir, boire dans les abattoirs du sang d'animaux fraîchement tués; ce sang n'a pas plus de vertus que la viande elle-même.

**SANGLIER**. — Cette viande réunit les inconvénients du *Porc* et ceux du *Gibier*; il ne faut donc pas en abuser.

**SARCELLE**. — Mêmes observations qu'à l'article *Bécasse*.

**SARDINE**. — Mêmes observations qu'à l'article *Hareng*.

**SARIETTE**. — Cette plante, qui appartient à la famille des *Labiées*, renferme une huile essentielle aromatique qui la fait souvent employer comme assaisonnement. Elle offre les inconvénients signalés à l'article *Epices*.

**SAUCISSE**, *Saucisson*. — Voyez *Charcuterie*.

**SAUMON**. — La chair de ce poisson est nourrissante et constitue un bon aliment. Voyez *Poisson*.

**SAUMURE**. — C'est le liquide qui provient des viandes que l'on a mises en salaisons ; il est acide et irritant, par conséquent nuisible à l'estomac.

**SEL**. — Le sel marin, ou *Chlorure de Sodium* est indispensable à la vie. Lorsque les aliments n'en contiennent pas par eux-mêmes une quantité suffisante, ce qui est ordinaire, il est nécessaire d'en introduire dans l'alimentation. Cet assaisonnement n'est point irritant pour l'estomac et les autres organes digestifs, comme les épices et autres condiments ; on peut en faire usage dans toutes les maladies.

**SEMOULE**. — On la prépare avec des grains de blé mondés de leur pellicule, puis moulus. Elle convient parfaitement pour en faire des potages aux convalescents et aux malades.

**SERPOLET**. — Plante de la famille des *Labiées* sujette aux mêmes inconvénients que la *Sarriette*.

**SIROPS**. — Les sirops de fruits, tels que cerises, framboises, coings, groseilles, etc. sont acides et ont les inconvénients signalés à l'article *Fruits*. Les sirops de gomme ou d'orgeat sont les seuls dont on puisse faire usage impunément lorsqu'on est atteint des maladies décrites dans cet ouvrage ; encore faut-il qu'ils ne soient pas falsifiés avec des substances nuisibles. Voyez *Orgeat*.

**SOLE**. — Mêmes observations qu'au mot *Limande*.

**SOUPES**. — Les soupes aux choux, aux oignons, à l'oseille, aux poireaux, aux herbes, sont nuisibles aux personnes atteintes des maladies décrites dans cet ouvrage. Pour les autres, voyez *Bouillons, Potages, Panades*.

**SUCRE**. — Il existe plusieurs espèces de sucre, dont les principales sont le sucre de canne ou de betteraves, et le sucre de fruits ou glucose. Le sucre qui se forme dans le foie et celui que l'on trouve dans les urines sont du glucose.

Le sucre est un aliment et convient parfaitement dans tout état de santé et dans la plupart des maladies. Si les matières sucrées sont accompagnées de substances acides, comme citron, groseille, oranges, etc., ou aromatiques, comme anis, essences, etc., elles sont nuisibles aux personnes atteintes de maladies de l'estomac, du foie et des intestins. Le miel contient de l'acide acétique ; il est très nuisible aussi dans les mêmes circonstances.

**TANCHE**. — Ce poisson constitue un bon aliment. Voyez *Friture*.

**TARTE**. — Ce genre de pâtisserie offre les inconvénients des *Fruits* qu'il renferme.

**TERRINES**. — Ce sont des pâtés de viande sans croûte qui n'offrent aucun inconvénient lorsqu'ils ne renferment pas d'*Epices*.

**TÊTE DE VEAU**. — On est dans l'usage de la manger avec du vinaigre et des fines herbes ; pour éviter les inconvénients de ces assaisonnements, il faut la manger au sel seulement, ou au sel et à l'huile, ou tout au moins recourir à la *Poudre Alcalinophosphatée* (page 273).

**THÉ**. — Le thé a les mêmes propriétés générales que le café ; il est nuisible dans les mêmes circonstances ; son principe actif, ou *théine*, est analogue à la caféine. L'usage du thé vert occasionne ordinairement des battements de cœur assez intenses. Voyez *Café*.

**THON**. — Ce poisson est un bon aliment. Voyez *Poisson*.

**THYM**. — Plante de la famille des *Labiées* dont les inconvénients sont les mêmes que ceux de la *Sarriette*.

**TOMATE**. — Fruit d'une plante de la famille des *So-*

*lanées*, qui contient un suc acide et dont, pour ce motif, il faut s'abstenir, surtout en cas de maladie, ou du moins en combattre les effets nuisibles au moyen de la *Poudre Alcalinophosphatée* (page 273).

**TOPINAMBOUR**. — Les racines tuberculeuses de cette plante dont le goût rappelle celui des artichauts, contiennent une fécule particulière et ne sont pas nuisibles par eux-mêmes.

**TRUFFE.** — Ce champignon souterrain, fort recherché pour son arôme, n'est point nuisible, pourvu qu'on ne lui associe pas des *Épices*.

**TRUITE.** — Ce poisson constitue un aliment sain et agréable. Voyez *Poisson*.

**TURBOT.** — Il passe pour indigeste. Voyez *Poisson*.

**VEAU**. — La viande de veau, surtout si l'animal est tué trop jeune, donne souvent des indispositions qui se traduisent par des coliques et de la diarrhée. On devra donc éviter d'en faire usage, lorsqu'on se trouvera atteint de quelques affections de l'estomac et des intestins.

**VÉGÉTAUX**. — Les végétaux contiennent généralement moins d'*Azote* que la *Viande*, mais ils en renferment toujours plus ou moins. En revanche ils sont plus riches en fécule et en sucre. Mais à eux seuls ils ne sauraient constituer la base d'une alimentation complète et suffisante. La question d'un régime purement végétal n'a donc aucune base sérieuse; il ne s'agit pas, en effet, de savoir si on doit manger de la viande seulement ou des végétaux seulement; mais il est indispensable que l'on mange des substances azotées et des substances féculentes en proportion convenable, peu importe que leur provenance soit d'origine animale ou végétale. La viande, les œufs, le fromage, etc., sont très riches en azote, mais ne contiennent pas de matières féculentes; les végétaux, du moins ceux qui sont farineux, en contiennent beaucoup, mais sont très pauvres en azote. Il faut donc de toute nécessité recourir aux animaux et aux végétaux pour avoir une alimentation suffisante.

**VERJUS.** — On appelle ainsi le jus de raisin vert. On s'en sert comme assaisonnement; étant très-acide, il est très nuisible à l'estomac et aux intestins.

**VIANDE.** — La viande est un aliment composé surtout d'azote, substance qui n'existe qu'en faible quantité dans les végétaux. Les viandes de boucherie, la volaille, le gibier, le poisson, tous les animaux en général ont le même pouvoir nutritif à un degré peu différent, en sorte que la distinction de ceux-ci au point de vue du régime gras ou maigre est absolument illusoire. Lorsque la viande fait défaut, il faut la remplacer par le fromage, le lait et les œufs, qui sont des aliments riches en azote, le premier surtout. Les viandes conviennent généralement dans la plupart des maladies de l'estomac; lorsqu'elles sont mal supportées, cela tient ordinairement aux assaisonnements qui les accompagnent. Les viandes crues sont plus faciles à digérer que les viandes cuites, mais elles peuvent contenir des germes de vers ou autres parasites que la cuisson détruit.

**VIN.** — Le vin est une boisson fermentée faite avec du jus de raisin. Sujet à un nombre considérable de falsifications, ce liquide renferme à l'état naturel, et dans des proportions variables, de l'eau, du tannin, des acides malique et acétique, des tartrates acides, des matières colorantes, et des éthers qui donnent le bouquet. Aucune de ces substances n'est indispensable ni même utile à l'homme, aucune ne fait partie de son sang ni de ses tissus, et presque toutes sont nuisibles; l'alcool et les éthers produisent une excitation suivie de dépression qui constitue l'ivresse dans sa forme aiguë, et l'alcoolisme dans sa forme chronique; les tannins et les acides occasionnent des gastrites, des maladies du foie et des intestins avec toutes leurs conséquences. La surexcitation passagère et la sensation de bien-être procurées par l'ivresse, ont fait célébrer sur tous les tons les vertus fortifiantes et les délices du vin : mais ce sont là des préjugés. Le vin est un ennemi, car il trompe ceux qui en boivent ; c'est une des causes les plus actives de nos maladies ; il abrège la durée de la vie humaine ; ces inconvénients lui sont, du reste, commun avec la plupart des autres boissons artificielles. En écrivant, je sais que je me fais des ennemis nombreux parmi ceux qui fabriquent du vin, ceux qui en vendent et ceux qui en boivent, et qu'ils trouveront des partisans, car le public aime à être trompé, et il l'est facilement lorsque l'on flatte ses goûts ; mais j'aurai du moins la consolation d'avoir rempli un devoir en contribuant, dans la mesure de mes forces, à détruire un préjugé funeste à l'humanité.

Pour prévenir ou guérir les maladies causées par l'usage ou l'abus du vin, il faut avoir recours à la *Poudre Alcalinophosphatée* (page 273), car elle a la propriété de neutraliser les acides du vin et de détruire l'irritation causée par l'alcool qu'il contient. L'usage de cette poudre est une précaution indispensable à prendre pour tous ceux qui font usage de cette boisson.

**VINAIGRE.** — Le vinaigre est de l'acide acétique faible. Il est nuisible aux personnes atteintes de maladies de l'estomac, du foie et des intestins. Il ne faut s'en servir qu'avec beaucoup de ménagements et sans en abuser, car il occasionne fréquemment des gastrites.

C'est à la *Poudre Alcalinophosphatée* (page 273) qu'il faut recourir pour se préserver des mauvais effets du vinaigre, car elle a la propriété de détruire toutes les acidités.

**VIVE.** — La piqûre des aiguillons de ce poisson cause des accidents graves. Cependant ce n'est pas un mauvais aliment. Voyez *Poisson.*

**VOL-AU-VENT.** — Ce mets ne peut être nuisible que par les assaisonnements qu'on y introduit. Voyez *Epices.*

TROYES, IMP. MARTELET, RUE THIERS, 10